LE

GOUVERNEMENT

DU 4 SEPTEMBRE

ET LA

COMMUNE DE PARIS

PARIS. — IMPRIMERIE L. LE DOUARIN, PH. KIM ET Cⁱᵉ (ASSOCIATION OUVRIÈRE),
32, RUE NOTRE-DAME-DES-VICTOIRES, 32

1870-1871

LE
GOUVERNEMENT
DU 4 SEPTEMBRE
ET LA
COMMUNE DE PARIS

PAR

Emile ANDRÉOLI

Ni un pouce de terrain, ni une pierre de nos forteresses.
JULES FAVRE.

Si dans quelques jours Paris n'est pas pris, il sera renversé par la populace.
BISMARK.

PARIS
A. BOCQUET, Libraire
71, RUE LA FAYETTE, 71
—
1871

LES IMPUISSANTS

Ce livre n'est pas une mise en accusation des hommes du 4 Septembre. Chacun de nous les a appréciés et jugés, et, comme Pilate, ils auront beau se laver les mains et se rejeter la faute de l'un à l'autre, ils ne se feront pas absoudre.

Ni les discours habiles, ni les brochures justificatives ne leur rendront une popularité. Nous avons vu à l'œuvre ces beaux parleurs, ces éloquents rédacteurs d'affiches et de proclamations ; aujourd'hui, nous restons sourds à leurs serments, insensibles à leurs protestations, et comme réponse à tout ce qu'ils diront pour obtenir le pardon ou un acquittement, nous publions ce recueil des pièces officielles, qui serviront à l'histoire des deux siéges de Paris.

Jamais gouvernement au monde n'a joui d'un prestige aussi grand. Le fanatisme de la Patrie faisait de chacun de nous un esclave de ceux qui organisaient la Défense nationale.

Ce recueil sera utile, nous le croyons, parce qu'il est la justification de Paris, et, si nous le publions à présent, c'est parce qu'il ne devait paraître qu'au lendemain du jour où celui qui a eu l'honneur de gouverner Paris serait monté à la tribune pour défendre sa conduite ou celle de ses collègues.

Ces ordres du jour, ces circulaires, ces proclamations, sont l'histoire des deux siéges; chacun de ces documents réveille en nous une angoisse, une douleur, une espérance ; cette lecture rappelle ces jours douloureux que la Grande Ville a traversés, et elle provoque notre indignation contre ceux qui n'ont pas même le courage de se taire et de rester dans l'ombre.

Ils ne nous ont sauvés ni du désastre de la capitulation, ni des horreurs d'une guerre civile sns exemple dans les annales du monde.

Ils n'ont pas même su mourir.

Ineptie, routine, c'est là ce que nous trouvons dans ces hommes et dans le personnel dont ils s'étaient entourés.

Nous avions en eux une confiance aveugle, leurs promesses étaient pour nous des articles de foi, nous ne discutions pas leurs actes, nous les approuvions, nous ne demandions pas où l'on nous conduisait, nous marchions.

Ce gouvernement a abusé de la confiance de la population ; en vain chercherait-il à se disculper ou à diminuer les charges qui pèsent sur lui, nous ne le permettrons pas, et c'est pourquoi nous publions le texte même des documents dans lesquels ils rendaient hommage à la noble attitude de Paris, nous parlaient des sacrifices à faire, du sang qu'ils étaient prêts à donner pour le salut commun, et où ils demandaient et revendiquaient la responsabilité de leurs actes.

Est-ce nous qui avons voulu la lutte à outrance? Est-ce nous qui avons calculé que Paris ne pouvait pas tenir, et qui, en disant par forfanterie que nous ne livrerions rien, ni un pouce de terre, ni une seule pierre, avons fini par livrer presque la moitié de la France à l'ennemi?

Qui donc parmi nous a jamais parlé de capituler ? Coup sur coup nous étions frappés, écrasés ; la misère, la faim, le froid nous torturaient ; mais nous ne sentions rien, nous nous regardions comme invincibles ; après les fausses joies, venaient les fausses nouvelles ; mais s'il nous arrivait un seul moment d'éprouver quelque semblant de défaillance ou d'inquiétude, il suffisait à l'Olympe de la Défense nationale de faire un geste d'encouragement, de nous dire un seul mot, et nous nous relevions plus forts et plus décidés. Nous nous enivrions en songeant à 1792, à l'Argonne, à Carnot, à l'organisation de la victoire.

Quelle belle page ils avaient à remplir ! Quelle gloire éternelle pour eux s'ils avaient été à la hauteur de la mission que l'honnêteté leur défendait d'accepter, s'ils se sentaient incapables de la remplir, ou si l'accomplissement leur en semblait irréalisable !

On a parlé des fautes de l'Empire. Le gouvernement de la Défense nationale en a plus accumulé en quelques mois que l'Empire n'en aurait commis en un demi-siècle.

Il plaît à M. le général Trochu de dire qu'en septembre il avait déclaré à ses collègues que Paris ne pourrait résister, et que la défense était une *héroïque folie.*

Mais dans sa proclamation du 14 septembre, ce même personnage nous disait : *Ayez donc confiance entière, et sachez que l'enceinte de Paris, défendue par l'effort persévérant de l'esprit public et par trois cent mille fusils, est inabordable.*

Vous mentiez donc, pieux breton, vous nous trompiez, vous nous disiez de nous préparer à souffrir avec constance, et vous nous promettiez une victoire que vous saviez déjà devoir être une défaite.

Ah! vous pouvez parler de vos angoisses, de vos douleurs, de la croix sur laquelle vous avez été mis. Paris aussi a été mis en croix, et pour de vrai; Paris a été abattu, outragé, déshonoré. Ceux qui restent, n'oublieront pas que les hommes du 4 Septembre sont les tristes auteurs de ce drame épouvantable, et ils les maudiront.

Vous rappelez-vous ces chaleureuses exhortations à la résistance, ces cris éloquents de cœurs ardents, ces serments solennels que pas un Prussien ne sortirait vivant de notre pays ?

Vous avez sans doute présents à l'esprit ces fabuleux rapports militaires dont nous allions, aux portes des mairies, entendre la lecture. Il semble que nous vivons encore ces grandes journées où le canon tonnait. C'étaient toujours des échecs, des entreprises mal conduites, des défaites ou des massacres inutiles, tantôt pour prendre une position qu'on était obligé de céder, tantôt pour tenter un mouvement stratégique que la supériorité de nos adversaires rendait impraticable.

Du plus petit au plus grand, du riche au pauvre, tous, hommes, femmes et vieillards, ont souffert et fait leur devoir. Nous en attestons les victimes des deux siéges. Il n'est pas d'efforts que nous n'ayions faits pour soutenir dignement ce gouvernement d'avocats qui voudraient qu'on leur décernât une couronne civique, et que la France déclarât qu'ils ont bien mérité de la patrie. Que d'encre dépensée! que de sang répandu sous ce gouvernement de la phrase, auquel nous devons le Bourget, Châtillon, Montretout, Buzenval, la famine, la capitulation et la Commune!

Maîtres absolus d'une population qui offrait les éléments les plus puissants d'une résistance invincible, ils se sont laissés investir par un ennemi qui se fortifiait à mesure qu'il nous enserrait, et auquel on n'a jamais repris les positions dont il s'était emparé. Ils n'avaient pas foi, ils devaient par conséquent être vaincus. Ils ne nous faisaient battre que pour satisfaire à une gloriole militaire; ils résistaient comme la vierge qui ne veut pas tomber sans un semblant d'efforts et de lutte désespérée. Çà et là on entend parler de quelques Prussiens morts, d'officiers prisonniers. On rapporte des casques, des marmites : voilà nos succès ! Et à côté de cela, des sorties manquées !

Nous sommes un gouvernement d'honnêtes gens, diront-ils, comme jadis le proclamait le misérable ministère Ollivier. Mais, là n'est point la question, et s'ils s'abusent assez pour s'adjuger un bill d'absolution, nous ne poussons pas l'indulgence aussi loin. Ils sont assez sévères envers les vaincus de l'insurrection pour que nous ayons le droit de leur reprocher leur faiblesse coupable, grâce à laquelle ils ont laissé grandir et devenir puissant le parti de la Commune.

D'autres diront le siége et les crimes du régime du 18 mars. Ce que je tiens à constater, c'est que le général Trochu ne croyait pas à l'efficacité de la défense de Paris, que le Gouvernement nous trompait, et qu'après nous avoir livrés à la Prusse, nous avons été livrés aux hommes de la Commune.

Nous ne cesserons de reprocher au Gouvernement sa fuite, qui a donné le signal du sauve-qui-peut. Par cette insigne lâcheté, il a livré Paris pieds et poings liés à tous les attentats de cette lie de la populace internationale, accourue de tous les côtés de l'horizon pour attendre le moment propice et tenter le grand coup de main.

Au jour du danger, le Gouvernement a abandonné son poste, il s'est échappé clandestinement de Paris, pour y revenir avec une armée et des canons prendre d'assaut ces remparts qu'il n'avait pas su défendre. Il a ainsi encouragé l'émigration des habitants, qui, les uns après les autres, sont partis, et il est arrivé un jour où les partisans de la Commune se sont trouvés seuls, maîtres absolus de la Grande Ville. Ce jour là, les honnêtes gens, les braves cœurs étaient en telle minorité, qu'ils n'étaient capables ni de défendre leurs familles, ni même d'empêcher les incendiaires de brûler les maisons.

C'est ainsi que Paris a été livré aux voleurs et aux brigands.

Pas de combats sérieux, pas de batailles livrées

dans des conditions de victoire probable. Vingt-quatre heures à l'avance, les Prussiens savaient que l'attaque allait avoir lieu, et leurs forces étaient toutes prêtes, tandis que nous, placés comme nous l'étions, nous étions dans l'étrange impossibilité de porter sur un point donné le nombre d'hommes dont nous avions besoin pour l'opération stratégique que nous tentions.

MM. Ferry, Picard, Arago, Garnier-Pagès et Pelletan ont laissé derrière eux une réputation d'administrateurs et de politiques au moins égale à celle de M. Jules Favre comme diplomate, et de M. Le Flô, comme guerrier illustre.

Cette triste pléïade de parleurs et d'endormeurs à la langue dorée, nous adressait de mélancoliques sermons dans lesquels ils nous prêchaient la résignation, l'union, la concorde, et nous disaient d'élever nos cœurs.

Ce sont eux qui ont perdu Paris; sans le Gouvernement du 4 septembre, la misère n'aurait pas été exploitée comme elle l'a été. Les mauvaises passions n'auraient pas été attisées, et la guerre civile ne se serait pas déchaînée dans nos rues.

La Commune a été un des moyens moraux de la Prusse, nous en avons la conviction, mais le grand coupable, c'est le Gouvernement du 4 septembre. Quand les faubourgs descendaient au 31 octobre, tout Paris était là pour écraser l'infime minorité qui voulait la Commune. Les journaux avaient beau lancer leurs attaques, les clubs fomentaient en vain l'agitation, la population restait ferme, inébranlable. Elle ne voulait pas lire les affiches, les placards et les proclamations ; elle passait outre, ou bien les déchirait.

Le peuple de Paris, nous le disons avec orgueil, n'a jamais faibli, n'a jamais conspiré ni pactisé avec la Commune, avec les sectaires, comme le dit M. Trochu. Les hommes de la Commune n'étaient point des ennemis cachés ; dès le premier jour, on connaissait les noms des membres du Comité central et les chefs du parti de la Commune. Etaient-ils au commencement 20,000 ? C'est douteux. Plus tard, au vote, nous en trouvons 60,000. Les bonapartistes et les Prussiens les ont soutenus, le gouvernement de la Défense les a tolérés, il n'a même pas eu la force de les maîtriser ; si bien qu'après la capitulation, après la translation de l'Assemblée à Bordeaux, Paris, abandonné, s'est trouvé l'esclave de la Commune et a subi une seconde fois le martyre du bombardement.

Nous ne nous livrons à aucune plainte, à aucune récriminatiou. Dans une telle infortune, soyons assez courageux pour ne pas accabler de reproches et de malédictions les malheureux qui nous ont conduits là.

Pas une pierre de nos forteresses, pas un pouce de notre territoire !

Tout pour Dieu et la patrie !

Combattre et vaincre !

Où nous ont précipité toutes ces belles phrases à l'antique ? Impéritie, incapacité, dilapidation, manque d'énergie, tout ce qu'on peut reprocher aux gouvernements mal établis, nous le trouvons dans ce Gouvernement de la Défense nationale, qui ne nous a pris à Sedan sans armes, sans artillerie, sans armée, que pour faire capituler la Grande Ville de deux millions d'habitants, quand elle avait 3,000 bouches à feu, et plus de 300,000 hommes armés et équipés.

Les eunuques du bas Empire défendaient Rome et repoussaient les barbares. Les chefs de la République de 1871 ont poussé l'impuissance au point de ne pas même livrer une grande bataille sous les murs de Paris..

Ils ont laissé venir la famine après avoir distribué le pain à discrétion dans Paris, de telle façon que l'on nourrissait d'abord les chevaux avec du pain, parce que l'avoine était trop chère, et qu'ensuite nous en avons été réduits à manger du pain d'avoine.

Après l'Empereur, Lebœuf, Bazaine, Palikao, nous avons remis, bons et confiants comme nous le sommes, les destinées de la patrie entre les mains d'hommes infatués d'eux-mêmes, bouffis d'orgueil et de suffisance, au point de ne pas comprendre que le salut de la France, c'était Atlas pesant sur leurs épaules de pygmées. Ils avaient une grande page à remplir d'un nom glorieux, ils l'ont barbouillée et n'ont fait que du mal à ceux qui les appelaient déjà leurs libérateurs.

Maintenant, tout est consommé; soumettons-nous, recueillons-nous, songeons aux misères, aux deuils, aux victimes de la guerre. Mettons fin aux discordes, efforçons-nous de constituer un gouvernement stable, et n'ayons plus d'autre but que celui de nous régénérer et de faire oublier dans l'histoire les humiliations de notre servitude de 1851 à 1871, les douleurs de notre calvaire de Sedan vaincu à Paris en feu.

Nous sommes passés sous le joug des Sammites, mais nous ne cherchions pas la guerre, et quand il a été en notre pouvoir de ne pas la continuer, nous l'avons demandée. C'est trahis et surpris que nous sommes tombés; nous ne sommes pas vaincus, nous avons été écrasés par la multitude des barbares qui depuis des années méditaient et préparaient ces représailles de la campagne de Prusse et la revanche d'Iéna.

A la suite de cette guerre odieuse sous le poids de laquelle l'Empire nous a écrasés, est venue la lutte fratricide qui a ensanglanté nos rues et amoncelé dans Paris des ruines encore fumantes. Après les défaites de la guerre étrangère, après l'invasion, après les hontes et les douleurs de la guerre civile, le funeste Gouvernement du 4 septembre nous réservait l'néantissement, l'extermination, l'assassinat et l'incendie.

Les Prussiens ont dû être bien heureux!

Ils ont vu la France démembrée, agonisante, pantelante, se déchirer de ses propres mains, et agrandir elle-même les blessures qu'ils lui avaient faites.

Ils ont vu les flammes dévorer ce Paris qui faisait l'admiration de l'univers. Ils ont entendu la canonnade furieuse et les crépitements de la fusillade, et c'étaient des Français qui s'entretuaient.

Après la parodie de 1792, nous avons eu l'atroce et méprisable Commune, qui a voulu refaire 1793. Nous avons eu le pendant des massacres de Septembre, du Comité de Salut Public et de la grande Terreur.

Qui nous a faits si malheureux ?

Ce sont les hommes du 4 septembre.

Sans eux, la Commune n'aurait jamais été maîtresse d'un seul quartier de Paris.

Les hommes du Gouvernement de la Défense nationale ont reculé d'un siècle la civilisation; on ne leur reprochera jamais assez le mal qu'ils nous ont fait, et le pardon qu'on leur accordera, si la France a un jour pitié d'eux, ils n'en seront même pas dignes.

Ils osent cependant monter à la tribune et attester Dieu qu'ils ont sauvé la Patrie !

E. Andréoli.

LE
GOUVERNEMENT DU 4 SEPTEMBRE
ET
LA COMMUNE

1870-1871

LE GOUVERNEMENT DU 4 SEPTEMBRE ET LA COMMUNE

Proclamation du Gouvernement de la Défense nationale

4 septembre 1870

« Citoyens, comprenez-nous : ce gouvernement n'est qu'un pouvoir de passage et de transition. Il n'a qu'un objet : défendre la nation contre l'envahissement de l'étranger. Après quoi, *il disparaîtra, nous en prenons l'engagement solennel.* »

Déclaration de Gambetta

PROCLAMATION DE LA RÉPUBLIQUE

Français !

Le peuple a devancé la Chambre, qui hésitait. Pour sauver la patrie en danger, il a demandé la République.

Il a mis ses représentants non au pouvoir, mais au péril.

La République a vaincu l'invasion en 1792, la République est proclamée.

La Révolution est faite au nom du droit, du salut public.

Citoyens, veillez sur la Cité qui vous est confiée ; demain vous serez, avec l'armée, les vengeurs de la Patrie !

EMMANUEL ARAGO, GARNIER PAGÈS, CRÉMIEUX, MAGNIN, DORIAN, ORDINAIRE, JULES FAVRE, A. TACHARD, JULES FERRY, E. PELLETAN, GUYOT-MONTPAYROUX, E. PICARD, LÉON GAMBETTA, JULES SIMON.

Composition du Ministère

Le gouvernement de la défense nationale a composé le ministère comme il suit :

Affaires étrangères : M. JULES FAVRE ;
Intérieur : M. GAMBETTA ;
Guerre : M. le général LE FLO ;
Marine : M. l'amiral FOURICHON ;
Justice : M. CRÉMIEUX ;
Finances : M. ERNEST PICARD ;
Instruction publique : M. JULES SIMON ;
Travaux publics : M. DORIAN ;
Agriculture et Commerce : M. MAGNIN.

Le ministère de la présidence du conseil d'Etat est supprimé.

M. Steenackers est nommé directeur des télégraphes.

Nomination du Général Trochu

RÉPUBLIQUE FRANÇAISE

MINISTÈRE DE L'INTÉRIEUR

À Messieurs les préfets, sous-préfets, généraux, gouverneur général de l'Algérie, et à toutes les stations télégraphiques de France.

La déchéance a été prononcée au Corps législatif.

La République a été proclamée à l'Hôtel de ville.

Un gouvernement de défense nationale, composé de onze membres, tous députés de Paris, a été constitué et ratifié par l'acclamation populaire.

Les noms sont :

    Arago (Emmanuel),
    Crémieux,
    Favre (Jules),
    Ferry,
    Gambetta,
    Garnier-Pagès,
    Glais-Bizoin,
    Pelletan,
    Picard,
    Rochefort,
    Simon (Jules).

Le général Trochu est à la fois maintenu dans ses pouvoirs de gouverneur de Paris et nommé ministre de la guerre, en remplacement du général Palikao.

Veuillez faire afficher immédiatement, et au besoin faire proclamer par crieur public la présente déclaration.

Pour le gouvernement de la défense nationale,

Le Ministre de l'intérieur,
    LÉON GAMBETTA.

Paris, ce 4 septembre 1870, 6 h. soir.

Dissolution du Corps législatif
Abolition du Sénat

Le Gouvernement de la défense nationale décrète :

Le Corps législatif est dissous ;
Le Sénat est aboli.

    Général Trochu, *président*, Emmanuel Arago, Crémieux, Jules Favre, Ferry, Gambetta, Garnier-Pagès, Glais-Bizoin, Pelletan, Picard, Rochefort, Jules Simon.

Amnistie pour les délits politiques

Le Gouvernement de la défense nationale décrète :

Amnistie pleine et entière est accordée à tous les condamnés pour crimes et délits politiques et pour délits de presse depuis le 3 décembre 1852 jusqu'au 3 septembre 1870.

Tous les condamnés encore détenus, soit que les jugements aient été rendus par les tribunaux correctionnels, soit par les cours d'assises, soit par les conseils de guerre, seront mis immédiatement en liberté.

<small>EMMANUEL ARAGO, GLAIS-BIZOIN, CRÉMIEUX, PELLETAN, JULES FAVRE, PICARD, FERRY, ROCHEFORT, GAMBETTA, JULES SIMON, GARNIER-PAGÈS, Général TROCHU.</small>

A LA GARDE NATIONALE

Ceux auxquels votre patriotisme vient d'imposer la mission redoutable de défendre le pays vous remercient du fond du cœur de votre courageux dévouement.

C'est à votre résolution qu'est due la victoire civique rendant la liberté à la France.

Grâce à vous, cette victoire n'a pas coûté une goutte de sang.

Le pouvoir personnel n'est plus.

La nation tout entière reprend ses droits et ses armes. Elle se lève prête à mourir pour la défense du sol. Vous lui avez rendu son âme, que le despotisme étouffait.

Vous maintiendrez avec fermeté l'exécution des lois,

et, rivalisant avec notre noble armée, vous nous montrerez ensemble le chemin de la victoire.

Le Gouvernement de la défense nationale,

EMMANUEL ARAGO, GLAIS-BIZOIN, CRÉMIEUX, PELLETAN, JULES FAVRE, PICARD, JULES FERRY, ROCHEFORT, GAMBETTA, JULES SIMON, GARNIER-PAGÈS, général TROCHU.

Élections de la Garde nationale

A LA GARDE NATIONALE DE PARIS

La République est proclamée.
La Patrie est en danger.
Le nouveau gouvernement est avant tout un gouvernement de défense nationale.
Les gardes nationaux de Paris, c'est-à-dire tous les électeurs inscrits sur les listes électorales, sont convoqués pour le mardi 6 septembre à midi, à l'effet de procéder à la nomination des sous-officiers et officiers dans les mairies de leurs arrondissements respectifs.

Paris, le 5 septembre 1870.

Le membre du Gouvernement de la défense nationale, délégué au ministère de l'intérieur,

LÉON GAMBETTA.

Le Gouvernement de la défense nationale décrète :
La fabrication, le commerce et la vente des armes sont absolument libres.

Général TROCHU, JULES FAVRE, EMMANUEL ARAGO, CRÉMIEUX, JULES FERRY, GAMBETTA, GARNIER-PAGÈS, GLAIS-BIZOIN, E. PELLETAN, ROCHEFORT, JULES SIMON.

La Patrie est en danger

HOTEL DE VILLE DE PARIS

Citoyens,

Je viens d'être appelé par le Peuple et le Gouvernement de la défense nationale à la mairie de Paris.

En attendant que vous soyez convoqués pour élire votre municipalité, je prends, au nom de la République, possession de cet Hôtel de Ville, d'où sont toujours partis les grands signaux patriotiques, en 1792, en 1830, en 1848.

Comme nos pères ont crié en 1792, je vous crie : Citoyens, LA PATRIE EST EN DANGER ! Serrez-vous autour de cette municipalité parisienne où siége aujourd'hui un vieux soldat de la République.

VIVE LA RÉPUBLIQUE !

Le maire de Paris,

ÉTIENNE ARAGO.

6 septembre

Le ministre de l'intérieur vient d'adresser aux administrateurs provisoires et aux préfets des départements de la République la circulaire suivante :

Monsieur le préfet, en acceptant le pouvoir dans un tel danger de la patrie, nous avons accepté de grands périls et de grands devoirs. Le peuple de Paris qui, le 4 septembre, se retrouvait, après une si longue absence, ne l'a pas entendu autrement, et ses acclamations veulent dire clairement qu'il attend de nous le salut de la patrie.

Notre nouvelle République n'est pas un gouvernement qui comporte les dissensions politiques, les vaines querelles. C'est, comme nous l'avons dit, un gouvernement de défense nationale, une République de combat à outrance contre l'envahisseur.

Entourez-vous donc des citoyens animés, comme nous-mêmes, du désir immense de sauver la patrie et prêts à ne reculer devant aucun sacrifice.

Au milieu de ces collaborateurs improvisés, apportez le sang-froid et la vigueur qui doivent appartenir au représentant d'un pouvoir décidé à tout pour vaincre l'ennemi.

Soutenez tout le monde par votre activité sans limites, dans toutes les questions où il s'agira de l'armement, de l'équipement des citoyens et de leur instruction militaire.

Toutes les lois prohibitives, toutes les restrictions si funestement apportées à la fabrication et à la vente des armes ont disparu.

Que chaque Français reçoive ou prenne un fusil et qu'il se mette à la disposition de l'autorité : *la Patrie est en danger !*

Il vous sera donné jour par jour des avis concernant les détails du service. Mais faites beaucoup par vous-même, et appliquez-vous surtout, à gagner le concours de toutes les volontés, afin que, dans un immense et unanime effort, la France doive son salut au patriotisme de tous ses enfants.

Recevez, etc.

LÉON GAMBETTA.

A L'ARMÉE

Quand un général a compromis son commandement, on le lui enlève :

Quand un gouvernement a mis en péril, par ses fautes le salut de la patrie, on le destitue.

C'est ce que la France vient de faire.

En abolissant la dynastie qui est responsable de nos

malheurs, elle a accompli d'abord, à la face du monde, un grand acte de justice.

Elle a exécuté l'arrêt que toutes vos consciences avaient rendu.

Elle a fait en même temps un acte de salut.

Pour se sauver, la Nation avait besoin de ne plus relever que d'elle-même et de ne compter désormais que sur deux choses : sa résolution, qui est invincible, votre héroïsme, qui n'a pas d'égal, et qui, au milieu de revers immérités, fait l'étonnement du monde.

Soldats, en acceptant le pouvoir dans la crise formidable que nous traversons, nous n'avons pas fait œuvre de parti.

Nous ne sommes pas au pouvoir, mais au combat.

Nous ne sommes pas le gouvernement d'un parti, nous sommes le gouvernement de la défense nationale.

Nous n'avons qu'un but, qu'une volonté : le salut de la patrie, par l'armée et par la nation, groupées autour du glorieux symbole qui fit reculer l'Europe il y a quatre-vingts ans.

Aujourd'hui, comme alors, le nom de République veut dire :

UNION intime de l'Armée et du Peuple pour la défense de la Patrie !

Général TROCHU, EMMANUEL ARAGO, CRÉMIEUX, JULES FAVRE, JULES FERRY, GAMBETTA, GARNIER PAGÈS, GLAIS-BIZOIN, PELLETAN, E. PICARD, ROCHEFORT, JULES SIMON.

Nomination des Maires provisoires

Citoyens de Paris,

Le Gouvernement de la défense nationale n'entend usurper aucun des droits du peuple. Dans un délai aussi court que le permettront les circonstances, les citoyens seront appelés à élire leur municipalité. En attendant, et afin de pourvoir aux nécessités urgentes du service de la Cité dans une situation exceptionnelle, le maire de Paris nomme pour *maires provisoires* des 20 arrondissements les citoyens dont les noms suivent :

1er Arr. — Tenaille-Saligny, avocat à la cour de cassation.
2e Arr. — Tirard, négociant.
3e Arr. — Bonvalet, négociant.
4e Arr. — Greppo, ancien représentant du peuple.
5e Arr. — J.-B. Bocquet, ancien adjoint.
6e Arr. — Hérisson, avocat à la cour de cassation.
7e Arr. — Ribeaucourt, docteur-médecin.
8e Arr. — Carnot, ancien membre du gouvernement provisoire de 1848.
9e Arr. — Ranc, homme de lettres.
10e Arr. — Turpin, négociant.
11e Arr. — Léonce Ribert, professeur.
12e Arr. — Alfred Grivot, négociant à Bercy.
13e Arr. — Pernolet, ingénieur.
14e Arr. — Leneveu, rédacteur du *Siècle*.
15e Arr. — Corbon, ancien représentant du peuple.
16e Arr. — Henri Martin, historien.
17e Arr. — François Favre, homme de lettres.
18e Arr. — Clémenceau, docteur-médecin.
19e Arr. — Richard, fabricant.
20e Arr. — Braleret, commerçant.

Ces citoyens sont invités à entrer immédiatement en fonctions et à désigner chacun deux adjoints. Il est inutile de rappeler aux nouveaux administrateurs des mairies parisiennes qu'en face de l'ennemi marchant sur Paris, leur premier devoir est de veiller sans relâche à l'armement des citoyens et de se tenir, nuit et jour, prêts à seconder la défense nationale.

VIVE LA RÉPUBLIQUE !

Le maire de Paris,
ÉTIENNE ARAGO.

Les adjoints au maire de Paris,
CH. FLOQUET, HENRI BRISSON.

Pas un pouce! pas une pierre!

CIRCULAIRE ADRESSÉE AUX AGENTS DIPLOMATIQUES DE FRANCE. PAR LE VICE-PRÉSIDENT DU GOUVERNEMENT DE LA DÉFENSE NATIONALE, MINISTRE DES AFFAIRES ÉTRANGÈRES :

Monsieur,

Les événements qui viennent de s'accomplir à Paris s'expliquent si bien par la logique inexorable des faits, qu'il est inutile d'insister longuement sur leur sens et leur portée.

En cédant à un élan irrésistible, trop long'emps contenu, la population de Paris a obéi à une nécessité supérieure, celle de son propre salut.

Elle n'a pas voulu périr avec le pouvoir criminel qui conduisait la France à sa perte.

Elle n'a pas prononcé la déchéance de Napoléon III et de sa dynastie : elle l'a enregistrée au nom du droit, de la justice et du salut public.

Et cette sentence était si bien ratifiée à l'avance par la conscience de tous, que nul, parmi les défenseurs les plus bruyants du pouvoir qui tombait, ne s'est levé pour le soutenir.

Il s'est effondré de lui-même, sous le poids de ses fautes, aux acclamations d'un peuple immense, sans qu'une goutte de sang ait été versée, sans qu'une personne ait été privée de sa liberté.

Et l'on a pu voir, chose inouïe dans l'histoire, les citoyens auxquels le cri du peuple conférait le mandat périlleux de combattre et de vaincre, ne pas songer un instant aux adversaires qui, la veille, les menaçaient d'exécutions militaires. C'est en leur refusant l'honneur d'une répression quelconque qu'ils ont constaté leur aveuglement et leur impuissance.

L'ordre n'a pas été troublé un seul moment; notre

confiance dans la sagesse et le patriotisme de la garde nationale et de la population tout entière nous permet d'affirmer qu'il ne le sera pas.

Délivré de la honte et du péril d'un gouvernement traître à tous ses devoirs, chacun comprend que le premier acte de cette souveraineté, enfin reconquise, est de se recommander à soi-même et de rechercher sa force dans le respect du droit.

D'ailleurs, le temps presse : l'ennemi est à nos portes ; nous n'avons qu'une pensée, le repousser hors de notre territoire.

Mais cette obligation que nous acceptons résolûment, ce n'est pas nous qui l'avons imposée à la France : elle ne la subirait pas si notre voix avait été écoutée.

Nous avons défendu énergiquement, au prix même de notre popularité, la politique de la paix. Nous y persévérons avec une conviction de plus en plus profonde.

Notre cœur se brise au spectacle de ces massacres humains dans lesquels disparaît la fleur des deux nations, qu'avec un peu de bon sens et beaucoup de liberté, on aurait préservées de ces effroyables catastrophes.

Nous n'avons pas d'expression qui puisse peindre notre admiration pour notre héroïque armée, sacrifiée par l'impéritie du commandement suprême, et cependant plus grande par ses défaites que par les plus brillantes victoires.

Car, malgré la connaissance des fautes qui la compromettaient, elle s'est immolée, sublime, devant une mort certaine, et rachetant l'honneur de la France des souillures de son gouvernement.

Honneur à elle! La Nation lui ouvre ses bras! Le pouvoir impérial a voulu les diviser, les malheurs et le devoir les confondent dans une solennelle étreinte. Scellée par le patriotisme et la liberté, cette alliance nous fait invincibles.

Prêts à tout, nous envisageons avec calme la situation qui nous est faite.

Cette situation, je la précise en quelques mots ; je la soumets au jugement de mon pays et de l'Europe.

Nous avons hautement condamné la guerre, et, protestant de notre respect pour le droit des peuples, nous avons demandé qu'on laissât l'Allemagne maîtresse de ses destinées.

Nous voulions que la liberté fût à la fois notre lien commun et notre commun bouclier; nous étions convaincus que ces forces morales assuraient à jamais le maintien de la paix. Mais, comme sanction, nous réclamions une arme pour chaque citoyen, une organisation civique, des chefs élus, alors nous demeurions inexpugnables sur notre sol.

Le gouvernement impérial, qui avait depuis longtemps séparé ses intérêts de ceux du pays, a repoussé cette politique. Nous la reprenons avec l'espoir qu'instruite par l'expérience, la France aura la sagesse de la pratiquer.

De son côté, le roi de Prusse a déclaré qu'il faisait la guerre, non à la France, mais à la dynastie impériale.

La dynastie est à terre. La France libre se lève.

Le roi de Prusse veut-il continuer une lutte impie qui lui sera au moins aussi fatale qu'à nous ?

Veut-il donner au monde du dix-neuvième siècle ce cruel spectacle de deux nations qui s'entre-détruisent, et qui, oublieuses de l'humanité, de la raison, de la science, accumulent les ruines et les cadavres ?

Libre à lui ; qu'il assume cette responsabilité devant le monde et devant l'histoire !

Si c'est un défi, nous l'acceptons.

Nous ne céderons ni un pouce de notre territoire, ni une pierre de nos forteresses.

Une paix honteuse serait une guerre d'extermination à courte échéance.

Nous ne traiterons que pour une paix durable.

Ici, notre intérêt est celui de l'Europe entière, et nous avons lieu d'espérer que, dégagée de toute préoccupation dynastique, la question se posera ainsi dans les chancelleries.

Mais fussions-nous seuls, nous ne faiblirons pas.

Nous avons une armée résolue, des forts bien pourvus, une enceinte bien établie, mais surtout les poitrines de trois cent mille combattants décidés à tenir jusqu'au dernier.

Quand ils vont pieusement déposer des couronnes au pied de la statue de Strasbourg, ils n'obéissent pas seulement à un sentiment d'admiration enthousiaste, ils prennent leur héroïque mot d'ordre, ils jurent d'être dignes de leurs frères d'Alsace et de mourir comme eux.

Après les forts, les remparts ; après les remparts, les barricades. Paris peut tenir trois mois et vaincre ; s'il succombait, la France, debout à son appel, le vengerait ; elle continuerait la lutte, et l'agresseur y périrait.

Voilà, monsieur, ce que l'Europe doit savoir. Nous n'avons pas accepté le pouvoir dans un autre but. Nous ne le conserverions pas une minute si nous ne trouvions pas la population de Paris et la France entière, décidées à partager nos résolutions.

Je les résume d'un mot devant Dieu qui nous entend, devant la postérité qui nous jugera : nous ne voulons que la paix. Mais si l'on continue contre nous une guerre funeste que nous avons condamnée, nous ferons notre devoir jusqu'au bout, et j'ai la ferme confiance que notre cause, qui est celle du droit et de la justice, finira par triompher.

C'est en ce sens que je vous invite à expliquer la situation à M. le ministre de la cour près de laquelle vous êtes accrédité, et entre les mains duquel vous laisserez copie de ce document.

Agréez, monsieur, l'expression de ma haute considération.

Le 6 septembre 1870.

Le ministre des affaires étrangères,
JULES FAVRE.

La première de Trochu aux Parisiens

L'ennemi est en marche sur Paris.

La défense de la capitale est assurée.

Le moment est venu d'organiser celle des départements qui l'environnent.

Des ordres sont expédiés aux préfets de la Seine, de Seine-et-Oise et de Seine-et-Marne, pour réunir tous les défenseurs du pays.

Ils seront appuyés par les compagnies franches de Paris et par les nombreuses troupes de cavalerie réunies aux environs.

Les commandants des corps francs se rendront immédiatement chez le président du Gouvernement, gouverneur de Paris, pour y recevoir des instructions.

Chaque citoyen s'inspirera des grands devoirs que la patrie lui impose.

Le Gouvernement de la défense nationale compte sur le courage et le patriotisme de tous.

6 septembre 1870.

Le président du Gouvernement de la défense nationale, gouverneur de Paris,

Général TROCHU.

Proclamation de M. Crémieux

A LA FRANCE

Français,

L'ennemi marche sur Paris. Le gouvernement de la défense nationale, livré dans ce moment suprême aux travaux et aux préoccupations que lui impose la capitale à sauver, n'a pas voulu, dans l'isolement où il va se trouver momentanément, que sa légitime influence manquât à nos patriotiques populations des départements. Pendant qu'il dirige sa grande œuvre, il a remis tous ses pouvoirs au garde des sceaux, ministre de la justice, le chargeant de veiller au gouvernement du pays que l'ennemi n'a pas foulé. Entouré des délégations de tous les ministères, c'est aux sentiments de notre peuple de France que j'adresse ces premières paroles.

Chacun de vous tient dans ses mains les destinées de la patrie. L'union, la concorde entre tous les citoyens, voilà le premier point d'appui contre l'ennemi commun, contre l'étranger. Que la Prusse comprenne que si, devant les remparts de notre grande capitale, elle trouve la plus énergique, la plus unanime résistance, sur tous les points de notre territoire, elle trouvera ce rempart inexpugnable qu'élève contre l'invasion étrangère l'amour sacré de la patrie.

Placé dans un département qui m'a témoigné, dans les plus graves circonstances, les plus vives sympathies, je sais que la Touraine est pleine de courage et de dévouement à la République. J'appelle tous les départements libres à nous soutenir de leur patriotique appui. Souvenons-nous que nous étions, *il y a deux mois à peine, le premier peuple du monde :* si le plus odieux et le plus inepte des gouvernements a fourni à l'ennemi les moyens d'envahir notre territoire, malgré les prodiges d'héroïsme de nos armées qu'il était impuissant à conduire, souvenons-nous de 92, et, dignes fils des soldats de la Révolution, renouvelons, avec leur courage qu'ils nous ont transmis, leurs magnifiques victoires ; comme eux, refoulons l'ennemi, et *chassons-le du sol de notre République.*

Tours, le 13 septembre 1870.

Le garde des sceaux, ministre de la justice et représentant du gouvernement de la défense nationale,

AD. CRÉMIEUX.

Préparez-vous à souffrir

(14 SEPTEMBRE.)

ORDRE DU JOUR DU GÉNÉRAL TROCHU
AUX GARDES NATIONAUX ET AUX GARDES MOBILES DE LA SEINE AUX GARDES MOBILES DES DÉPARTEMENTS.

Jamais aucun général d'armée n'a eu sous les yeux le grand spectacle que vous venez de me donner.

Trois cents bataillons de citoyens, organisés, armés, encadrés par la population tout entière, acclamant dans un concert immense la défense de Paris et la liberté !

Que les nations étrangères qui ont douté de vous, que les armées qui marchent sur vous ne l'ont-elles entendu !

Elles auraient eu le sentiment que le malheur a plus fait en quelques semaines pour élever l'âme de la nation que de longues années de jouissance pour l'abaisser.

L'esprit de dévouement et de sacrifices vous a pénétrés, et déjà vous lui devez le bienfait de l'union de cœur qui va vous sauver.

Avec notre formidable effectif, le service journalier de la garde de Paris ne sera pas moins de 70,000 hommes en permanence. Si l'ennemi, par une attaque de vive force, ou par surprise, ou par la brèche ouverte, perçait l'enceinte, il rencontrerait les barricades dont la construction se prépare, et ses têtes de colonne seraient renversées par l'attaque successive de dix réserves échelonnées.

Ayez donc confiance entière, et sachez que l'enceinte de Paris, défendue par l'effort persévérant de l'esprit public et par trois cent mille fusils, *est inabordable.*

Gardes nationaux de la Seine et gardes mobiles,

Au nom du gouvernement de la défense nationale,

dont je ne suis devant vous que le représentant, je vous remercie de votre patriotique sollicitude pour les chers intérêts dont vous avez la garde.

A présent, à l'œuvre dans les neuf sections de la défense !

De l'ordre partout, du calme partout, du dévouement partout !

Et rappelez-vous que vous devenez chargés, je vous l'ai déjà dit, de la police de Paris pendant ces jours de crise.

Préparez-vous à souffrir avec constance. — A cette condition vous vaincrez.

TROCHU.

La Lutte à outrance

PROCLAMATION A LA FRANCE

Avant l'investissement de Paris, M. Jules Favre, ministre des affaires étrangères, a voulu voir M. de Bismark pour connaître les dispositions de l'ennemi. Voici la déclaration du ministre du roi Guillaume :

La Prusse veut continuer la guerre et réduire la France à l'état de puissance de second ordre. La Prusse veut l'Alsace et la Lorraine, jusqu'à Metz, par droit de conquête.

Pour consentir à un armistice, la Prusse a osé demander la reddition de Strasbourg, de Toul et du Mont-Valérien.

Paris, exaspéré, s'ensevelirait plutôt sous ses ruines.

A d'aussi *insolentes prétentions*, en effet, on ne répond que par *la lutte à outrance*. La France accepte cette lutte et compte sur tous ses enfants.

DÉCRET

Vu la proclamation ci-dessus, qui constate la gravité des circonstances,

Le gouvernement décrète :

Toutes élections municipales et pour l'Assemblée constituante sont suspendues et ajournées.

Nous envoyons partout des ordres et des hommes pour surexciter l'esprit de la défense nationale. Nous faisons les plus grands efforts pour jeter sur les derrières de l'armée prussienne toutes les forces possibles, soit comme guérillas, soit comme forces régulières. Déjà l'amiral Fourichon a envoyé en avant d'Orléans des forces qui ont eu plusieurs petits engagements ; elles harcèlent l'ennemi sans relâche, sous les ordres du général de Polhès.

Pour copie conforme :

Le ministre de l'intérieur,

LÉON GAMBETTA.

Nous nous livrerons au jugement sommaire du pays

CIRCULAIRE DE M. J. FAVRE AUX REPRÉSENTANTS DE LA FRANCE A L'ÉTRANGER

—

Monsieur, le décret par lequel le gouvernement de la défense nationale avance les élections a une signification qui certainement ne vous aura pas échappé, mais que je tiens à préciser. La résolution de convoquer le plus tôt possible une assemblée résume notre politique tout entière. En acceptant la tâche périlleuse que nous imposait la chute du gouvernement impérial, nous n'avons eu qu'une pensée : *Défendre notre territoire, sauver notre honneur, et remettre à la nation le pouvoir qui émane d'elle, que seule elle peut exercer.* Nous aurions voulu que ce grand acte s'accomplît sans transition, mais la première nécessité était de faire tête à l'ennemi, et nous devions nous y dévouer : c'est là ce que comprendront ceux qui nous jugent sans passion.

Nous n'avons pas la prétention de demander ce désintéressement à la Prusse ; nous tenons compte des sentiments que font naître chez elle la grandeur des pertes éprouvées et l'exaltation naturelle de la victoire. Ces sentiments expliquent les violences de la presse, que nous sommes loin de confondre avec les inspirations des hommes d'Etat. Ceux-ci hésiteront à continuer une guerre impie dans laquelle ont déjà succombé plus de 200,000 créatures humaines, et ce serait la continuer forcément que d'imposer à la France des conditions inacceptables.

On nous objecte que le gouvernement qu'elle s'est donné, est sans pouvoirs réguliers pour la représenter. Nous le reconnaissons loyalement, c'est pourquoi nous appelons tout de suite une assemblée librement élue.

Nous ne nous attribuons d'autre privilége que *de donner à notre pays notre cœur et notre sang, et de nous livrer à son jugement souverain*. Ce n'est donc pas notre autorité d'un jour, c'est la France immortelle qui se lève devant la Prusse. La France, dégagée du linceul de l'Empire, libre, généreuse, prête à s'immoler pour le droit et la liberté, désavouant toute politique de conquête, toute propagande violente, n'ayant d'autre ambition que de rester maîtresse d'elle-même, de développer ses forces morales et matérielles, de travailler fraternellement avec ses voisins aux progrès de la civilisation. C'est cette France qui, rendue à sa libre action, a immédiatement demandé la cessation de la guerre, mais qui en préfère mille fois les désastres au déshonneur.

Vainement ceux qui ont déchaîné sur elle ce redoutable fléau essayent-ils aujourd'hui d'échapper à la responsabilité qui les écrase, en alléguant faussement qu'ils ont cédé au vœu du pays. Cette calomnie peut faire illusion à l'étranger, où l'on n'est pas tenu de connaître exactement notre situation intérieure ; mais il n'est personne chez nous, qui ne la repousse hautement comme une œuvre de révoltante mauvaise foi.

Les élections de 1869 ont eu pour mot d'ordre : paix et liberté. Le plébiscite lui-même s'est approprié ce programme, en confiant au pouvoir impérial la mission de le réaliser. Il est vrai que la majorité du Corps législatif a acclamé les déclarations belliqueuses de M. le duc de Grammont, mais quelques semaines avant, elle avait ac-accordé les mêmes acclamations aux déclarations pacifiques de M. Ollivier.

Il faut le dire sans récrimination : émanée du pouvoir personnel, la majorité se croyait obligée de le suivre docilement, même dans ses plus périlleuses contradictions. Elle s'est refusée à tout examen sérieux et a voté de confiance ; alors le mal a été sans remède. Telle est la vérité. Il n'y a pas un homme sincère en Europe qui puisse la démentir et affirmer que, librement consultée, la France eût fait la guerre à la Prusse.

Je n'en ai jamais tiré cette conséquence que nous ne soyons pas responsables. Nous avons eu le tort, — et nous l'expions cruellement, — d'avoir toléré un gouvernement qui nous perdait. Maintenant qu'il est renversé, nous reconnaissons l'obligation qui nous est imposée de réparer, dans la mesure de la justice, le mal qu'il a fait.

Mais si la puissance avec laquelle il nous a si gravement compromis se prévaut de nos malheurs pour nous accabler, nous lui opposerons une résistance désespérée, et il demeurera bien entendu que c'est la nation, régulièrement représentée par une assemblée librement élue, que cette puissance veut détruire.

La question ainsi posée, chacun fera son devoir. La fortune nous a été dure ; elle a des retours imprévus. Notre résolution les suscitera. L'Europe commence à s'émouvoir, les sympathies nous reviennent.

Celles des cabinets nous consolent et nous honorent. Ils seront vivement frappés, j'en suis sûr, de *la noble attitude de Paris, au milieu de tant de causes de redoutables excitations.* Grave, confiante, prête aux derniers sacrifices, la nation armée descend dans l'arène, sans regarder en arrière, ayant devant les yeux ce simple et grand devoir : la défense de son foyer et de son indépendance.

Je vous prie, monsieur, de développer ces vérités au représentant du gouvernement près duquel vous êtes accrédité ; il en saisira l'importance et se fera ainsi une juste idée des dispositions dans lesquelles nous sommes.

Recevez, etc.

Paris, le 17 septembre 1870.

Le vice-président du gouvernement de la défense nationale, ministre des affaires étrangères,

JULES FAVRE.

La Commune de Paris proclamée par le Gouvernement de la Défense

Le gouvernement de la défense nationale,

Considérant qu'il importe de régler provisoirement, et conformément à notre droit public, la situation municipale de Paris en attendant son organisation définitive par l'Assemblée constituante,

Décrète :

Art. 1er. La ville de Paris procédera le mercredi, 28 septembre, à l'élection de son *conseil municipal, dont les attributions seront les mêmes que celles des autres conseils municipaux de la République.*

Partout où il y aura lieu à un second tour, il y sera procédé le jeudi 29.

Art. 2. Ce conseil sera composé de 80 membres nommés par circonscriptions correspondant aux arrondissements. Chaque arrondissement élira 4 membres au scrutin de liste.

Le conseil élu nommera son président, 4 vice-présidents et 6 secrétaires.

Art. 3. A raison des circonstances, les élections se feront sur les listes existantes. Néanmoins, tout garde national sera admis au vote sur un certificat délivré par la commission d'armement de son arrondissement constatant qu'il a justifié des conditions de l'lectorat.

Art. 4. Il sera statué ultérieurement sur la nomination du maire de Paris et de ses adjoints, et sur celle des maires et adjoints d'arrondissement.

Provisoirement, les maires et adjoints de Paris et les maires et adjoints d'arrondissements resteront en fonctions. Ils sont éligibles au conseil municipal.

Fait à Paris, le 18 septembre 1870.

Général TROCHU, EMMANUEL ARAGO, CRÉMIEUX, JULES FAVRE, JULES FERRY, GAMBETTA, GARNIER PAGÈS, GLAIS-BIZOIN, PELLETAN, E. PICARD, ROCHEFORT, JULES SIMON.

La Loi martiale

RÉPUBLIQUE FRANÇAISE

MINISTÈRE DE L'INTÉRIEUR

Citoyens, le canon tonne. Le moment suprême est arrivé.

Depuis le jour de la révolution, Paris est debout et en haleine. Tous, sans distinction de classes ni de partis, vous avez saisi vos armes, pour sauver à la fois la ville, la France et la République.

Vous avez donné, dans ces derniers jours, la preuve la plus manifeste de vos mâles résolutions ; vous ne vous êtes laissé troubler ni par les lâches ni par les tièdes; vous ne vous êtes laissé aller, ni aux excitations, ni à l'abattement: vous avez envisagé avec sang-froid la multitude des assaillants.

Les premières atteintes de la guerre vous trouveront

également calmes et intrépides, et si les fuyards venaient, comme aujourd'hui, porter dans la cité le désordre, la panique et le mensonge, vous resteriez inébranlables, assurés que *la cour martiale qui vient d'être instituée par le gouvernement pour juger les lâches et les déserteurs* saura efficacement veiller au salut public et protéger l'honneur national.

Restons donc unis, serrés les uns contre les autres, prêts à marcher au feu, et montrons-nous les dignes fils de ceux qui, au milieu des plus effroyables périls, n'ont jamais désespéré de la patrie !

Paris, le 19 septembre 1870.

Le membre du gouvernement de la défense nationale, délégué au département de l'intérieur,

LÉON GAMBETTA.

Promesses solennelles

RÉPUBLIQUE FRANÇAISE

GOUVERNEMENT DE LA DÉFENSE NATIONALE

On a répandu le bruit que le gouvernement de la défense nationale songeait à abandonner la politique pour laquelle il a été placé au poste de l'honneur et du péril.

Cette politique est celle qui se formule en ces termes :
NI UN POUCE DE NOTRE TERRITOIRE, NI UNE PIERRE DE NOS FORTERESSES.

Le gouvernement la maintiendra jusqu'à la fin.

Fait à l'Hôtel de ville, le 20 septembre 1870.

Général TROCHU, EMMANUEL ARAGO, JULES FAVRE, JULES FERRY, GAMBETTA, GARNIER PAGÈS, PELLETAN, ERNEST PICARD, ROCHEFORT, JULES SIMON.

Le ministre de la guerre, général LE FLÔ ; le ministre de l'agriculture et du commerce, M. MAGNIN; le ministre des travaux publics, M. DORIAN.

Le 21 Septembre

Citoyens,

C'est aujourd'hui le 21 septembre.

Il y a soixante-dix-huit ans, à pareil jour, nos pères fondaient la République, et se juraient à eux-mêmes, en face de l'étranger qui souillait le sol sacré de la patrie, de vivre libres ou de mourir en combattant.

Ils ont tenu leur serment ; ils ont vaincu, et la République de 92 est restée dans la mémoire des hommes, comme le symbole de l'héroïsme et de la grandeur nationale.

Le gouvernement installé à l'Hôtel-de-Ville, aux cris enthousiastes de : Vive la République ! ne pouvait laisser passer ce glorieux anniversaire, sans le saluer comme un grand exemple.

Que le souffle puissant qui animait nos devanciers passe sur nos âmes, et nous vaincrons.

Honorons aujourd'hui nos pères, et demain sachons comme eux forcer la victoire en affrontant la mort.

Vive la France ! Vive la République !

Paris, le 21 septembre 1870.

Le ministre de l'intérieur,

LÉON GAMBETTA.

Les Fuyards de Châtillon

A la garde nationale,
A la garde mobile,
Aux troupes en garnison à Paris.

Dans le combat d'hier qui a duré presque toute la journée, et où notre artillerie, dont la solidité ne peut être trop louée, a infligé à l'ennemi des pertes énormes, des incidents se sont produits que vous devez connaître dans l'intérêt de la grande cause que nous défendons en commun.

Une injustifiable panique, que n'ont pu arrêter les efforts d'un excellent chef de corps et de ses officiers, s'est emparée du régiment provisoire des zouaves qui tenait notre droite. Dès le commencement de l'action, la plupart des soldats se sont repliés en désordre dans la ville et s'y sont répandus en semant l'alarme.

Pour excuser leur conduite, ces fuyards ont déclaré qu'on les avait menés à une perte certaine, alors que leur effectif était intact et qu'ils étaient sans blessures ; qu'ils avaient manqué de cartouches, alors qu'ils n'avaient pas fait usage, je l'ai constaté moi-même, de celles dont ils étaient encore pourvus ; qu'ils avaient été trahis par leurs chefs, etc.

La vérité, c'est que ces indignes ont compromis, dès son début, une affaire de guerre dont, malgré eux, les résultats sont considérables. D'autres soldats d'infanterie de divers régiments se sont joints à eux.

Déjà les malheurs que nous avons éprouvés dans le commencement de cette guerre avaient fait refluer sur Paris des soldats indisciplinés et démoralisés qui y portent l'inquiétude et le trouble, et échappent, par le fait des circonstances, à l'autorité de leurs chefs et à toute répression.

Je suis fermement résolu à mettre fin à de si graves désordres. J'ordonne à tous les défenseurs de Paris de saisir les hommes isolés, soldats de toutes armes ou gardes mobiles, qui errent dans la ville en état d'ivresse, répandent des propos scandaleux et déshonorent, par leur attitude, l'uniforme qu'ils portent.

Les soldats et gardes mobiles arrêtés seront conduits à l'état-major de la place, 7, place Vendôme; les habitants arrêtés dans le même cas, à la préfecture de police.

Ils seront traduits devant les conseils de guerre, qui jugent en permanence, et subiront la rigoureuse application des dispositions ci-après édictées par la loi militaire :

Art. 213. Est puni de mort tout militaire qui abandonne son poste en présence de l'ennemi ou de rebelles armés.

Art. 218. Est puni de mort, avec dégradation militaire, tout militaire qui refuse d'obéir lorsqu'il est commandé pour marcher à l'ennemi.

Art. 250. Est puni de mort, avec dégradation militaire, tout pillage ou dégât de denrées, marchandises ou effets, commis par des militaires en bande, soit avec armes ou à force ouverte, soit avec violence envers les personnes.

Art. 253. Est puni de mort, avec dégradation militaire, tout militaire qui détruit des moyens de défense, approvisionnements en armes, vivres et munitions, etc., etc.

C'est un égal devoir pour le gouverneur de défendre Paris, qui va subir directement les épreuves du siége et d'y maintenir l'ordre.

Par les présentes dispositions, il associe à son effort, tous les hommes de cœur et de bon vouloir, dont le nombre est grand dans la cité.

Paris, le 20 septembre 1870.

Le président du gouvernement de la défense nationale, gouverneur de Paris,
Général TROCHU.

L'entrevue de Ferrières

21 SEPTEMBRE.

On lit dans le *Journal officiel :*

« Avant que le siége de Paris commençât, le ministre des affaires étrangères a voulu connaître les intentions de la Prusse, jusque-là silencieuse.

« Nous avions proclamé hautement les nôtres le lendemain de la révolution du 4 septembre.

« Sans haine contre l'Allemagne, ayant toujours condamné la guerre que l'empereur lui a faite dans un intérêt exclusivement dynastique, nous avons dit : arrêtons cette lutte barbare qui décime les peuples au profit de quelques ambitieux. Nous acceptons des conditions équitables. Nous ne cédons ni un pouce de notre territoire, ni une pierre de nos forteresses.

« La Prusse répond à ces ouvertures en demandant à garder l'Alsace et la Lorraine par droit de conquête.

« *Elle ne consentirait même pas à consulter les populations ; elle veut en disposer comme d'un troupeau.*

Et quand elle est en présence de la convocation d'une assemblée qui constituera un pouvoir définitif et votera la paix ou la guerre,

« La Prusse demande comme condition préalable d'un armistice l'occupation des places assiégées, le fort du Mont-Valérien et la garnison de Strasbourg prisonnière de guerre.

« Que l'Europe soit juge!

« Pour nous, l'ennemi s'est dévoilé. Il nous place entre le devoir et le déshonneur ; notre choix est fait.

« Paris résistera jusqu'à la dernière extrémité. Les départements viendront à son secours, et, Dieu aidant, la France sera sauvée.

« Le ministre des affaires étrangères s'occupe de rédiger une relation détaillée de son voyage au quartier général prussien. »

La Populace

RAPPORT DU MINISTRE DES AFFAIRES ÉTRANGÈRES AU GOUVERNEMENT DE LA DÉFENSE NATIONALE

A MM. les membres du gouvernement de la défense nationale

Mes chers collègues,

L'union étroite de tous les citoyens, et particulièrement

celle des membres du gouvernement, est plus que jamais une nécessité de salut public. Chacun de nos actes doit la cimenter. Celui que je viens d'accomplir, de mon chef, m'était inspiré par ce sentiment ; il aura ce résultat. J'ai eu l'honneur de vous l'expliquer en détail. Cela ne suffit point. Nous sommes un gouvernement de publicité. Si à l'heure de l'exécution, le secret est indispensable, le fait, une fois consommé, doit être entouré de la plus grande lumière. Nous ne sommes quelque chose que par l'opinion de nos concitoyens, il faut qu'elle nous juge à chaque heure, et pour nous juger elle a droit de tout connaître.

J'ai cru qu'il était de mon devoir d'aller au quartier général des armées ennemies ; j'y suis allé. Je vous ai rendu compte de la mission que je m'étais imposée à moi-même ; je viens dire à mon pays les raisons qui m'ont déterminé, le but que je me proposais, celui que je crois avoir atteint.

Je n'ai pas besoin de rappeler la politique inaugurée par nous, et que le ministre des affaires étrangères était plus particulièrement chargé de formuler. Nous sommes, avant tout, des hommes de paix et de liberté. Jusqu'au dernier moment, nous nous sommes opposés à la guerre que le gouvernement impérial entreprenait dans un intérêt exclusivement dynastique, et quand ce gouvernement est tombé, nous avons déclaré persévérer plus énergiquement que jamais dans la politique de la paix.

Cette déclaration, nous la faisions, quand par la criminelle folie d'un homme et de ses conseillers, nos armées étaient détruites ; notre glorieux Bazaine et ses vaillants soldats bloqués devant Metz ; Strasbourg, Toul, Phalsbourg écrasés par les bombes ; l'ennemi victorieux en marche sur notre capitale. Jamais situation ne fut plus cruelle ; elle n'inspira cependant au pays aucune pensée de défaillance, et nous crûmes être son interprète fidèle en posant nettement cette condition : pas un pouce de notre territoire, pas une pierre de nos forteresses.

Si donc à ce moment, où venait de s'accomplir un fait

aussi considérable que celui du renversement du promoteur de la guerre, la Prusse avait voulu traiter sur les bases d'une indemnité à déterminer, la paix était faite ; elle eût été accueillie comme un immense bienfait ; elle fût devenue un gage certain de réconciliation entre deux nations qu'une politique odieuse seule a fatalement divisées.

Nous espérions que l'humanité et l'intérêt bien entendus remporteraient cette victoire, belle entre toutes, car elle aurait ouvert une ère nouvelle, et les hommes d'Etat qui y auraient attaché leur nom auraient eu comme guides : la philosophie, la raison, la justice ; comme récompense : les bénédictions et la prospérité des peuples.

C'est avec ces idées que j'ai entrepris la tâche périlleuse que vous m'aviez confiée. Je devais tout d'abord me rendre compte des dispositions des cabinets européens et chercher à me concilier leur appui. Le gouvernement impérial l'avait complétement négligé, ou y avait échoué. Il s'est engagé dans la guerre sans une alliance, sans une négociation sérieuse ; tout, autour de lui, était hostilité ou indifférence ; il recueillait ainsi le fruit amer d'une politique blessante pour chaque Etat voisin, par ses menaces ou ses prétentions.

A peine étions-nous à l'Hôtel de ville qu'un diplomate, dont il n'est point encore opportun de révéler le nom, nous demandait à entrer en relations avec nous. Dès le lendemain, votre ministre recevait les représentants de toutes les puissances. La République des Etats-Unis, la République helvétique, l'Italie, l'Espagne, le Portugal, reconnaissaient officiellement la République française. Les autres gouvernements autorisaient leurs agents à entretenir avec nous des rapports officieux qui nous permettaient d'entrer de suite en pourparlers utiles.

Je donnerais à cet exposé, déjà trop étendu, un développement qu'il ne comporte pas, si je racontais avec détail la courte, mais instructive histoire des négociations qui ont suivi. Je crois pouvoir affirmer qu'elle ne sera pas tout à fait sans valeur pour notre crédit moral.

Je me borne à dire que nous avons trouvé partout d'honorables sympathies. Mon but était de les grouper, et de déterminer les puissances signataires de la ligue des neutres à intervenir directement près de la Prusse en prenant pour base les conditions que j'avais posées. Quatre de ces puissances me l'ont offert; je leur en ai, au nom de mon pays, témoigné ma gratitude, mais je voulais le concours des deux autres. L'une m'a promis une action individuelle dont elle s'est réservé la liberté, l'autre m'a proposé d'être mon intermédiaire vis-à-vis de la Prusse. Elle a même fait un pas de plus : sur les instances de l'envoyé extraordinaire de la France, elle a bien voulu recommander directement nos démarches. J'ai demandé beaucoup plus, mais je n'ai refusé aucun concours, estimant que l'intérêt qu'on nous montrait était une force à ne pas négliger.

Cependant, le temps marchait ; chaque heure rapprochait l'ennemi. En proie à de poignantes émotions, je m'étais promis à moi-même de ne pas laisser commencer le siége de Paris sans essayer une démarche suprême, fussé-je seul à la faire. L'intérêt n'a pas besoin d'en être démontré. La Prusse gardait le silence et nul ne consentait à l'interroger. Cette situation était intenable ; elle permettait à notre ennemi de faire peser sur nous la responsabilité de la continuation de la lutte ; elle nous condamnait à nous taire sur ses intentions. Il fallait en sortir. Malgré ma répugnance, je me déterminai à user des bons offices qui m'étaient offerts, et, le 10 septembre, un télégramme parvenait à M. de Bismark, lui demandant s'il voulait entrer en conversation sur des conditions de transaction. Une première réponse était une fin de non-recevoir tirée de l'irrégularité de notre gouvernement. Toutefois, le chancelier de la Confédération du Nord n'insista pas, et me fit demander quelles garanties nous présentions pour l'exécution d'un traité. Cette seconde difficulté levée par moi, il fallait aller plus loin. On me proposa d'envoyer un courrier, ce que j'acceptai. En même temps on télégraphiait directement à M. de Bismark, et le premier ministre de la puissance qui nous servait d'intermédiaire disait à notre envoyé extraordinaire que la France seule pouvait agir ; il ajoutait qu'il serait à désirer que je ne reculasse pas devant une démarche au quartier général. Notre envoyé, qui connaissait le fond de mon cœur, répondit que j'étais prêt à tous les sacrifices pour faire mon devoir, qu'il y en avait peu d'aussi pénible que d'aller au travers des lignes ennemies chercher notre vainqueur, mais qu'il supposait que je m'y résignerais. Deux jours après, le courrier revenait. Après mille obstacles, il avait vu le chancelier, qui lui avait dit être disposé à causer avec moi.

J'aurais voulu une réponse directe au télégramme de notre intermédiaire, elle se faisait attendre. L'investissement de Paris s'achevait. Il n'y avait plus à hésiter, je me résolus à partir.

Seulement, il m'importait que pendant qu'elle s'accomplissait, cette démarche fût ignorée ; je recommandai le secret, et j'ai été douloureusement surpris en rentrant hier soir d'apprendre qu'il n'a pas été gardé. Une indiscrétion coupable a été commise. Un journal, l'*Electeur Libre,* déjà désavoué par le gouvernement, en a profité ; une enquête est ouverte, et j'espère pouvoir réprimer ce double abus.

J'avais poussé si loin le scrupule de la discrétion, que je l'ai observée même vis-à-vis de vous, mes chers collègues. Je ne m'y suis pas résolu sans un vif déplaisir. Mais je connaissais votre patriotisme et votre affection ; j'étais sûr d'être absous. Je croyais obéir à une nécessité impérieuse. Une première fois, je vous avais entretenus des agitations de ma conscience, et je vous avais dit qu'elle ne serait en repos que lorsque j'aurais fait tout ce qui est humainement possible pour arrêter honorablement cette abominable guerre. Me rappelant la conversation provoquée par cette ouverture, je redoutais des objections, et j'étais décidé, d'ailleurs, je voulais, en abordant M. de Bismark, être libre de tout engagement, afin d'avoir le droit de n'en prendre aucun. Je vous fais ces aveux sincères, je les fais au pays pour écarter de vous une responsabilité que j'assume seul. Si ma démarche est une faute, seul j'en dois porter la peine.

J'avais cependant averti M. le ministre de la guerre, qui avait bien voulu me donner un officier pour me conduire aux avant-postes. Nous ignorions la situation du quartier général. On le supposait à Grosbois. Nous nous acheminâmes vers l'ennemi par la porte de Charenton.

Je supprime tous les détails de ce douloureux voyage, plein d'intérêt cependant, mais qui ne seraient point ici à leur place. Conduit à Villeneuve-Saint-Georges, où se trouvait le général en chef commandant le 6e corps, j'appris assez tard dans l'après-midi, que le quartier général était à Meaux. Le général, des procédés duquel je n'ai qu'à me louer, me proposa d'y envoyer un officier porteur de la lettre suivante, que j'avais préparée pour M. de Bismark :

« Monsieur le comte,

« J'ai toujours cru qu'avant d'engager sérieusement les hostilités sous les murs de Paris, il était impossible qu'une transaction honorable ne fût pas essayée. La personne qui a eu l'honneur de voir Votre Excellence, il y a deux jours, m'a dit avoir recueilli de sa bouche l'expression d'un désir analogue. Je suis venu aux avant-postes me mettre à la disposition de Votre Excellence. J'attends qu'elle veuille bien me faire savoir comment et où je pourrai avoir l'honneur de conférer quelques instants avec elle.

« J'ai l'honneur d'être, avec une haute considération,
   « De votre Excellence,
   « Le très-humble et très-obéissant serviteur,
                            « JULES FAVRE. »

18 Septembre 1870.

Nous étions séparés par une distance de 48 kilomètres. Le lendemain matin, à six heures, je recevais la réponse que je transcris :

Meaux, 18 septembre 1870.

« Je viens de recevoir la lettre que Votre Excellence a

eu l'obligeance de m'écrire, et ce me sera extrêmement agréable, si vous voulez bien me faire l'honneur de venir me voir, demain, ici à Meaux.

« Le porteur de la présente, le prince Biron, veillera à ce que Votre Excellence soit guidée à travers nos lignes.

« J'ai l'honneur d'être, avec la plus haute considération, de Votre Excellence, le très-obéissant serviteur,

« DE BISMARK. »

A neuf heures, l'escorte était prête, et je partais avec elle. Arrivé près de Meaux vers trois heures de l'après-midi, j'étais arrêté par un aide de camp venant m'annoncer que le comte avait quitté Meaux avec le roi pour aller coucher à Ferrières. Nous nous étions croisés; en revenant l'un et l'autre sur nos pas, nous devions nous rencontrer.

Je rebroussai chemin, et descendis dans la cour d'une ferme entièrement saccagée comme presque toutes les maisons que j'ai vues sur ma route. Au bout d'une heure, M. de Bismark m'y rejoignait. Il nous était difficile de causer dans un tel lieu. Une habitation, le château de la Haute-Maison, appartenant à M. le comte de Rillac, était à notre proximité; nous nous y rendîmes. Et la conversation s'engagea dans un salon où gisaient en désordre des débris de toute nature.

Cette conversation, je voudrais vous la rapporter tout entière, telle que le lendemain je l'ai dictée à un secrétaire. Chaque détail y a son importance. Je ne puis ici que l'analyser.

J'ai tout d'abord précisé le but de ma démarche. Ayant fait connaître par ma circulaire les intentions du gouvernement français, je voulais savoir celles du premier ministre prussien. Il me semblait inadmissible que deux nations continuassent, sans s'expliquer préalablement, une guerre terrible qui, malgré ses avantages, infligeait au vainqueur des souffrances profondes. Née du pouvoir d'un seul, cette guerre n'avait plus de raison d'être, quand la France redevenait maîtresse d'elle-même; je me portais garant de son amour pour la paix, en même temps de sa résolution inébranlable de n'accepter aucune condition qui ferait de cette paix une courte et menaçante trêve.

M. de Bismark m'a répondu que, s'il avait la conviction qu'une pareille paix fût possible, il la signerait de suite. Il a reconnu que l'opposition avait toujours condamné la guerre. Mais le pouvoir que représente aujourd'hui cette opposition est plus que précaire. *Si, dans quelques jours, Paris n'est pas pris, il sera renversé par la populace.*

Je l'ai interrompu vivement pour lui dire que nous n'avions pas de populace à Paris, mais une population intelligente, dévouée, qui connaissait nos intentions et qui ne se ferait pas complice de l'ennemi en entravant notre mission de défense. Quant à notre pouvoir, nous étions prêts à le déposer entre les mains de l'assemblée déjà convoquée par nous.

« Cette assemblée, a repris le comte, aura des desseins que rien ne peut nous faire pressentir. Mais si elle obéit au sentiment français, elle voudra la guerre. Vous n'oublierez pas plus la capitulation de Sedan que Waterloo, que Sadowa, qui ne vous regardait pas. » Puis il a insisté longuement sur la volonté bien arrêtée de la nation française d'attaquer l'Allemagne et de lui enlever une partie de son territoire. Depuis Louis XIV jusqu'à Napoléon III, ses tendances n'ont pas changé, et quand la guerre a été annoncée, le Corps législatif a couvert les paroles du ministre d'acclamations.

Je lui ai fait observer que la majorité du Corps législatif avait quelques semaines avant acclamé la paix; que cette majorité, choisie par le prince, s'était malheureusement crue obligée de lui céder aveuglément, mais que, consultée deux fois, aux élections de 1869 et au vote du plébiscite, la nation avait énergiquement adhéré à une politique de paix et de liberté.

La conversation s'est prolongée sur ce sujet, le comte maintenant son opinion, alors que je défendais la mienne;

et, comme je le pressais vivement sur ses conditions, il m'a répondu nettement que la sécurité de son pays lui commandait de garder le territoire qui la garantissait. Il m'a répété plusieurs fois : « — Strasbourg est la clef de la maison, je dois l'avoir. » — Je l'ai invité à être plus explicite encore : — « C'est inutile, objectait-il, puisque nous ne pouvons nous entendre, c'est une affaire à régler plus tard. » Je l'ai prié de le faire de suite ; il m'a dit alors que les deux départements du Bas et du Haut-Rhin, une partie de celui de la Moselle avec Metz, Château-Salins et Soissons lui étaient indispensables, et qu'il ne pouvait y renoncer.

Je lui ai fait observer que l'assentiment des peuples dont il disposait ainsi était plus que douteux, et que le droit public européen ne lui permettait pas de s'en passer. « — Si fait, m'a-t-il répondu. Je sais fort bien qu'ils ne veulent pas de nous. Ils nous imposeront une rude corvée, mais nous ne pouvons pas ne pas les prendre. Je suis sûr que dans un temps prochain nous aurons une nouvelle guerre avec vous. Nous voulons la faire avec tous nos avantages. »

Je me suis récrié, comme je le devais, contre de telles solutions. J'ai dit qu'on me paraissait oublier deux éléments importans de discussion : l'Europe, d'abord, qui pourrait bien trouver ces prétentions exorbitantes et y mettre obstacle ; le droit nouveau ensuite, le progrès des mœurs, entièrement antipathiques à de telles exigences. J'ai ajouté que, quant à nous, nous ne les accepterions jamais. Nous pouvions périr comme nation, mais non nous déshonorer ; d'ailleurs, le pays seul était compétent pour se prononcer sur une cession territoriale. Nous ne doutons pas de son sentiment, mais nous voulons le consulter. C'est donc vis-à-vis de lui que se trouve la Prusse. Et, pour être net, il est clair qu'entraînée par l'enivrement de la victoire, elle veut la destruction de la France.

Le comte a protesté, se retranchant toujours derrière des nécessités absolues de garantie nationale. J'ai pour=

suivi : « Si ce n'est pas de votre part un abus de la force, cachant de secrets desseins, laissez-nous réunir l'assemblée, nous lui remettrons nos pouvoirs, elle nommera un gouvernement définitif qui appréciera vos conditions. »

« Pour l'exécution de ce plan, m'a répondu le comte, il faudrait un armistice, et je n'en veux à aucun prix. »

La conversation prenait une tournure de plus en plus pénible. Le soir venait. Je demandai à M. de Bismark un second entretien à Ferrières, où il allait coucher, et nous partîmes chacun de notre côté.

Voulant remplir ma mission jusqu'au bout, je devais revenir sur plusieurs des questions que nous avions traitées, et conclure. Aussi, en abordant le comte, vers neuf heures et demie du soir, je lui fis observer que les renseignements que j'étais venu chercher près de lui étant destinés à être communiqués à mon gouvernement et au public, je résumerais, en terminant notre conversation pour n'en publier que ce qui serait bien arrêté entre nous. — « Ne prenez pas cette peine, me répondit-il, je vous la livre tout entière, je ne vois aucun inconvénient à sa divulgation. » Nous reprîmes alors la discussion, qui se prolongea jusqu'à minuit. J'insistai particulièrement sur la nécessité de convoquer une assemblée. Le comte parut se laisser peu à peu convaincre et revint à l'armistice. Je demandai quinze jours. Nous discutâmes les conditions. Il ne s'en expliqua que d'une manière très-incomplète, se réservant de consulter le roi. En conséquence, il m'ajourna au lendemain, onze heures.

Je n'ai plus qu'un mot à dire ; car, en reproduisant ce douloureux récit, mon cœur est agité de toutes les émotions qui l'ont torturé pendant ces trois mortelles journées, et j'ai hâte de finir. J'étais au château de Ferrières à onze heures. Le comte sortit de chez le roi à midi moins le quart, et j'entendis de lui les conditions qu'il mettait à l'armistice ; elles étaient consignées dans un texte écrit en langue allemande, et dont il m'a donné communication verbale.

Il demandait pour gage l'occupation de Strasbourg, de

Toul et de Phalsbourg, et comme, sur sa demande, j'avais dit la veille que l'assemblée devrait être réunie à Paris, il voulait, dans ce cas, avoir un fort dominant la ville... celui du Mont Valérien, par exemple...

Je l'ai interrompu pour lui dire : — « Il est bien plus simple de nous demander Paris. Comment voulez-vous admettre qu'une assemblée française délibère sous votre canon ? J'ai eu l'honneur de vous dire que je transmettrais fidèlement notre entretien au Gouvernement ; je ne sais vraiment si j'oserai lui dire que vous m'avez fait une telle proposition. »

« Cherchons une autre combinaison, » m'a-t-il répondu. Je lui ai parlé de la réunion de l'assemblée à Tours, en ne prenant aucun gage du côté de Paris.

Il m'a proposé d'en parler au roi, et, revenant sur l'occupation de Strasbourg, il a ajouté : « — La ville va tomber entre nos mains, ce n'est plus qu'une affaire de calcul d'ingénieur. Aussi, je vous demande que la garnison se rende prisonnière de guerre.

A ces mots, j'ai bondi de douleur, et, me levant, je me suis écrié : « — Vous oubliez que vous parlez à un Français, monsieur le comte ; sacrifier une garnison héroïque qui fait notre admiration et celle du monde serait une lâcheté ; — et je ne vous promets pas de dire que vous m'avez posé une telle condition. »

Le comte m'a répondu qu'il n'avait pas l'intention de me blesser, qu'il se conformait aux lois de la guerre ; qu'au surplus, si le roi y consentait, cet article pourrait être modifié.

Il est rentré au bout d'un quart d'heure. Le roi acceptait la combinaison de Tours, mais insistait pour que la garnison de Strasbourg fût prisonnière.

J'étais à bout de forces et craignis un instant de défaillir. Je me retournais pour dévorer les larmes qui m'étouffaient, et, m'excusant de cette faiblesse involontaire, je prenais congé par ces simples paroles :

« Je me suis trompé, monsieur le comte, en venant ici, je ne m'en repens pas, j'ai assez souffert pour m'excuser à mes propres yeux ; d'ailleurs, je n'ai cédé qu'au sentiment de mon devoir. Je reporterai à mon gouvernement tout ce que vous m'avez dit, et s'il juge à propos de me renvoyer près de vous, quelque cruelle que soit cette démarche, j'aurai l'honneur de revenir. Je vous suis reconnaissant de la bienveillance que vous m'avez témoignée, mais je crains qu'il n'y ait plus qu'à laisser les événements s'accomplir. La population de Paris est courageuse et résolue aux derniers sacrifices ; son héroïsme peut changer le cours des événements. Si vous avez l'honneur de la vaincre, vous ne la soumettrez pas. La nation tout entière est dans les mêmes sentiments. Tant que nous trouverons en elle un élément de résistance, nous vous combattrons. C'est une lutte indéfinie entre deux peuples qui devraient se tendre la main. J'avais espéré une autre solution. Je pars bien malheureux et néanmoins plein d'espoir. »

Je n'ajoute rien à ce récit, trop éloquent par lui-même. Il me permet de conclure et de vous dire quelle est à mon sens la portée de ces entrevues. Je cherchais la paix, j'ai rencontré une volonté inflexible de conquête et de guerre. Je demandais la possibilité d'interroger la France représentée par une assemblée librement élue, on m'a répondu en me montrant les fourches caudines sous lesquelles elle doit préalablement passer. Je ne récrimine point. Je me borne à constater les faits, à les signaler à mon pays et à l'Europe. J'ai voulu ardemment la paix, je ne m'en cache pas, et en voyant pendant trois jours la misère de nos campagnes infortunées, je sentais grandir en moi cet amour avec une telle violence, que j'étais forcé d'appeler tout mon courage à mon aide pour ne pas faillir à ma tâche. J'ai désiré non moins vivement un armistice, je l'avoue encore. Je l'ai désiré, pour que la nation pût être consultée sur la redoutable question que la fatalité pose devant nous.

Vous connaissez maintenant les conditions préalables qu'on prétend nous faire subir. Comme moi, et sans discussion, vous avez été unanimement d'avis qu'il fallait en repousser l'humiliation. J'ai la conviction profonde que, malgré les souffrances qu'elle endure et celles qu'elle prévoit, la France indignée partage notre résolution, et c'est de son cœur que j'ai cru m'inspirer en écrivant à M. de Bismark la dépêche suivante qui clôt cette négociation :

« Monsieur le comte,

« J'ai exposé fidèlement à mes collègues du gouvernement de la défense nationale la déclaration que Votre Excellence a bien voulu me faire. J'ai le regret de faire connaître à Votre Excellence que le gouvernement n'a pu admettre vos propositions. Il accepterait un armistice ayant pour objet l'élection et la réunion d'une Assemblée nationale, mais il ne peut souscrire aux conditions auxquelles Votre Excellence le subordonne. Quant à moi, j'ai la conscience d'avoir tout fait pour que l'effusion du sang cessât, et que la paix fût rendue à nos deux nations, pour lesquelles elle serait un grand bienfait. Je ne m'arrête qu'en face d'un devoir impérieux, m'ordonnant de ne pas sacrifier l'honneur de mon pays déterminé à résister énergiquement. Je m'associe sans réserve à son vœu, ainsi qu'à celui de mes collègues. Dieu, qui nous juge, décidera de nos destinées. J'ai foi dans sa justice.

« J'ai l'honneur d'être, monsieur le comte,
« de Votre Excellence,
« Le très-humble et très-obéissant serviteur,

« JULES FAVRE. »

21 septembre 1870.

J'ai fini, mes chers collègues, et vous penserez, comme moi, que si j'ai échoué, ma mission n'aura pas été cependant tout à fait inutile. Elle a prouvé que nous n'avons pas dévié. Comme les premiers jours, nous maudissons une guerre par nous condamnée à l'avance ; comme les premiers jours aussi, nous l'acceptons plutôt que de nous déshonorer. Nous avons fait plus : nous avons tué l'équivoque dans laquelle la Prusse s'enfermait, et que l'Europe ne nous aidait pas à dissiper.

En entrant sur notre sol, elle a donné au monde sa parole qu'elle attaquait Napoléon et ses soldats, mais qu'elle respectait la nation. Nous savons aujourd'hui ce qu'il faut en penser. La Prusse exige trois de nos départements, deux villes fortes, l'une de cent, l'autre de soixante-quinze mille âmes, huit à dix autres également fortifiées. Elle sait que les populations qu'elle veut nous ravir la repoussent, elle s'en saisit néanmoins, opposant le tranchant de son sabre aux protestations de leur liberté civique et de leur dignité morale.

A la nation qui demande la faculté de se consulter elle-même, elle propose la garantie de ses obusiers établis au Mont Valérien, et protégeant la salle des séances où nos députés voteront. Voilà ce que nous savons, et ce qu'on m'a autorisé à vous dire. Que le pays nous entende et qu'il se lève, ou pour nous désavouer quand nous lui conseillons de résister à outrance, ou pour subir avec nous cette dernière et décisive épreuve. Paris y est résolu.

Les départements s'organisent et vont venir à son secours. Le dernier mot n'est pas dit dans cette lutte où maintenant la force se rue contre le droit. Il dépend de notre constance qu'il appartienne à la justice et à la liberté.

Agréez, mes chers collègues, le fraternel hommage de mon inaltérable dévouement.

Le vice-président du gouvernement de la défense nationale, ministre des affaires étrangères,
JULES FAVRE.

Paris, ce 21 décembre 1870.

Ajournement des Elections

PROCLAMATION A LA FRANCE

Avant l'investissement de Paris, M. Jules Favre, ministre des affaires étrangères, a voulu voir M. de Bismark pour connaître les dispositions de l'ennemi. Voici la déclaration du ministre du roi Guillaume :

La Prusse veut continuer la guerre et réduire la France à l'état de puissance de second ordre. La Prusse veut l'Alsace et la Lorraine, jusqu'à Metz, par droit de conquête.

Pour consentir à un armistice, la Prusse a osé demander la reddition de Strasbourg, de Toul et du Mont Valérien.

Paris, exaspéré, s'ensevelirait plutôt sous ses ruines.

A d'aussi insolentes prétentions, en effet, on ne répond que par la lutte à outrance. La France accepte cette lutte et compte sur tous ses enfants.

DÉCRET

Vu la proclamation ci-dessus qui constate la gravité des circonstances,

Le gouvernement décrète :

Toutes élections municipales et pour l'Assemblée constituante sont suspendues et ajournées.

Nous envoyons partout des ordres et des hommes pour surexciter l'esprit de la défense nationale. Nous faisons les plus grands efforts pour jeter sur les derrières de l'armée prussienne toutes les forces possibles, soit comme guérillas, soit comme forces régulières. Déjà l'amiral Fourichon a envoyé en avant d'Orléans des forces qui ont eu plusieurs petits engagements ; elles harcèlent l'ennemi sans relâche, sous les ordres du général de Polhès.

Pour copie conforme :

Le ministre de l'intérieur,

LÉON GAMBETTA.

Violation de domicile

RÉPUBLIQUE FRANÇAISE

La ville de Paris, tout entière sous les armes, *offre au pays le grand exemple d'une population que rien n'a pu entraîner au désordre.* Mais l'esprit public, qui a déjoué sous ce rapport l'espoir de l'ennemi, paraît céder à une fièvre de défiance qui a ses périls.

Devant de vaines apparences, et sous les prétextes les plus futiles, de véritables violations de domicile ont eu lieu, et des sévices ont été exercés contre les personnes. Il est même arrivé que le drapeau de nations amies, notoirement sympathiques à la République française, n'a pu suffire à faire respecter les demeures qu'il protégeait, et que des officiers de la garde nationale ont méconnu leur devoir au point de compter parmi les fauteurs de ce désordre.

J'ordonne qu'une enquête soit ouverte à ce sujet, et je prescris l'arrestation des personnes qui seront reconnues coupables de ces graves abus. Le service de vigilance est organisé de manière à rendre vaines les intelligences que l'ennemi voudrait entretenir dans la place, et je rappelle à tous, qu'en dehors des cas prévus par la loi, le domicile des citoyens est inviolable.

De tels actes troublent la paix publique, atteignent tous les principes de justice et de droit, et sont contraires aux plus chers intérêts comme à la dignité des défenseurs de Paris.

A Paris, le 28 septembre 1870.

Le gouverneur de Paris,

GÉNÉRAL TROCHU.

Réponse de M. Jules Favre au délégué de la démocratie anglaise

Monsieur,

Veuillez recevoir, tant en mon nom personnel qu'au nom du gouvernement de la défense nationale, les remercîments les plus cordiaux et les plus sincères pour la communication que vous avez bien voulu me faire des détails du grand meeting qui a eu lieu à Londres dans Hyde-Park le 19 courant.

Nous sommes profondément touchés et reconnaissants des sentiments qui y ont été si noblement exprimés au nom du peuple anglais, et nous y puisons une grande force pour accomplir la rude tâche que la destinée nous inflige. Votre généreuse nation a le droit de nous montrer la route de la liberté, et nous serons heureux d'y marcher sur ses traces. Quelque accablants que paraissent nos malheurs, ils n'ébranlent pas notre foi : nous croyons à la justice, à la vérité, à la fraternité des peuples. — Peut-être cette guerre criminelle autant qu'insensée sera-t-elle pour tous un salutaire enseignement : en brisant le militarisme de la France, elle rendra celui de la Prusse si odieux, qu'elle provoquera contre lui une réaction ; alors pourra se réaliser la glorieuse et féconde idée de l'alliance des peuples, en tête desquels marchera certainement votre pays, complétement rendu à sa souveraineté.

Veuillez, monsieur, agréer l'expression de ma haute considération.

JULES FAVRE.

Paris, ce 30 septembre 1870.

Ordre du Général Trochu après Chevilly

Dans la journée d'hier, le 13e corps s'est hautement honoré devant le pays, qui lui en témoigne, par moi, toute sa gratitude, et hautement honoré devant l'ennemi, qui ne dissimule pas l'impression que lui a faite la vaillance des troupes.

Elles ont eu la vigueur dans l'attaque des positions préparées de longue main pour la défense; elles ont eu le calme et l'aplomb dans la retraite.

Soldats !

Nous sommes engagés dans une lutte suprême où vous n'êtes plus les appuis d'une politique que la France a répudiée. La Prusse avait solennellement déclaré qu'elle ne prenait les armes que pour combattre cette politique. Mais elle a depuis longtemps levé le masque. C'est l'honneur de la nation qu'elle veut humilier, et son existence même qu'elle veut détruire.

Vous l'avez compris. La grandeur de votre mission vous apparait. Vous venez de vous montrer, et vous vous montrerez jusqu'au terme de nos efforts communs, dans l'esprit de dévouement et de sacrifice, les dignes soldats de la nation.

A Paris, le 1er octobre 1870.

Le gouverneur de Paris,
Général TROCHU.

Reddition de Toul et Strasbourg

(2 OCTOBRE)

Citoyens,

Le gouvernement vous doit la vérité sans détours, sans commentaires.

Les coups redoublés de la mauvaise fortune ne peuvent plus déconcerter vos esprits ni abattre vos courages.

Vous attendez la France, mais vous ne comptez que sur vous mêmes.

Prêts à tout, vous pouvez tout apprendre : Toul et Strasbourg viennent de succomber.

Cinquante jours durant, ces deux héroïques cités ont essuyé avec la plus mâle contenance une véritable pluie de boulets et d'obus.

Epuisées de munitions et de vivres, elles défiaient encore l'ennemi.

Elles n'ont capitulé qu'après avoir vu leurs murailles abattues crouler sous le feu des assaillants.

Elles ont, en tombant, jeté un regard vers Paris pour affirmer, une fois de plus, l'unité et l'intégrité de la patrie, l'indivisibilité de la République, et nous léguer, avec *le devoir de les délivrer, l'honneur de les venger.*

Vive la France! Vive la République!

LÉON GAMBETTA.

Paroles prononcées par le Général Trochu aux obsèques du général Guilhem

« Messieurs,

« A l'heure présente, l'appareil de la mort n'a rien qui doive nous effrayer. *Notre devoir, pour la plupart,* notre avenir pour tous *est là...*

« Les phrases de convention et de convenance seraient déplacées ; je ne dirai qu'un mot devant ce cercueil : le général Guilhem a bien vécu, il s'est bien battu et il est mort en brave.

« Messieurs, je le recommande à votre souvenir. »

4 octobre.

La Province se lève

La province se lève et se met en mouvement.
Les départements s'organisent.

Tous les hommes valides accourent au cri de : « *Ni un pouce de terrain, ni une pierre de nos forteresses; sus à l'ennemi, guerre à outrance.* »

Signé : GLAIS-BIZOIN.

Pour copie conforme :

Le ministre de l'intérieur,
LÉON GAMBETTA.

Paris, midi et demi, 6 octobre 1870.

Les Manifestations

Le gouvernement de la défense nationale n'a eu jusqu'à présent qu'à se glorifier de l'attitude patriotique, des sentiments républicains, de l'esprit d'ordre et de discipline qui caractérisent à un si haut degré la garde nationale de Paris. C'est à ce sentiment même qu'il fait appel pour qu'il soit mis un terme aux manifestations armées qui se sont produites hier, pour la seconde fois depuis quinze jours, sur la place de l'Hôtel de Ville.

Ces rassemblements de bataillons ont le double tort de se former sans l'ordre du commandant supérieur des gardes nationales, sans l'ordre du ministre de l'intérieur, les deux seules autorités qui soient compétentes pour disposer de la milice citoyenne, et, ce qui est beaucoup plus grave, de donner à la cité parisienne des apparences de sédition aussi contraires à la réalité que favorables aux desseins de l'ennemi.

L'ennemi, qu'on le sache bien, s'arrête devant Paris, troublé par une résistance sur laquelle il ne comptait pas. Il sait que la capitale peut le tenir en échec pendant de longs mois ; il sait aussi qu'une attaque de vive force contre l'enceinte est impossible : il n'espère à cette heure que dans nos discordes. Notre premier devoir est donc d'en éviter jusqu'aux apparences.

Quand les officiers de la garde nationale ont des communications à faire au gouvernement, ils peuvent user à leur choix de la voie orale ou de la voie écrite. Le gouvernement sera toujours heureux d'entrer avec eux en rapports intimes. Mais les manifestations armées sont destructives de tout ordre public, de toute discipline ; et, si bien intentionnées qu'elles puissent être, le gouvernement est certain d'exprimer l'opinion de l'immense majorité des citoyens, en déclarant que de telles manifestations ne doivent plus avoir lieu.

(Journal officiel du 7 octobre.)

La première Dépêche de Tours

Le 6 octobre 1870, 6 heures du soir.

Le Gouvernement reçoit à l'instant une dépêche de Tours, en date du 1er octobre, lui transmettant les meilleures nouvelles sur les mesures prises dans les départements. En les communiquant au public, nous croyons, dans une pensée à laquelle il s'associera, devoir taire les lieux de rassemblement des troupes et le nom des généraux qui les commandent. Nous copions textuellement :

« Notre seule et immense préoccupation est d'activer l'organisation des forces destinées à débloquer Paris ; tout ce qui se fait à cet égard donne le meilleur espoir. L'action des villes et des départements, poussant en avant les forces qu'ils ont organisées par leur initiative, se combine avec ardeur avec celle des contingents militaires, qui forment désormais deux armées, comprenant chacune environ 80,000 hommes, l'une sur la Loire et qui va s'avancer sur Paris, l'autre ayant pour centre... Du côté de... on réunit également un troisième groupe, composé de forces régulières, de mobiles et de volontaires. La situation de Bazaine continue à demeurer excellente. L'attaché militaire de..., qui vient de parcourir les villes où se réunissent nos troupes, jusqu'à... inclusivement, a été surpris du nombre très considérable d'hommes bien armés et bien équipés, et surtout de l'artillerie qu'on ne supposait pas exister. La légion française et les zouaves sont arrivés de Rome par les soins de notre ambassadeur, et vont former un solide appoint tout prêt à marcher. »

Ces nouvelles n'ont pas besoin de commentaires, elles sont la récompense de la noble et fière attitude de Paris et de ses défenseurs, elles doublent notre courage, elles fortifient notre constance, elles nous montrent, comme un sérieux espoir, le jour où notre main rencontrera celle de nos frères des départements, à travers les lignes ennemies cédant enfin sous un commun effort.

Vive la France! Vive la République!

Général TROCHU, JULES FAVRE, EMMANUEL ARAGO, GAMBETTA, GARNIER-PAGÈS, JULES FERRY, PELLETAN, ERNEST PICARD, HENRI ROCHEFORT, JULES SIMON.

Départ en Ballon du Ministre Gambetta

Le gouvernement de la défense nationale,

Considérant qu'à raison de la prolongation de l'investissement de Paris, il est indispensable que le ministre de l'intérieur puisse être en rapport direct avec les départements et mettre ceux-ci en rapport avec Paris, pour faire sortir de ce concours une défense énergique,

Décrète :

Article 1er. M. Gambetta, membre du gouvernement, ministre de l'intérieur, est adjoint à la délégation de Tours ; il se rendra sans délai à son poste.

Art. 2. M. Jules Favre, ministre des affaires étrangères, est chargé de l'intérim du ministère de l'intérieur à Paris.

Fait à l'Hôtel de Ville de Paris, le 4 octobre 1870.

En exécution de ce décret, le ministre de l'intérieur est parti ce matin même par le ballon. Il a emporté la proclamation qui suit, à l'adresse des départements :

« Français,

« La population de Paris offre en ce moment un spectacle unique au monde !

« Une ville de deux millions d'âmes investie de toutes parts, privée jusqu'à présent, par la criminelle incurie du dernier régime, de toute armée de secours, et qui accepte avec courage, avec sérénité, tous les périls, toutes les horreurs d'un siége.

« L'ennemi n'y comptait pas. Il croyait trouver Paris sans défense ; la capitale lui est apparue hérissée de travaux formidables, et, ce qui vaut mieux encore, défendue par 400,000 citoyens qui ont fait d'avance le sacrifice de leur vie.

« L'ennemi croyait trouver Paris en proie à l'anarchie : il attendait la sédition qui égare et qui déprave ; la sédition, qui, plus sûrement que le canon, ouvre à l'ennemi les places assiégées.

« Il l'attendra toujours. Unis, armés, approvisionnés, résolus, pleins de foi dans la fortune de la France, les Parisiens savent qu'il ne dépend que d'eux, de leur bon ordre et de leur patience, d'arrêter pendant de longs mois la marche des envahisseurs.

« Français ! c'est pour la Patrie, pour sa gloire, pour son avenir, que la population parisienne affronte le fer et le feu de l'étranger.

« Vous qui nous avez déjà donné vos fils, vous qui nous avez envoyé cette vaillante garde mobile, dont chaque jour signale l'ardeur et les exploits, levez-vous en masse, et venez à nous : isolés, nous saurions sauver l'honneur ; mais *avec vous, et par vous, nous jurons de sauver la France !* »

Paris, le 7 octobre 1870.

Les membres du gouvernement de la défense nationale,
Général TROCHU, JULES FAVRE, EMMANUEL ARAGO, JULES FERRY, GAMBETTA, GARNIER-PAGÈS, PELLETAN, ERNEST PICARD, HENRI ROCHEFORT, JULES SIMON.

Élections municipales

(7 octobre)

On lit dans le *Journal Officiel* :

Le Gouvernement avait pensé qu'il était opportun et conforme aux principes de faire procéder aux élections de la municipalité de Paris. Mais, depuis cette résolution prise, la situation ayant été profondément modifiée par l'investissement de la capitale, il est devenu évident que des élections faites sous le canon seraient un danger pour la République. Tout doit céder à l'accomplissement du devoir militaire et à l'impérieuse nécessité de la concorde. Les élections ont donc été ajournées ; elles ont dû l'être.

D'ailleurs, en présence des sommations que le Gouvernement a reçues, et dont il est encore menacé de la part des gardes nationaux en armes, son devoir est de faire respecter sa dignité et le pouvoir qu'il tient de la confiance populaire.

En conséquence, convaincu que les élections porteraient une dangereuse atteinte à la défense, le Gouvernement a décidé leur ajournement jusqu'à la levée du siège.

Manifestation anti-communale

8 octobre

Le *Journal Officiel* publie la note suivante sur les manifestations d'hier :

Une affiche placardée sur tous les murs de la capitale, et reproduite par quelques journaux, invitait les gardes nationaux et les citoyens à se réunir le samedi, 8 octobre, sur la place de l'Hôtel de Ville, pour *demander l'élection immédiate de la Commune de Paris*.

Le Gouvernement, confiant dans le bon sens et dans le patriotisme de la population parisienne, n'avait cru devoir faire à cette occasion aucun déploiement de force inaccoutumé.

Vers une heure et demie, se formait sur la place de l'Hôtel de Ville un groupe de trois ou quatre cents personnes, criant : « Vive la Commune! » A deux heures, le 84ᵉ bataillon de la garde nationale (commandant Bixio) venait se déployer en cordon sur deux rangs le long de la façade de l'Hôtel de Ville. Ce mouvement provoqua une assez grande affluence de curieux, et les cris prirent une certaine intensité. Mais la masse des assistants restait indifférente à ces provocations; bien plus, tout autour de la place et dans les rues adjacentes, on protestait avec une vive énergie contre les meneurs qui compromettent le succès de la défense nationale par des excitations factieuses.

Sur ces entrefaites, le général Trochu arrivait à cheval. Seul, laissant loin en arrière son état major, il parcourut la foule, et fut accueilli par les cris les plus sympathiques. Un peu plus tard, le général Tamisier était également acclamé.

Cependant, le bruit se répandait dans Paris qu'une tentative était faite pour exercer une pression sur le Gouvernement de la défense nationale. On vit alors accourir bataillons sur bataillons. Les groupes hostiles, comprenant leur impuissance, se retirèrent, et, la garde nationale ayant occupé la place dans toute son étendue, les membres du Gouvernement, présents à l'Hôtel de Ville, descendirent pour la passer en revue.

On ne saurait décrire l'enthousiasme des gardes nationaux et de la population. Les cris de : *Vive la République! Vive le Gouvernement! Pas de Commune!* sortaient de cinquante mille poitrines.

Après la revue, les officiers se rangèrent en cercle, et M. Jules Favre prononça les paroles suivantes :

« Messieurs,

« Cette journée est bonne pour la défense, car elle affirme une fois de plus et d'une manière éclatante notre ferme résolution de demeurer unis pour sauver la patrie. Cette union intrépide, dévouée dans une seule et même pensée, elle est la raison d'être du gouvernement que vous avez fondé le 4 septembre. Aujourd'hui, vous consacrez de nouveau sa légitimité. Vous entendez le maintenir pour qu'avec vous il délivre le sol national de la souillure de l'étranger; de son côté, il s'engage envers vous à poursuivre ce noble but jusqu'à la mort; et pour l'atteindre, il est décidé à agir avec fermeté contre ceux qui tenteraient de l'en détourner.

« Par un redoutable hasard de la fortune, Paris a l'honneur de concentrer sur lui l'effort des agresseurs de la France; il est son boulevard, il la sauvera par votre abnégation, par votre courage, par vos vertus civiques, et, si quelques téméraires essayent de jeter dans son sein des germes de division, votre bon sens les étouffera sans peine. *Tous nous eussions été heureux de donner aux pouvoirs municipaux le fondement régulier d'une libre élection.* Mais tous aussi nous avons compris que lorsque les Prussiens menacent la cité, ses habitants ne peuvent être qu'aux remparts, et même au dehors, où ils brûlent d'aller chercher l'ennemi. Quand ils l'auront vaincu, *ils reviendront aux urnes électorales;* et, au moment où je vous parle, entendez-vous l'appel suprême qui m'interrompt! c'est la voix du canon qui tonne et qui nous dit à tous où est le devoir.

« Messieurs, un mot encore. Aux remercîments du gouvernement qui est votre œuvre, votre cœur, votre âme, qui n'est quelque chose que par vous et pour vous, laissez-moi mêler un avis fraternel : que cette journée ne fasse naître en nous aucune pensée de colère, ou même d'animosité. Dans cette grande et généreuse population, nous n'avons pas d'ennemis. Je ne crois pas même que nous puissions appeler adversaires ceux qui me valent l'honneur d'être maintenant au milieu de vous. Ils ont été entraînés ; ramenons-les par notre patriotisme. La leçon ne sera pas perdue pour eux ; ils verront par votre exemple combien il est beau d'être unis pour servir la patrie, et désormais c'est avec nous qu'ils voleront à sa défense. »

Pendant ce discours, les acclamations de la garde nationale se mêlaient au grondement lointain de la canonnade.

Une heure plus tard, malgré une pluie torrentielle et la nuit tombante, de nouveaux bataillons remplissaient la place de l'Hôtel de Ville, et les membres du gouvernement durent passer une seconde revue au milieu des mêmes démonstrations de sympathie et d'enthousiasme.

Ainsi s'est terminée cette grande journée qui a tourné à la confusion des agitateurs, et qui a démontré que le peuple de Paris est décidé à faire bonne justice de toute tentative de sédition.

Le *Journal Officiel* publie, en outre, la lettre suivante, adressée par M. Jules Favre, vice-président du Gouvernement de la défense nationale, au commandant de la garde nationale :

Paris, le 8 octobre 1870.

A M. le général Tamisier, commandant en chef des gardes nationales de la Seine.

Mon cher général,

Je vous remercie avec effusion, vous et la garde nationale, dont vous êtes le digne chef, du concours que vous venez de nous prêter. Au premier signal, vos bataillons sont accourus, et, par leurs acclamations patriotiques, ont protesté contre les imprudents qui cherchent à nous diviser devant l'ennemi. Vous leur avez prouvé qu'ils n'y réussiront pas.

Nous resterons unis pour combattre et pour vaincre. Nous le serons encore après, car tous nous n'avons qu'une volonté : fonder une République durable, décrétée par la nation dans sa souveraineté. C'est pour l'accomplissement de cette double tâche que nous sommes debout, ne formant qu'un faisceau, maintenant avec fermeté le gouvernement établi le 4 septembre, ne demandant d'autre récompense que l'honneur insigne de remettre à la France délivrée par l'héroïsme de ses enfants les pouvoirs que nous avons reçus pour la défendre.

Agréez, mon cher général, l'expression de mes sentiments affectueux et dévoués.

Le vice-président du Gouvernement, ministre de l'intérieur par intérim,

JULES FAVRE.

Rochefort à Flourens

LETTRE A COMMENTER

Paris, le 9 octobre 1870.

Mon cher Flourens,

Vous me pressez de donner ma démission de membre du gouvernement. J'ai accepté à mon corps défendant la mission ; mais la démission, ai-je bien le droit de la donner? Voilà la question.

J'ai demandé les élections municipales et bien d'autres choses encore. Je regrette qu'on ne les ait pas faites dans es premiers jours de la République. Aujourd'hui, la question de la Commune est devenue un champ de bataille, et si j'avais soulevé sur cet incident une question de cabinet, qui vous dit qu'à cette heure on n'entendrait pas à la fois les coups de canon sur les remparts et des coups de fusil dans les rues?

Je suis descendu presque dans les sous-sols les plus impénétrables de ma conscience, et je suis remonté en me disant que mon départ *pourrait provoquer un conflit*, et que provoquer un conflit, c'était ouvrir une brèche aux Prussiens.

Voilà pourquoi j'ai souscrit à l'ajournement des élections. Depuis vingt ans, l'empire nous ajourne. *Ayons la patience d'allonger la courroie jusqu'après la levée du siège.*

Vous m'objecterez, mon cher et excellent ami, que je capitule avec mes convictions ; si cela est, vous m'excuserez, car c'est pour ne pas être obligé de capituler avec l'ennemi.

Dans les circonstances actuelles, une démission serait peut-être le prélude d'un désastre. Vous le savez bien, vous qui avez patriotiquement retiré la vôtre.

Je fais taire mes instincts politiques ; que nos braves amis de la première circonscription laissent sommeiller les leurs. *Le moment venu, c'est-à-dire le Prussien parti, nous saurons bien nous retrouver tous.*

Mille embrassements fraternels.

HENRI ROCHEFORT.

La Reconnaissance de Bagneux

14 OCTOBRE

On lit dans le *Journal officiel* :

« Un récit, d'ailleurs très-habilement et très-fidèlement fait, de l'engagement d'aujourd'hui jeudi, a donné à supposer que le but que cette opération militaire se proposait était d'occuper le plateau de Châtillon.

« Pour que les résultats de cette journée excellente soient appréciés à leur véritable valeur, il importe de constater qu'il ne s'est jamais agi d'une occupation définitive, *mais seulement d'une reconnaissance offensive, qui a réussi de tous points.*

« L'opinion s'était répandue que la concentration faite avant-hier par l'ennemi n'avait pas pour objet une attaque contre nos positions de Villejuif, comme on l'avait généralement pensé, mais qu'elle avait pour but de préparer une opération offensive contre un corps français venant d'Orléans.

« Le gouverneur de Paris a jugé qu'il fallait savoir si les masses prussiennes étaient restées sur le plateau ou l'avaient quitté, comme on l'assurait. Il a, en conséquence, ordonné la reconnaissance dont il s'agit.

« Les villages de Bagneux, Châtillon et Clamart ont été envahis, et, après un vif combat de tirailleurs et d'artillerie, où nos troupes ont montré la plus grande énergie; les bataillons prussiens ont paru sur le plateau, leurs réserves accourant de toutes parts, et ils se sont trouvés en prise aux canons des forts de Montrouge, Vanves et Issy.

« C'est à ce moment que, d'après les ordres donnés, la retraite devait commencer : elle s'est effectuée avec beaucoup d'ordre et de calme, sous le feu très-vif de l'artillerie des forts, qui a fait beaucoup de mal à l'ennemi.

« Il a subi des pertes considérables en tués et en blessés, laissant entre nos mains *cinquante prisonniers.* »

Le plan Trochu

16 OCTOBRE

Le président du Gouvernement, gouverneur de Paris, a adressé au maire de Paris la lettre suivante :

Monsieur le maire,

J'ai l'honneur de vous faire connaître les bases sur

lesquelles, de concert avec le général commandant supérieur de la garde nationale sédentaire, je me propose de fonder l'organisation de ses bataillons mobilisables.

Cette mobilisation rencontre des difficultés considérables, et, par suite, des retards dont le sentiment public, excité par un patriotisme très vif et très légitimement impatient, se rend mal compte. J'ai le devoir de l'éclairer, en résistant à ces entraînements, et de lui montrer que personne n'a plus que moi à cœur l'honneur de la garde nationale de Paris, et le souci des grands intérêts qu'elle engagera, le jour où elle portera ses efforts hors de l'enceinte.

Lorsque j'ai entrepris, avec le concours de dévoués collaborateurs dont la reconnaissance publique recueillera un jour les noms, la défense de Paris, j'avais à lutter contre un sentiment bien différent de celui que je discute aujourd'hui. On croyait et on disait qu'une grande cité comme notre capitale, dominée par des intérêts, des passions, des besoins si divers, n'était pas défendable. On admettait difficilement que son enceinte et ses forts, construits dans d'autres temps et dans des conditions militaires très-différentes de celles qui prévalent aujourd'hui, pussent être préparés de manière à opposer, sans le secours d'une armée opérant au dehors, une résistance sérieuse et durable aux efforts d'un ennemi victorieux. On admettait encore moins que la population pût se prêter aux sacrifices de toute sorte, aux habitudes de résignation que comporte un siége de quelque durée.

Aujourd'hui, que cette grande épreuve est faite, c'est-à-dire que la mise en état de défense est arrivée à un degré de perfectionnement qui rend inabordable l'enceinte, avec ses dehors poussés très loin; que la population a fait éclater son patriotisme et réduit elle-même au silence un petit nombre d'hommes, dont les vues coupables servaient les projets de l'ennemi; que l'ennemi lui-même, s'arrêtant devant ce formidable appareil défensif, s'est borné à l'entourer de ses masses sans s'y heurter, l'esprit public s'est modifié, et il ne manifeste plus qu'une préoccupation, celle de jeter à son tour des masses hors de l'enceinte et d'aller aborder l'armée prussienne.

Le Gouvernement de la défense nationale ne peut qu'encourager cet élan de la population, mais c'est au commandant en chef qu'il appartient de le diriger, parce que à ce droit se rattachent pour lui des responsabilités infinies.

A ce titre, il est tenu de ne se laisser conseiller que par les règles de l'expérience générale de la guerre et par celles de l'expérience spéciale, que nous devons aux douloureux événements qui ont accablé l'armée du Rhin. Elles démontrent qu'aucune infanterie, si solide qu'elle soit, ne peut être engagée avec sécurité devant l'armée prussienne que si elle est accompagnée d'une artillerie proportionnée à celle dont l'ennemi dispose, et c'est à former cette artillerie que j'applique tous mes soins. En second lieu, nos fusils à percussion sont d'excellentes armes derrière un rempart, alors qu'il ne s'agit pas de tirer vite. Mais une troupe qui s'engagerait avec de telles armes contre une autre munie de fusils à tir rapide, s'exposerait à un désastre que ni la bravoure ni la supériorité morale ne sauraient conjurer.

Pour l'appel fait au patriotisme des compagnies destinées à un service extérieur, le gouvernement ne peut s'adresser exclusivement aux bataillons pourvus d'armes à tir rapide. De là résulte la nécessité absolue d'un échange d'armes à l'amiable, opéré par les soins du maire de chaque arrondissement, de telle sorte que les volontaires destinés à un service de guerre soient armés des meilleurs fusils de leur bataillon.

Le recrutement des compagnies se fera par voie d'inscription sur une liste ouverte dans chaque arrondissement. La compagnie de volontaires comprendra autant que possible 150 hommes par bataillon, mais l'obligation de fournir ce contingent ne sera imposée à aucun d'eux.

Si la liste des inscriptions volontaires dépasse le chiffre de 150, les appelés seront pris de préférence parmi les hommes âgés de moins de 35 ans, célibataires, d'une constitution vigoureuse, ayant porté les armes ou ayant acquis la pratique des exercices militaires. Le conseil de famille de chaque bataillon sera chargé de faire ces désignations. Quatre compagnies, réunies et groupées sous le commandement d'un chef de bataillon, formeront les bataillons de marche, exclusivement placés sous les ordres des généraux commandant les divisions actives de l'armée. Ils seront toujours à la disposition de l'autorité militaire.

Les officiers, les cadres des sous-officiers et les caporaux seront nommés à l'élection par chaque compagnie.

Les officiers des quatre compagnies, formant un bataillon de marche, nommeront le chef de bataillon commandant.

Selon les besoins, et proportionnellement au nombre des volontaires inscrits, le général commandant supérieur de la garde nationale pourra former dans chaque bataillon un plus grand nombre de compagnies de guerre.

Conformément aux règles du service militaire et dans l'intérêt de la sécurité des volontaires, l'uniforme sera obligatoire pour tous. Chacun d'eux devra être pourvu d'un havre-sac imperméable, semblable dans ses principales dispositions au havre-sac de la troupe, d'une giberne ou cartouchière, d'une demi-couverture en laine, du matériel d'une tente-abri. En outre, chaque escouade sera munie des divers ustensiles de campement en usage dans les corps d'infanterie.

Les bataillons de guerre de la garde nationale, appelés à concourir à des opérations extérieures avec l'armée régulière et la garde mobile, seront soumis comme elles aux lois et règlements militaires. Ils recevront les prestations en nature (vivres de campagne) et la solde des troupes, en échange de la solde que reçoit aujourd'hui la garde nationale sédentaire, à dater du jour où ils auront été blessés.

Je termine, monsieur le maire, cet exposé par une réflexion. Au mois de juillet dernier, l'armée française, dans tout l'éclat de sa force, traversait Paris aux cris de : « A Berlin ! A Berlin ! » J'étais loin de partager cette confiance, et seul, peut-être, entre tous les officiers généraux, j'osai déclarer au maréchal ministre de la guerre que j'apercevais, dans cette bruyante entrée en campagne, aussi bien que dans les moyens mis en œuvre, les éléments d'un grand désastre. *Le testament que j'ai déposé à cette époque entre les mains de Me Ducloux, notaire à Paris, témoignera à un jour donné des douloureux pressentiments trop motivés, dont mon âme était remplie.*

Aujourd'hui, devant la fièvre qui s'est très-légitimement emparée des esprits, je rencontre des difficultés qui offrent la plus frappante analogie avec celles qui se sont produites dans le passé. Je déclare ici que, pénétré de la foi la plus entière dans le retour de fortune qui sera dû à la grande œuvre de résistance que résume le siége de Paris, je ne céderai pas à la pression de l'impatience publique. M'inspirant des devoirs qui nous sont communs à tous, et des responsabilités que personne ne partage avec moi, je suivrai jusqu'au bout le *plan que je me suis tracé, sans le révéler*, et je ne demande à la population de Paris, en échange de mes efforts, que *la continuation de la confiance dont elle m'a jusqu'à ce jour honoré.*

Recevez, monsieur le maire, l'assurance de ma haute considération.

Le *Président du Gouvernement, gouverneur de Paris,*

Général TROCHU.

Les citations à l'ordre du jour

17 OCTOBRE

Au général commandant supérieur des gardes nationales de la Seine, et aux officiers généraux commandant les secteurs ;

Au commandant en chef des 13ᵉ et 14ᵉ corps ;

Aux commandants supérieurs de l'artillerie et du génie de l'armée de Paris ;

Au vice-amiral commandant en chef les forts et les troupes de la marine ;

A l'intendant général de l'armée de Paris ;

Aux commandants des forts et des troupes de l'armée de terre :

Mon cher général,

Je suis absolument résolu à faire cesser les vieux errements, originaires de la guerre d'Afrique, qui consistent à citer, après chaque engagement, une foule de noms qui commencent par ceux des généraux et finissent à ceux de quelques soldats. Ce système a créé la banalité dans un ordre de principes, de sentiments et de faits qui devraient garder une haute valeur aux yeux des troupes comme aux yeux du pays, et qui sont la véritable base de l'état moral des armées.

Je veux qu'une citation à l'ordre de l'armée de Paris soit une récompense qui prime toutes les autres, et qui soit enviée par les plus haut placés comme par les plus humbles défenseurs de la capitale. Nous avons à faire pénétrer dans l'esprit de nos officiers et de nos soldats cette grande pensée, dont n'ont pas voulu les monarchies, et que la République doit consacrer :

« *Que l'opinion seule peut récompenser dignement le sacrifice de la vie.* »

Dans ces vues, vous m'adresserez, pour les combats des 19 et 30 septembre et du 13 octobre, une liste de quarante noms, sans plus ; et rappelez-vous que, si la notoriété publique militaire ne ratifie pas, un à un, les choix que vous allez faire, vous aurez gravement compromis votre responsabilité devant moi, et gravement compromis en même temps le grand principe que je veux faire prévaloir.

Que vos investigations soient lentes et sûres ; qu'elles

descendent jusqu'aux derniers échelons de la hiérarchie ; qu'elles soient contrôlées sévèrement ; que ce soit une enquête d'honneur, faite avec le temps et avec la maturité nécessaires. Les titres antérieurs doivent disparaître en face des titres spéciaux que le combat a créés, et qui font ressortir des individualités qu'il est de notre devoir d'honorer devant le pays et de montrer aux troupes comme un encouragement et comme un exemple.

Recevez, mon cher général, l'assurance de mes sentiments dévoués.

Le président du Gouvernement, gouverneur de Paris,
Général TROCHU.

La bonne tournure de nos affaires

18 OCTOBRE

Le *Journal officiel* publie la dépêche suivante, reçue hier par le gouvernement :

GAMBETTA A JULES FAVRE

Nous avons eu nouvelle constatant journées des 8 et 13, par les deux ballons Moclet et Kératry. Elle a produit une immense impression dans toute la province, et une vive émotion sur le corps diplomatique établi à Tours. A ce sujet, prière de vouloir annoncer l'arrivée de M. Thiers dans deux jours. Nous avons ici le général Bourbaki, qui nous a donné des nouvelles de Metz, où nous avons encore 90,000 hommes qui, dans des combats incessants, continuent à retenir des forces imposantes autour d'eux. Nous gardons ici Bourbaki.

Frédéric-Charles, qu'on dit remis de sa dyssenterie, serait parti pour Paris, d'après dépêche du sous-préfet de Neufchâteau. On nous mande, au contraire, de

Bruxelles, qu'il est à toute extrémité. Malgré la pointe audacieuse des Prussiens et leur entreprise sur Orléans, *nos affaires semblent prendre une bonne tournure.* Si les convois de l'armée que nous attendons et qui sont en route nous arrivent dans les délais annoncés, la face des choses changera promptement.

Lyon est complétement calmé; tous les prisonniers ont été relâchés..

Malgré l'occupation de Mulhouse, le général Cambriels se maintient fermement de B.lfort à Besançon. Cette dernière ville est tout à fait en état de défense et occupée par de l'artillerie de marine, servie comme vous le savez. On a donné d'ailleurs de nombreux commandements aux officiers de la flotte. Tel est l'ensemble de la situation.

Nous avons la conviction que la prolongation inattendue de votre résistance et les préparatifs militaires de jour en jour plus considérables des départements, déconcertent les envahisseurs et commencent à les exaspérer. La sympathie de l'Europe, les bruits de médiation par la voie anglaise ou russe circulent avec une intensité croissante. Il faut faire à la Prusse une guerre de ténacité, et nous la forcerons à reconnaître qu'en prolongeant elle-même la guerre, elle n'augmente pas ses bonnes chances et qu'au contraire elle les compromet. Nous vous avons envoyé de bien nombreux émissaires, et ce n'est pas votre faute si vous ne recevez pas plus souvent de nos nouvelles.

Salut fraternel,

LÉON GAMBETTA.

Le *Journal officiel* fait suivre cette dépêche des réflexions suivantes :

Nous n'avons pas besoin de faire ressortir l'importance des nouvelles que nous transmet cette dépêche. Elles nous permettent de donner un nouveau démenti aux fables si malheureusement répandues par des écrivains qui, nous aimons à le croire, n'en ont pas mesuré le caractère coupable. Ainsi, loin d'être livrée à l'anarchie, la province s'unit étroitement à la délégation du gouvernement siégeant à Tours, pour organiser énergiquement la défense et marcher au secours de Paris.

Le général Bourbaki, présenté calomnieusement comme un agent bonapartiste, met sa glorieuse épée au service de la République. Enfin, il est tout à fait inexact que l'amiral Fourichon ait donné sa démission. Nous avons sous les yeux un décret en date du 12 octobre, où son nom est à côté de ses collègues. Nous sommes donc en droit de repousser de vaines alarmes. Nous ne nous dissimulons aucune de nos difficultés; mais, en restant unis et résolus, nous pouvons envisager avec confiance les épreuves que nous avons à traverser pour obtenir enfin le succès, qui sera le prix de notre constance.

La Responsabilité du Gouvernement

M. Jules Favre, ministre des affaires étrangères, vice-président du Gouvernement de la défense nationale, vient d'adresser la circulaire suivante aux représentants diplomatiques de la France à l'étranger :

Monsieur,

Je ne sais quand cette dépêche vous parviendra. Depuis trente jours, Paris est investi, et sa ferme résolution de résister jusqu'à ce qu'il ait obtenu la victoire peut prolonger quelque temps encore la situation violente qui le sépare du reste du monde. Néanmoins, je n'ai pas voulu retarder d'un jour la réponse que mérite le rapport rédigé par M. le comte de Bismark sur l'entrevue de Ferrières ; je constate d'abord qu'il confirme en tous points mon récit, sauf en ce qui concerne un échange d'idées sur les conditions de la paix, qui, suivant M. de Bismark, n'auraient pas été débattues entre nous.

J'ai reconnu que sur ce sujet le chancelier de la Confédération du Nord m'avait opposé dès les premiers mots une sorte de fin de non-recevoir tirée de ma déclaration absolue : « que je ne consentirais à aucune cession de territoire » ; mais mon interlocuteur ne peut avoir oublié que sur mon insistance, il s'expliqua catégoriquement et, mentionna, pour le cas où le principe de la cession territoriale serait admis, les conditions que j'ai énumérées dans mon rapport : l'abandon par la France de Strasbourg avec l'Alsace entière, de Metz et d'une partie de la Lorraine.

Le chancelier fait observer que ces conditions peuvent être aggravées par la continuation de la guerre. Il me l'a en effet déclaré, et je le remercie de vouloir bien le mentionner lui-même. Il est bon que la France sache jusqu'où va l'ambition de la Prusse ; elle ne s'arrête pas à la conquête de deux de nos provinces, elle poursuit froidement l'œuvre systématique de notre anéantissement. Après avoir solennellement annoncé au monde, par la bouche de son roi, qu'elle n'en voulait qu'à Napoléon et à ses soldats, elle s'acharne à détruire le peuple français ; elle ravage son sol, incendie ses villages, accable ses habitants de réquisitions, les fusille quand ils ne peuvent satisfaire à ses exigences, et met toutes les ressources de la science au service d'une guerre d'extermination.

La France n'a donc pas d'illusion à conserver. Il s'agit pour elle d'être ou de n'être pas. *En lui proposant la paix au prix de trois départements qui lui sont unis par une étroite affection, on lui offrait le déshonneur.* Elle l'a repoussée. On prétend la punir par la mort. Voilà la situation bien nette.

Vainement lui dit-on : il n'y a pas de honte à être vaincu, encore moins à subir les sacrifices imposés par la défaite. Vainement, ajoute-t-on encore que la Prusse peut reprendre les conquêtes violentes et injustes de Louis XIV. De

4.

telles objections sont sans portée, et l'on peut s'étonner d'avoir à y répondre.

La France ne cherche pas une impuissante consolation dans l'explication trop facile des causes qui ont entraîné son échec. Elle accepte ses malheurs et ne les discute pas avec son ennemi. Le jour où il lui a été donné de reprendre la direction de ses destinées, elle a loyalement offert une réparation. Seulement, cette réparation ne pouvait être une cession de territoire. Pourquoi? parce que c'était un amoindrissement? Non; parce que c'était une violation de la justice et du droit, dont le chancelier de la Confédération du Nord ne semble tenir aucun compte. Il nous renvoie aux conquêtes de Louis XIV. Veut-il revenir au *statu quo* qui les a immédiatement précédées? Veut-il réduire son maître à la couronne ducale placée sous la suzeraineté des rois de Pologne?

Si, dans la transformation que l'Europe a subie, la Prusse est devenue d'un état insignifiant une puissante monarchie, n'est-ce pas à la conquête qu'elle le doit? Mais avec les deux siècles qui ont favorisé cette vaste recomposition, s'est opéré un changement plus profond et d'un ordre plus élevé que celui qui déterminait jusqu'ici les morcellements de territoire. Le droit humain est sorti des régions abstraites de la philosophie. Il tend de plus en plus à prendre possession du monde, et c'est lui que la Prusse foule aux pieds, quand elle essaye de nous arracher deux provinces en reconnaissant que les populations repoussent énergiquement sa domination.

A cet égard, rien ne précise mieux sa doctrine que ce mot rappelé par le chancelier de la Confédération du Nord : Strasbourg est la clef de notre maison. C'est donc comme propriétaire que la Prusse stipule, et cette propriété, elle l'applique à des créatures humaines dont elle supprime par ce fait la liberté morale et la dignité individuelle. Or, c'est précisément le respect de cette liberté, de cette dignité, qui interdit à la France de consentir à l'abandon qu'on lui demande. Elle peut subir l'abus de la force, elle n'y ajoutera pas l'abaissement de sa volonté.

J'ai eu le tort de ne pas faire sur ce point suffisamment comprendre ma pensée quand j'ai dit, ce que je maintiens, *que nous ne pouvons, sans déshonneur, céder l'Alsace et la Lorraine.* J'ai caractérisé par là, non l'acte imposé au vaincu, mais la faiblesse d'un complice qui donnerait la main à l'oppresseur et consommerait une iniquité pour se racheter lui-même. M. le comte de Bismark ne trouvera pas un Français digne de ce nom qui pense et agisse autrement que moi.

E c'est aussi pourquoi je ne puis reconnaître qu'une proposition d'armistice sérieusement acceptable nous ait été faite. Je désirais avec ardeur qu'un moyen honorable nous fût offert de suspendre les hostilités et de convoquer une assemblée. Mais, j'en appelle à tous les hommes impartiaux, le Gouvernement pouvait-il accéder au compromis qui lui était proposé? L'armistice n'eût été qu'une dérision s'il n'avait rendu possibles de libres élections. Or, on ne lui donnait qu'une durée effective de quarante-huit heures. Pendant le surplus de la période de quinze jours ou trois semaines, la Prusse se réservait la continuation des hostilités, en sorte que l'assemblée eût délibéré sur la paix et la guerre pendant la bataille qui aurait décidé du sort de Paris. De plus, l'armistice ne s'étendait pas à Metz. Il excluait le ravitaillement et nous condamnait à consommer nos vivres pendant que l'armée assiégeante aurait largement vécu par le pillage de nos provinces. Enfin, l'Alsace et la Lorraine n'auraient pas nommé de députés, par la raison vraiment inouïe qu'il s'agissait de prononcer sur leur sort; la Prusse, ne leur reconnaissant pas ce droit, nous demandait de tenir la poignée du sabre avec lequel elle le tranche.

Voilà les conditions que le chancelier de la Confédération du Nord ne craint pas d'appeler « très-conciliantes, » en nous accusant « de ne pas saisir l'occasion de convoquer une assemblée nationale, témoignant ainsi notre résolution de ne pas nous débarrasser des difficultés qui empêchent la conclusion d'une paix conforme au droit national, et de ne pas écouter l'opinion publique du peuple français. ».

Eh bien, *nous acceptons devant notre pays comme devant l'histoire la responsabilité de notre refus.* Ne pas l'opposer aux exigences de la Prusse eût été à nos yeux une *trahison.* J'ignore quelle destinée la fortune nous réserve. Mais ce que je sens profondément, c'est qu'ayant à choisir entre la situation actuelle de la France et celle de la Prusse, c'est la première que j'ambitionnerais. J'aime mieux nos souffrances, nos périls, nos sacrifices, que l'inflexible et cruelle ambition de notre ennemi. J'ai la ferme confiance que la France sera victorieuse. Fût-elle vaincue, elle resterait encore si grande dans son malheur qu'elle demeurerait un objet d'admiration et de sympathie pour le monde entier. Là est sa force véritable, là sera peut-être sa vengeance.

Les cabinets européens, qui se sont bornés à de stériles témoignages de cordialité, le reconnaîtront un jour ; mais il sera trop tard. Au lieu d'inaugurer la doctrine de haute médiation, conseillée par la justice et l'intérêt, ils autorisent, par leur inertie, la continuation d'une lutte barbare qui est un désastre pour tous, un outrage à la civilisation. Cette sanglante leçon ne sera pas perdue pour les peuples. Et qui sait ? L'histoire nous enseigne que les régénérations humaines sont par une loi mystérieuse étroitement liées à d'ineffables malheurs. La France avait peut-être besoin d'une épreuve suprême ; elle en sortira transfigurée, et son génie brillera d'un éclat d'autant plus vif qu'il l'aura soutenue et préservée de défaillances en face d'un puissant et implacable ennemi.

Lorsque vous pourrez, monsieur, vous inspirer de ces réflexions dans vos rapports avec le représentant du gouvernement près duquel vous êtes accrédité, la fortune aura prononcé son arrêt ; en voyant cette grande population de Paris assiégée depuis un mois, si résolue, si calme, si unie, j'attends avec un cœur ferme et confiant l'heure de sa délivrance.

Recevez, etc.

JULES FAVRE.

L'Occupation d'Orléans

M. GAMBETTA, AU MINISTRE DE L'INTÉRIEUR

La levée des hommes et la constitution de l'armée de la Loire continuent avec une grande activité. Nous avons fait venir tout ce qu'il y avait de disponible en Algérie ; on y a trouvé plus d'artillerie qu'on ne croyait en avoir. Marseille est tout à fait rentré dans l'ordre ; le préfet, naguère si attaqué, a passé dimanche une revue de 50,000 gardes nationaux, qui lui ont fait un très-chaleureux accueil.

L'ennemi a occupé Orléans. Nos forces sont concentrées sur la Loire, couvrent Bourges, et se préparent à prendre l'offensive. Les mouvements de nos troupes dans la Franche-Comté et les Voges et ceux de l'Ouest se continuent.

Le Maire de Paris

M. Jules Favre a reçu la lettre suivante :

« Citoyen ministre,

« La municipalité centrale de Paris vous remercie chaleureusement des éloges que vous adressez aux municipalités des vingt arrondissements. Témoin des efforts constants et des labeurs immenses de tous ses collaborateurs, le maire de Paris n'hésite pas à dire que vos éloges sont mérités.

« Investis par la révolution du 4 septembre d'une tâche pleine de périls et de responsabilités, ayant à réparer, en face même de l'invasion qui s'avançait, toutes les lacunes que l'impéritie et la trahison du gouvernement impérial avaient laissées dans l'administration municipale, les maires, les adjoints, les commissions d'armement et de vigilance ont rivalisé d'efforts et de zèle pour le service de la République.

« Non-seulement tous les citoyens qui se sont chargés de ces missions de salut public ont puissamment aidé la mairie centrale et l'état-major de la garde nationale dans l'armement, l'habillement et l'équipement des citoyens qui se sont inscrits avec un empressement si patriotique parmi les défenseurs de Paris; mais ils ont su maintenir l'ordre et la concorde dans la place assiégée, en usant de la force morale qu'ils puisaient dans un dévouement sans limite à leurs concitoyens. Les maires des vingt arrondissements ont eu à pourvoir à toutes les nécessités que l'état de siége imposait à une immense population. Ils ont eu à régler la distribution de l'indemnité aux gardes nationaux, celle de la répartition et de l'approvisionnement des vivres dans les quartiers, et les difficultés incessantes soulevées par l'agglomération à Paris des gardes mobiles, des gardes nationaux et des deux cents communes chassées de leur pays par le flot des envahisseurs. Au milieu de toutes ces préoccupations ardentes et continues, les maires de Paris ont conservé la sagesse qui empêche les conflits, et montré l'énergie qui surmonte les obstacles.

« La République leur doit beaucoup, et, en leur témoignant sa reconnaissance avec une si cordiale effusion, vous avez prouvé de quel esprit de justice est animé le Gouvernement de la défense nationale.

« Salut et fraternité,

« *Le Maire de Paris,*

« ÉTIENNE ARAGO. »

Paris, le 24 octobre 1870.

La Légion d'honneur

Le Gouvernement de la défense nationale,

DÉCRÈTE :

A l'avenir, la décoration de la Légion d'honneur sera exclusivement réservée à la récompense des services militaires et des actes de bravoure et de dévouement accomplis en présence de l'ennemi.

Fait à Paris, le 28 octobre 1870.

Ont signé :

Général TROCHU, JULES FAVRE, GARNIER-PAGÈS, JULES SIMON, HENRI ROCHEFORT, EUGÈNE PELLETAN, EMMANUEL ARAGO. JULES FERRY.

Le Bourget

30 octobre, 5 h. 1/2, soir.

Le Bourget, village en pointe en avant de nos lignes, *qui avait été occupé par nos troupes*, a été canonné pendant toute la journée d'hier sans succès par l'ennemi. Ce matin, de bonne heure, des masses d'infanterie, évaluées à plus de 15,000 hommes, se sont présentées de front, appuyées par une nombreuse artillerie, pendant que d'autres colonnes ont tourné le village, venant de Dugny et de Blanc-Menil. Un certain nombre d'hommes qui étaient dans la partie nord du Bourget ont été coupés du corps principal et sont restés entre les mains de l'ennemi. On n'en connaît pas exactement le nombre en ce moment. Il sera précisé demain.

Le village de Drancy, occupé depuis vingt-quatre heures seulement, ne se trouvait plus appuyé à sa gauche, et, le temps ayant manqué pour le mettre en état respectable de défense, l'évacuation en a été ordonnée, pour ne pas compromettre les troupes qui s'y trouvaient.

Le village du Bourget ne faisait pas partie de notre système général de défense: *son occupation était d'une importance très-secondaire*, et les bruits qui attribuent de la gravité aux incidents qui viennent d'être exposés sont sans aucun fondement.

M. Thiers

Paris, le 30 octobre 1870.

M. Thiers est arrivé aujourd'hui à Paris; il s'est transporté sur-le-champ au ministère des affaires étrangères.

Il a rendu compte au gouvernement de sa mission. Grâce à la forte impression produite en Europe par la résistance de Paris, quatre grandes puissances neutres, l'Angleterre, la Russie, l'Autriche et l'Italie, se sont ralliées à une idée commune.

Elles proposent aux belligérants un armistice, qui aurait pour objet la convocation d'une Assemblée nationale. Il est bien entendu qu'un tel armistice devrait avoir pour conditions le ravitaillement, proportionné à sa durée, et l'élection de l'Assemblée par le pays tout entier.

Capitulation de Metz

Le gouvernement vient d'apprendre la douloureuse nouvelle de la reddition de Metz. Le maréchal Bazaine et son armée ont dû se rendre après d'héroïques efforts, que le manque de vivres et de munitions ne leur permettait plus de continuer. Ils sont prisonniers de guerre.

Cette cruelle issue d'une lutte de près de trois mois causera dans toute la France une profonde et pénible émotion. Mais elle n'abattra pas notre courage. Pleine de reconnaissance pour les braves soldats, pour la généreuse population qui ont combattu pied à pied pour la patrie, la ville de *Paris voudra être digne d'eux. Elle sera soutenue par leur exemple et par l'espoir de les venger.*

Le ministre des affaires étrangères chargé par intérim du ministère de l'intérieur,

JULES FAVRE.

Réception des Maires

30 OCTOBRE

DISCOURS D'ÉTIENNE ARAGO

Messieurs les Maires,

Je voulais laisser d'abord la parole à l'illustre orateur dont le nom signifie *Éloquence patriotique;* mais il veut que le maire de Paris vous parle avant lui, et je cède à son désir.

Elle est belle, la langue que nous parlons, elle est empreinte plus qu'aucune autre d'un sentiment de fraternité que je remarque aujourd'hui, quand je vous appelle à l'Hôtel-de-Ville. En effet, la langue française confond dans la même qualification celui qui reçoit l'hospitalité et celui qui la donne. Vous qui êtes venus avec confiance, vous êtes mes hôtes; et je suis votre hôte, moi qui vous accueille avec bonheur.

Messieurs les maires des communes suburbaines et des départements circonvoisins, soyez les bienvenus.

Vos villes étaient la parure gracieuse et luxuriante de

la capitale ; elles en forment aujourd'hui la glorieuse ceinture.

Ces champs dévastés, ces maisons écroulées, ces murs brûlés et troués par les bombes sont autant de cicatrices faites aux flancs de la patrie.

Proscrits de vos foyers par le barbare, c'est dans la ville proclamée le centre de la civilisation que vous êtes, moins encore pour y trouver un abri que pour la défendre. Vous êtes venus unir vos poitrines aux poitrines des Parisiens, pour protéger la grande cité, le cœur de la France. Merci !

Poussons donc ensemble ce cri à la fois de guerre et de paix : Mort aux Prussiens ! Vive la République !

DISCOURS DE JULES FAVRE

Messieurs les Maires,

La séance pourrait s'ouvrir naturellement après les généreuses paroles que vous venez d'entendre ; elle doit être consacrée à l'examen de notre situation et aux rapports faits sur les travaux qui doivent la déterminer ; mais vous me permettrez de vous dire en quelques mots quel est le sentiment qui doit présider à cette réunion. Il a été clairement exprimé par M. le maire de Paris. Ce sentiment, c'est celui de la solidarité dans la défense. Nous sommes unis par une même douleur patriotique, et j'ai le droit d'ajouter par les mêmes légitimes espérances (Applaudissements.)

Quant à nos douleurs, qui pourrait les peindre ? Il n'est pas de mot dans la langue humaine qui puisse être assez éloquent. Aussi, dans l'impuissance où je suis, j'aime bien mieux vous dire que ce qui fait à la fois la grandeur et la ressource de notre douleur patriotique, c'est que nous la supportons sans l'avoir méritée (Applaudissements.) Nous sommes les victimes innocentes, mais viriles, de fautes que nous n'avons pas commises. J'en appelle, non seulement à tous ceux qui m'entendent, mais à tous ceux qui, au dehors, se sont plu à nous calomnier. Est-ce que nous avons voulu la guerre? Est-ce que c'est nous qui avons déchaîné sur notre pays tant de funestes calamités? Non, certes; l'histoire impartiale ne fera pas à la France cette injure imméritée!

Non, depuis que la Révolution a fait luire sur elle les clartés souveraines de la raison, la France, par ses philosophes, par ses écrivains, par ses artistes, par ses hommes d'Etat, a proclamé une loi nouvelle, dont nous apercevons l'aurore bienfaisante, mais cachée encore par un nuage de sang qui obscurcit nos regards : c'est la loi de la fraternité!... (Applaudissements.) De la fraternité qui ne s'enferme pas seulement dans le rayon étroit du pays, mais qui s'étend aux familles européennes, qui doit les grouper toutes dans un faisceau puissant pour en faire disparaître les dominateurs et les tyrans, et ne laisser de place qu'à la volonté des peuples qui se cherchent pour commercer et non pour s'entre-détruire (Applaudissements.)

Voilà ce que la France a pensé, ce qu'elle a voulu tant qu'elle a été maîtresse d'elle-même. Je ne veux pas, vous en comprenez les raisons, reporter mes souvenirs vers une époque lugubre où tous ses droits lui ont été brusquement enlevés. Il y eut, à ce moment fatal pour le pays, bien des erreurs, bien des malentendus que nous devons déplorer sans récrimination; mais, j'en atteste les souvenirs qui sont présents à la mémoire de tous, ce que nous avons voulu à cette époque, c'est l'affermissement et le maitien de la paix. Ce mot fameux qui ne pouvait être qu'un mensonge, puisqu'il était prononcé par celui qui n'a jamais respect la vérité... (Applaudissements.); ce mot : *l'Empire c'est la paix!* n'a été acclamé dans le pays que parce qu'il traduisait exactement le sentiment national.

La paix sans faiblesse, sans concession, dans l'abandon de ceux qui peuvent légitimement réclamer notre secours, mais la paix sans conquêtes au dehors, et surtout sans agitations stériles, qui ne peuvent avoir pour but que de satisfaire de criminelles ambitions : voilà ce que voulait le pays ; et, permettez-moi de le dire, il l'a suffisamment prouvé par sa conduite, son attitude, ses tendances et ses préférences non dissimulées. Je ne puis prendre de meilleur exemple que la prospérité inouïe qui a marqué les progrès de cette capitale et ceux de la banlieue.

A une époque déjà éloignée de nous, on avait aussi en vue ces fortifications qui semblaient une sorte de défi à l'Europe ; mais, dans la pensée commune, elles ne devaient jamais servir à nous protéger. En effet, si nous avions été sages et libres, jamais il ne se serait rencontré dans le monde une armée qui eût osé se risquer à notre patriotisme. Eh bien ! oui, Paris s'est évanoui dans le sentiment de sa force et de son espérance pacifique; autour de lui, comme on vous le disait très-bien, ses fraîches et riantes campagnes n'ont jamais interrogé d'un regard l'avenir; ses enfants, grandissant sur ce sol, avaient toute confiance dans ceux qui gouvernaient le pays, et ils ne pouvaient croire qu'on pousserait jamais la folie et l'oubli du devoir jusqu'à le livrer à des avalanches telles que celles que nous voyons se déchaîner sur nous.

C'est ainsi que ces fortifications dont je parlais, à l'utilité desquelles personne ne pouvait croire, qui étaient détestées au fond du cœur comme une gêne imposée aux travaux de tous, ces fortifications ont été traitées avec une sorte de sublime dédain. Ne croyant pas qu'elles pourraient servir un jour à nous protéger, nous nous sommes mis les uns et les autres à les tenir en oubli ; nous les avons entourées d'une ceinture de bâtiments pacifiques, d'usines, de charmantes villas. La population tout entière protestait ainsi de son sentiment et de son respect pour la paix.

C'est bien là ce que nous savons tous, et nous pouvons dire que si la paix a été troublée, nous n'y sommes pour rien.

Il y a deux choses qu'il importe sans cesse de rappeler, non pas pour fortifier nos courages, nous n'en avons pas besoin, mais pour nous faire apercevoir la route dans laquelle nous nous engagerons, je l'espère, avec sécurité.

La guerre n'est pas l'œuvre de la France, quoiqu'on l'ait dit ; elle est l'œuvre de ceux qui ont trompé la France pour ressaisir un pouvoir qui leur échappait.

Si je jette les yeux du côté de ceux qui nous la font avec une si inexorable barbarie, je leur réponds, et je leur réponds bien haut, qu'ils trompent le monde quand ils affirment que, dans les secrets desseins de leurs hommes d'Etat, ils n'ont pas préparé notre perte. Ah ! certes, s'ils avaient eu devant eux un peuple vraiment libre, ils auraient été dans la nécessité de le respecter et surtout de l'imiter, et alors leurs desseins se seraient écroulés devant ce grand exemple d'un peuple libre et pacifique, qui ne veut pas attaquer ses voisins, mais qui est assez puissant pour les anéantir sur sa frontière, s'ils tentent de la franchir.

Nous avons été les victimes des crimes et des folies de ceux qui gouvernaient la France et de ceux qui dirigent la Prusse. Pris à l'improviste, alors que nous croyions être armés et qu'en réalité nous manquions de tout ce qui était nécessaire pour repousser une formidable agression, nous avons vu — chose sans exemple dans l'histoire ! — s'évanouir en quelques jours comme un brouillard toutes nos ressources militaires. Ce qui nous semblait être des armées restait anéanti, brisé.

C'est à quelques chefs de notre armée que nous n'avons pas besoin de nommer que revient ce déshonneur sans nom ; et, soyez-en sûrs, elle ressent avec toute la vivacité d'un cœur patriotique la douleur de voir, malgré ses efforts, ses rangs éclaircis et 123,000 des siens rejetés du côté de la frontière comme prisonniers de guerre.

Qu'est-il arrivé de nous, de vous, messieurs les maires ? Nous voyons, comme un redoutable ouragan, s'avancer les armées ennemies, et quand elles ont fait tomber devant elles les rangs de nos braves soldats, elles s'avancent sur les villes sans défense, elles accablent les villages de réquisitions, elles mettent à mort les magistrats municipaux et les pasteurs qui ne peuvent satisfaire leurs criminelles exigences, elles marquent leur passage par la violence, le meurtre, la rapine.

L'ennemi venait ainsi sous nos murs, faisant le vide, dévalisant vos maisons, vous condamnant à vous retirer devant lui, puisque, grâce à la criminelle défiance du pouvoir, vos mains étaient dépourvues des armes que vous auriez dirigées contre lui. Voilà les malheurs immenses qui nous accablent tous ! Devant ces malheurs, nous n'avons pas faibli ; nous sommes restés debout, et nous avons compris que nous pouvions nous relever, non-seulement en face de l'histoire, mais en face de ceux qui nous envahissaient, en faisant uniquement appel à la vertu civique, à ce qui restait au milieu de nous de vertu et de dévouement. (Applaudissements.)

Vous avez délaissé vos champs ravagés, vos foyers abandonnés, vos maisons détruites ; je puis vous en parler, car je les ai vus, et je n'ai pu retenir mes larmes à un spectacle aussi navrant (Vive sensation) ; j'ai traversé ces lieux, naguère florissants, aujourd'hui déserts. J'ai vu la chaumière du pauvre qui n'était pas plus respectée que la demeure du riche, et, en entrant dans ces maisons devenues ainsi la proie de l'ennemi, j'ai saisi les dernières traces de l'absent qui avait fui devant les violences auxquelles il ne pouvait rien opposer. Mais en venant au milieu de nous, il nous a apporté son courage, sa résignation, la détermination de vaincre ou de périr (Vive approbation) ; car c'est là notre mot d'ordre, et vous l'avez fortifié par votre présence.

Vous êtes venus, nous vous avons accueillis avec joie. Vous avez compris qu'en franchissant l'enceinte de la ville de Paris, vous étiez notre honneur et notre consolation : cette grande cité, le rendez-vous de toutes les forces sociales, n'a de vigueur qu'autant qu'elle étend ses artères au dehors pour y puiser, avec la substance qui la nourrit, la force morale qui, sans cesse, sert à la revivifier. Dans un commun malheur, une hospitalité commune vous était due : vous êtes aujourd'hui nos frères du dedans comme vous étiez hier nos frères du dehors. (Applaudissements.) Cependant votre présence à Paris soulevait un grand problème que le despotisme aurait considéré comme insoluble, ou dont il se serait servi comme d'un instrument de corruption et de dissolution.

Deviez-vous être confondus dans la population qui vous tend les bras ? Il a paru meilleur de vous garder au milieu de nous et de conserver à chacun de vous son individualité municipale ; c'est ainsi que les uns et les autres nous avons compris cette hospitalité. Des délégués sortis de votre sein ont représenté dans cet exil cruel la patrie absente.

Nous avons aujourd'hui l'honneur de les réunir ici. Ils vous feront entendre les rapports de leurs travaux ; celui de l'assistance, celui de la garde nationale, celui des écoles, celui du travail administratif.

Les rapports des chefs militaires sont là pour apprendre que les soldats civiques de la banlieue ont été les premiers au feu, les plus intrépides éclaireurs aussi, car ils connaissent les chemins par lesquels passent les ennemis qui foulent notre sol. En les accueillant, ces soutiens de la France et de la République, on a fait un acte de bon sens, je dirai même d'égoïsme militaire, car leur patriotique concours a été pour nous une force de plus.

Quant aux écoles, est-il rien de plus digne de sollicitude que ces jeunes enfants arrachés au foyer paternel, privés de leurs camarades ordinaires, livrés à toutes les chances de la grande ville ?

Si on les avait confondus dans cette grande foule, peut-être les aurait-on compromis ; mais non, vous les avez conservés sous votre aile, et, avec une tendresse toute maternelle, vous les avez pour ainsi dire couvés, n'en laissant échapper aucun du cercle de vos regards, afin qu'aucun n'eût à souffrir. Grâce au patriotisme intelligent de M. le ministre de l'instruction publique, vos écoles sont rouvertes, et, dans ces souffrances de l'exil, au sein de cette ville assiégée, nous voyons s'exercer les vertus les plus modestes et les plus utiles. Les instituteurs et les institutrices continuent leurs leçons, et l'enfant désolé, redevenu joyeux comme tous ceux qui accomplissent leur devoir, se laissera tout doucement consoler pour mieux consoler ensuite ses parents.

Enfin, et cela n'a pas été certainement la partie la moins ardue de votre tâche, vous vous êtes efforcés de ne laisser aucune misère qui ne fût soulagée. Il a fallu pour cela, il faut encore et il faudra toujours, avant d'avoir raison de l'ennemi, des prodiges d'intelligence et d'abnégation. Rien n'est au-dessus de ce que peut faire un peuple livré à lui-même, quand il a le sentiment de sa propre grandeur.

Ce qu'ont fait MM. les maires de Paris est au-dessus de tout éloge, et si je vous disais que vous les dépassez, j'établirais peut-être entre vous une émulation qui ne serait pas opportune. Mais ce que je dois dire, et je ne saurais les mieux louer, c'est que les uns et les autres sont dignes du mutuel exemple qu'ils se donnent. (Applaudissements.)

Vous vous êtes évertués à combattre, à consoler, à fortifier; vous avez conservé pour cela votre indépendance administrative et municipale, et vous avez donné ainsi, une fois de plus, l'exemple de cette grande vérité, que c'est dans la vie civique que l'homme se fortifie pour accomplir le plus difficile devoir.

Maires de la banlieue, vous êtes restés avant tout des citoyens français, je veux dire des soldats. Il ne peut y avoir, en effet, aujourd'hui de distinction entre ces deux titres. Quels que soient les malheurs qui accablent la patrie, la patrie est représentée par vous; quant à la province, nous la devinons. La France tout entière ne peut ni ne veut fléchir; elle résistera : elle peut être brisée, mais elle ne se laissera pas humilier. (Applaudissements répétés et vive sensation.)

Nous n'avons pas voulu suivre les leçons de froids et

égoïstes docteurs qui nous disaient : « Vous êtes vaincus, sachez être vaincus ; c'est de votre part un détestable orgueil que de conserver des prétentions quand la fortune les repousse. » Tel n'est point le mobile de nos inspirations. Nous ne le cherchons pas dans le sentiment d'un vain orgueil national ; non ! non ! ne nous faisons aucune illusion, ne ressemblons pas à ces fanfarons qui, à l'avance, se déclaraient invincibles et disaient les ennemis incapables de résister à leurs efforts ; non, nous serions insensés si nous agissions ainsi, et nous proclamerions que les leçons de l'expérience sont pour nous sans efficacité. Nous comprenons le péril, nous en mesurons l'étendue et nous sentons en même temps quelle est la grandeur morale de nos devoirs.

Nous ferons notre devoir sans arrière-pensée. Et quand on dit qu'il serait plus commode d'abandonner deux provinces ; quand on nous dit que, grâce aux alliances qu'un plus sage gouvernement nous donnerait, dans un espace très-court, nous les arracherions à l'ennemi, repoussons un pacte semblable. (Applaudissements.) C'est un sentiment plus élevé que notre intérêt qui nous dirige. Nous comprenons qu'il nous est impossible de transiger avec le devoir, qui nous ordonne de défendre ceux qui se sont sacrifiés pour nous. (Applaudissements unanimes.)

Les aigles prussiennes ont beau couvrir les remparts de Strasbourg, de Toul et de ces autres vaillantes cités qui ont succombé après avoir laissé réduire en cendres leurs monuments et leurs maisons, ces remparts, comme le cœur de ceux qui les ont défendus, n'ont pas cessé d'être français, et *nous devons tous mourir avant de les abandonner à l'étranger.* (Applaudissements unanimes.)

Messieurs les maires, dans les épreuves cruelles imposées aux nations comme aux individus, ce qui est difficile souvent n'est pas de faire son devoir, c'est de le connaître. Grâce à Dieu, nous n'avons point à éprouver d'hésitation de ce genre : le devoir est impérieux et il est simple, c'est de défendre le pays, d'aller aux remparts ; et comme l'ennemi semble les regarder avec respect, sans

5.

oser les approcher, le devoir, maintenant, c'est de franchir les remparts, *c'est d'aller à l'ennemi et de le percer pour tendre la main à nos frères de la province.* (Triple salve d'applaudissements.)

Sans violer aucun secret, sans parler ici de stratégie ni de plan militaire, je dois vous dire que les chefs — dont vous avez raison d'être fiers, car à la science du soldat ils joignent un sentiment profond de civisme patriotique — ces chefs ont compris cette grande résolution. Ce qu'ils vous demandent, *c'est la confiance, c'est la discipline sérieuse, c'est l'obéissance, c'est la patience, mais la patience à court terme.* (Vive sensation. — Applaudissements prolongés.)

Nous verrons bientôt l'aurore du jour où tous nous nous précipiterons au-devant de l'ennemi ; dans l'accomplissement de ce devoir, je le dis encore une fois, *il ne s'agit pas d'être victorieux,* ma conscience me dit que *nous le serons,* il s'agit de vouloir l'être, de sacrifier toutes nos existences pour toucher ce noble but, et c'est ce que vous voulez. (Oui, oui, nous le voulons ! — Vive approbation.)

Or, permettez-moi de le dire, rien ne paraît meilleur pour fortifier nos âmes que le spectacle que vous donnez par ce gouvernement de vous-mêmes dans la grande cité qui vous a accueillis.

Quant à moi, je terminerai par ce cri qui nous est cher :

Vive la France !

Vive la République !

Adoption des enfants des citoyens morts pour la patrie

Le Gouvernement de la défense nationale,

Considérant que, dans la crise suprême que traverse la

France, tous les citoyens doivent se lever, combattre, et, s'il le faut, mourir pour chasser l'étranger ;

Considérant qu'en retour de leurs sacrifices, ils sont en droit d'attendre pour leurs familles l'appui de la patrie,

Décrète :

Article unique. — La France adopte les enfants des citoyens morts pour sa défense.

Elle pourvoira aux besoins de leurs veuves et de leurs familles qui réclameront le secours de l'Etat.

(Suivent les signatures.)

Le lendemain du 31 octobre

L'affiche publiée hier pendant que les membres du Gouvernement étaient gardés à vue, annonce des élections matériellement impossibles, pour aujourd'hui, et sur l'opportunité desquelles le Gouvernement veut connaître l'opinion de la majorité des citoyens.

En conséquence, il est interdit aux maires, sous leur responsabilité, d'ouvrir le scrutin.

La population de Paris votera jeudi prochain, par *oui* ou par *non*, sur la question de savoir si l'élection de la municipalité et du Gouvernement aura lieu à bref délai.

Jusqu'après le vote, le Gouvernement conserve le pouvoir et maintiendra l'ordre avec énergie.

Le ministre des affaires étrangères chargé par intérim du ministère de l'intérieur,

JULES FAVRE.

Signification du Vote de Paris

Le Gouvernement désire que le sens du décret rendu par lui soit bien compris par la population, et qu'elle connaisse la portée des deux votes qu'elle est appelée à exprimer jeudi et samedi prochains.

Demain jeudi, elle votera sur la question de savoir si *elle maintient le gouvernement de la défense nationale.*

Ceux qui voudront le maintenir voteront oui.

Samedi, elle votera pour l'élection des maires et adjoints des vingt arrondissements. *Cette élection ne ressemble en rien à celle de la Commune.* Elle en est la négation.

Le gouvernement persiste à se prononcer contre la constitution d'une Commune, qui ne pourrait créer que des conflits et des rivalités de pouvoir.

Quelques-uns de MM. les maires ayant donné leur démission, il fallait pourvoir à leur remplacement.

Le gouvernement a cru qu'il était sage de donner aux magistrats municipaux la consécration de l'élection. Mais les maires et adjoints conservent le caractère d'agents du pouvoir exécutif qui leur est attribué par la loi.

C'est aux citoyens qu'il appartient de nommer les meilleurs administrateurs, les plus dévoués aux intérêts de la cité et de la défense.

Les Conditions de l'Armistice

AUX GARDES NATIONALES DE LA SEINE

Votre ferme attitude a sauvé la République d'une grande humiliation politique, peut-être d'un grand péril social, certainement de la ruine de nos efforts pour la défense.

Le désastre de Metz, prévu mais profondément douloureux, a très-légitimement troublé les esprits et redoublé l'angoisse publique; et, à son sujet, on a fait au gouvernement de la défense nationale l'injure de supposer qu'il en était informé et le cachait à la population de Paris, alors qu'il en avait, je l'affirme, le 30 au soir seulement, la première nouvelle. Il est vrai que le bruit en avait été semé depuis deux jours par les avant-postes prussiens. Mais l'ennemi nous a habitués à tant de faux avis que nous nous étions refusés à y croire.

Le *pénible accident* survenu au Bourget, par le fait d'une troupe qui, après avoir surpris l'ennemi, *a manqué absolument de vigilance* et s'est laissé surprendre à son tour, a vivement affecté l'opinion.

Enfin, la *proposition d'armistice*, inopinément présentée par les puissances neutres, a été interprétée, contre toute vérité et toute justice, comme *le prélude d'une capitulation*, quand elle était un hommage rendu à l'attitude de la population de Paris et à la tenacité de la défense.

Cette proposition était honorable pour nous; le gouvernement lui-même en posait les conditions dans des termes qui lui semblaient fermes et dignes. Il stipulait une *durée de vingt-cinq jours au moins, — le ravitaillement de Paris pendant cette période, — le droit de voter, pour les élections de l'assemblée nationale, aux citoyens de tous les départements français.*

Il y avait loin de là aux conditions d'armistice que l'ennemi nous avait précédemment faites : quarante-huit heures de durée effective, et quelques rapports très-restreints avec la province pour la préparation des élections, — point de ravitaillement, — le gage d'une place forte, — l'interdiction aux citoyens de l'Alsace et de la Lorraine de participer au vote pour la représentation nationale.

A l'armistice aujourd'hui proposé, se rattachent d'autres avantages dont Paris peut facilement se rendre compte, sans qu'il faille les énumérer ici. Et voilà qu'on le reproche comme une faiblesse, peut-être comme une trahison, au gouvernement de la défense nationale.

Une infime minorité, qui ne peut prétendre à représenter les sentiments de la population parisienne, a profité de l'émotion publique pour essayer de se substituer violemment au gouvernement. Il a la conscience d'avoir sauvegardé des intérêts qu'aucun gouvernement n'eut jamais à concilier, les intérêts d'une ville de deux millions d'âmes assiégées, et les intérêts *d'une liberté sans limites*. Vous vous êtes associés à sa tâche, et l'appui que vous lui avez donné sera sa force à *l'avenir contre les ennemis du dedans* aussi bien que contre les ennemis du dehors.

Fait à Paris, le 1er novembre 1870.

Le président du Gouvernement
Gouverneur de Paris
Général TROCHU.

La Nuit du 31 Octobre racontée par M. Ferry.

Je lis dans un article du *Tribun*, reproduit par le *Réveil*, le *Combat* et par d'autres journaux, le récit de la nuit du 31 octobre au 1er novembre, que je déclare, en ce qui me concerne, parfaitement inexact.

Il y est dit que j'aurais adhéré à une sorte de transaction rédigée par les personnes qui occupaient l'Hôtel de Ville, et dont il m'aurait été donné communication.

Je n'ai reçu communication d'aucun écrit de ce genre, et, par conséquent, je n'ai pas souscrit.

Voici ce qui s'est passé :

Arrivé devant l'Hôtel de Ville avec une colonne de garde nationale beaucoup plus que suffisante pour l'enlever, j'ai fait cerner l'édifice occupé par l'insurrection, sommé le poste qui gardait la porte du côté de l'église

Saint-Gervais, et essuyé avec la garde nationale deux coups de feu partis des fenêtres en guise de réponse.

Peu après, M. Delescluze est descendu, venant en parlementaire. J'ai consenti, pour éviter un conflit qui paraissait lui répugner autant qu'à moi, et dont le dénouement d'ailleurs ne lui semblait pas plus douteux qu'à moi-même, à laisser sortir de l'Hôtel de Ville les personnes qui l'occupaient, au cri *unique* de : *Vive la République !* sous cette réserve expresse que le gouvernement resterait en possession de l'Hôtel de Ville et que le général Tamisier, sortant le premier, présiderait au défilé.

J'ai bien voulu attendre deux heures durant la réponse que M. Delescluze avait promis de me rapporter immédiatement. Pendant ce temps, les tirailleurs de M. Flourens tentèrent de pratiquer sur ma personne, en vertu d'ordres venus du dedans, une arrestation qui n'est pas l'incident le moins ridicule de cette journée, où le grotesque se mêle à l'odieux à chaque pas.

C'est ainsi que certaines gens entendent le respect des suspensions d'armes.

A la fin, perdant patience, je suis monté avec des détachements du 106ᵉ bataillon, du 14ᵉ, du 4ᵉ, avec les carabiniers du capitaine de Vresse, et nous avons mis à la porte tous ces messieurs.

Mais ce fut de ma part, monsieur le rédacteur, un acte de pure mansuétude, et maître absolu de l'Hôtel de Ville plusieurs heures, n'ayant qu'un souci, celui de contenir l'ardeur de cinquante mille gardes nationaux qui m'entouraient, je ne laisserai dire par personne que les factieux, assiégés dans l'Hôtel de Ville, aient capitulé avec moi, et ils n'ont ni accepté ni exécuté les conditions apportées en leur nom ; j'ai fait grâce au grand nombre, et voilà tout.

Veuillez agréer, monsieur le rédacteur, mes cordiales salutations.

JULES FERRY.

Le Vote du 3 Novembre

Oui 321,373
Non 53,585

Citoyens,

Nous avons fait appel à vos suffrages.

Vous nous répondez par une éclatante majorité.

Vous nous ordonnez de rester au poste de péril que nous avait assigné la Révolution du 4 septembre.

Nous y restons avec la force qui vient de vous, avec le sentiment des grands devoirs que votre confiance nous impose.

Le premier est celui de la défense. Elle a été, elle continuera d'être l'objet de notre préoccupation exclusive.

Tous, nous serons unis dans le plus grand effort qu'elle exige : à notre brave armée, à notre vaillante mobile, se joindront les bataillons de garde nationale frémissant d'une *généreuse impatience*.

Que le vote d'aujourd'hui consacre notre union. Désormais, c'est l'autorité de votre suffrage que nous avons à faire respecter, et nous sommes résolus à y mettre toute notre énergie.

Donnant au monde le spectacle nouveau d'une ville assiégée dans laquelle règne *la liberté la plus illimitée*, nous ne souffrirons pas qu'*une minorité porte atteinte aux droits de la majorité*, brave les lois, et devienne, par la sédition, l'auxiliaire de la Prusse.

La garde nationale ne peut incessamment être arrachée aux remparts pour contenir ces mouvements criminels. Nous mettrons notre honneur à les prévenir par la sévère exécution des lois.

Habitants et défenseurs de Paris, votre sort est entre vos mains. *Votre attitude depuis le commencement du siége* a montré ce que valent des citoyens dignes de la liberté. Achevez votre œuvre : pour nous, nous ne demandons d'autre récompense que *d'être les premiers au danger*, et de mériter par notre dévouement d'y avoir été maintenus par votre volonté.

Vive la République ! Vive la France !

GÉNÉRAL TROCHU, JULES FAVRE, GARNIER-PAGÈS, EMMANUEL ARAGO, JULES FERRY, ERNEST PICARD, JULES SIMON, EUGÈNE PELLETAN.

M. Jules Favre, vice-président du Gouvernement de la défense nationale, ministre de l'intérieur par intérim, a adressé aux habitants de Paris la proclamation suivante :

Mes chers concitoyens,

Je vous remercie, au nom de notre amour commun de la patrie, du calme avec lequel vous avez procédé au vote que le Gouvernement vous demandait.

Ce calme est l'œuvre de votre patriotisme et de votre bon sens.

Il prouve que vous comprenez toute la valeur du suffrage universel, et que vous êtes dignes de le pratiquer dans toute sa liberté.

Ce suffrage substitue la raison à la violence, et, montrant où est le droit, il enseigne le devoir.

Il réduit au silence ceux qui, en méconnaissant son autorité, deviendraient des ennemis publics.

Que ce jour solennel marque donc la fin des divisions qui ont désolé la cité.

N'ayons tous qu'un cœur et qu'une pensée : la délivrance de la patrie.

Cette délivrance n'est possible que par l'obéissance aux chefs militaires et par le respect des lois ; chargé du soin de maintenir leur exécution, je fais appel à votre intelligent concours, et je vous promets en échange tout mon dévouement, toute ma fermeté.

Vive la République! Vive la France!

JULES FAVRE.

Paris, 3 novembre 1870.

Rejet de l'Armistice
8 NOVEMBRE

Monsieur, la Prusse vient de rejeter l'armistice proposé par les quatre grandes puissances neutres, l'Angleterre, la Russie, l'Autriche et l'Italie, ayant pour objet la convocation d'une assemblée nationale. Elle a ainsi prouvé, une fois de plus, qu'elle continuait la guerre dans un but étroitement personnel, sans se préoccuper du véritable intérêt de ses sujets et surtout celui des Allemands qu'elle entraîne à sa suite. Elle prétend, il est vrai, y être contrainte par nos refus de lui céder deux de nos provinces. Mais ces provinces que nous ne voulons ni ne pouvons lui abandonner, et dont les habitants la repoussent énergiquement, elle les occupe, et ce n'est pas pour les conquérir qu'elle ravage nos campagnes, chasse devant ses armées nos familles ruinées, et tient, depuis près de cinquante jours, Paris enfermé sous le feu des batteries derrière lesquelles elle se retranche. Non : elle veut nous détruire pour satisfaire l'ambition des hommes qui la gouvernent. Le sacrifice de la nation française est utile à la conservation de leur puissance. Ils le consomment froidement, s'étonnant que nous ne soyons pas leurs complices en nous abandonnant aux défaillances que leur diplomatie nous conseille.

Engagée dans cette voie, la Prusse ferme l'oreille à l'opinion du monde. Sachant qu'elle froisse tous les sentiments justes, qu'elle alarme tous les intérêts conservateurs, elle se fait un système de l'isolement, et se dérobe ainsi à la condamnation que l'Europe, si elle était admise à discuter sa conduite, ne manquerait pas de lui infliger. Cependant, malgré ses refus, quatre grandes puissances neutres sont intervenues et lui ont proposé une suspension d'armes dans le but défini de permettre à la France de se consulter elle-même en réunissant une assemblée. Quoi de plus rationel, de plus équitable, de plus nécessaire ? C'est sous l'effort de la Prusse que le gouvernement impérial s'est abîmé. Le lendemain, les hommes que la nécessité a investis du pouvoir lui ont proposé la paix, et, pour en régler les conditions, réclamé une trève indispensable à la constitution d'une représentation nationale.

La Prusse a repoussé l'idée d'une trève en la subordonnant à des exigences inacceptables, et ses armées ont entouré Paris. On leur en avait dit la soumission facile.

Le siége dure depuis cinquante jours, la population ne faiblit pas. *La sédition promise* s'est fait attendre longtemps, elle est venue à une heure propice au négociateur prussien, qui l'a annoncée au nôtre comme un auxiliaire prévu ; mais, en éclatant, elle a permis au peuple de Paris de légitimer par un vote imposant le gouvernement de la défense nationale, qui acquiert par là aux yeux de l'Europe la consécration du droit.

Il lui appartenait donc de conférer sur la proposition d'armistice des quatre puissances ; il pouvait, sans témérité, en espérer le succès. Désireux avant tout de s'effacer devant les mandataires du pays et d'arriver par eux à une paix honorable, il a accepté la négociation et l'a engagée dans les termes ordinaires du droit des gens.

L'armistice devait comporter :

L'élection des députés sur tout le territoire de la République, même celui envahi ;

Une durée de vingt-cinq jours ;

Le ravitaillement proportionnel à cette durée.

La Prusse n'a pas contesté les deux premières conditions. Cependant, elle a fait à propos du vote de l'Alsace et de la Lorraine quelques réserves que nous mentionnons sans les examiner davantage, parce que son refus absolu d'admettre le ravitaillement a rendu toute discussion inutile.

En effet, le ravitaillement est la conséquence forcée d'une suspension d'armes s'appliquant à une ville investie. Les vivres y sont un élément de défense. Les lui enlever sans compensation, c'est lui créer une inégalité contraire à la justice. La Prusse oserait-elle nous demander d'abattre chaque jour, par son canon, un pan de nos murailles sans nous permettre de lui résister? Elle nous mettrait dans une situation plus mauvaise encore en nous obligeant à consommer un mois sans nous battre, alors que, vivant sur notre sol, elle attendrait, pour reprendre la guerre, que nous fussions harcelés par la famine. L'armistice sans ravitaillement, ce serait la capitulation à terme fixe sans honneur et sans espoir.

En refusant le ravitaillement, la Prusse refuse donc l'armistice. Et cette fois ce n'est pas l'armée seulement, c'est la nation française qu'elle prétend anéantir en réduisant Paris aux horreurs de la faim. Il s'agit, en effet, de savoir si la France pourra réunir ses députés pour délibérer sur la paix.

L'Europe demande cette réunion. La Prusse la repousse en la soumettant à une condition inique et contraire au droit commun.

Et cependant, s'il faut en croire un document publié sans être démenti, et qui émanerait de sa chancellerie, elle ose accuser le gouvernement de la défense nationale de livrer Paris à une famine certaine! Elle se plaint d'être forcée par lui de nous investir et de nous affamer!

L'Europe jugera ce que valent de telles imputations. Elles sont le dernier trait de cette politique qui débute par engager la parole du souverain en faveur de la nation française et se termine par le rejet systématique de toutes les combinaisons pouvant permettre à la France d'exprimer sa volonté! Nous ignorons ce qu'en penseront les quatre grandes puissances neutres, dont les propositions sont écartées avec tant de hauteur : peut-être devineront-elles enfin ce que leur réserverait la Prusse, devenue, par la victoire, maîtresse d'accomplir tous ses desseins.

Quant à nous, nous obéissons à un devoir impérieux et simple en persistant à maintenir leur proposition d'armistice comme le seul moyen de faire résoudre par une assemblée les questions redoutables que les crimes du gouvernement impérial ont permis à l'ennemi de nous poser. La Prusse, qui sent l'odieux de son refus, le dissimule sous un déguisement qui ne peut tromper personne. Elle nous demande un mois de nos vivres ; c'est nous demander nos armes. Nous les tenons d'une main résolue et nous ne les déposerons pas sans combattre. Nous avons fait tout ce que peuvent des hommes d'honneur pour arrêter la lutte. On nous ferme l'issue ; nous n'avons plus à prendre conseil que de notre courage, en renvoyant la responsabilité du sang versé à ceux qui, systématiquement, repoussent toute transaction.

C'est à leur ambition personnelle que peuvent être immolés encore des milliers d'hommes ; et quand l'Europe émue veut arrêter les combattants sur la frontière de ce champ de carnage pour y appeler les représentants de la nation et essayer la paix : Oui, disent-ils, mais à la condition que cette population qui souffre, ces femmes, ces enfants, ces vieillards qui sont les victimes innocentes de la guerre, ne recevront aucun secours, afin que, la trève expirée, il ne soit plus possible à leurs défenseurs de nous combattre sans les faire mourir de faim.

Voilà ce que les chefs prussiens ne craignent pas de répondre à la proposition des quatre puissances. Nous prenons à témoin contre eux le droit et la justice, et nous sommes convaincus que si, comme les nôtres, leur nation et leur armée pouvaient voter, elles condamneraient cette politique inhumaine.

Qu'au moins il soit bien établi que jusqu'à la dernière heure, préoccupé des immenses et précieux intérêts qui lui sont confiés, le gouvernement de la défense nationale a tout fait pour rendre possible une paix qui soit digne.

On lui refuse les moyens de consulter la France. Il interroge Paris, et Paris tout entier se lève en armes pour montrer au pays et au monde ce que peut un grand peuple quand il défend son honneur, son foyer et l'indépendance de la patrie.

Vous n'aurez pas de peine, monsieur, à faire comprendre des vérités si simples et à en faire le point de départ des observations que vous aurez à présenter lorsque l'occasion vous en sera fournie.

Agréez, etc.

Le ministre des affaires étrangères,

JULES FAVRE.

Prise d'Orléans

Paris, 14 novembre 1870.

Aux Habitants et aux Défenseurs de Paris.

Mes chers concitoyens,

C'est avec une joie indicible que je porte à votre connaissance la bonne nouvelle que vous allez lire. Grâce à la valeur de nos soldats, la fortune nous revient, votre courage la fixera ; bientôt nous allons donner la main à nos frères des départements, et avec eux délivrer le sol de la patrie.

Vive la République ! Vive la France !

Le vice-président du Gouvernement, ministre de l'intérieur par intérim,

JULES FAVRE.

Gambetta à Trochu

L'armée de la Loire, sous les ordres du général d'Aurelle de Paladines, s'est emparée hier d'Orléans, après une lutte de deux jours. Nos pertes, tant en tués qu'en blessés, n'atteignent pas 2,000 hommes ; celles de l'ennemi sont plus considérables. Nous avons fait plus d'un millier de prisonniers, et le nombre augmente par la poursuite.

Nous nous sommes emparés de deux canons, modèle prussien, de plus de vingt caissons de munitions et attelés, et d'une grande quantité de fourgons et voitures d'approvisionnement. La principale action s'est concentrée autour de Coulmiers, dans la journée du 9. L'élan des troupes a été remarquable, malgré le mauvais temps.

Tours, le 11 novembre 1870.

Mélancolie

Aux citoyens de Paris,
A la garde nationale,
A l'armée et à la garde nationale mobile.

Pendant que s'accomplissaient loin de nous les douloureuses destinées de notre pays, nous avons fait ensemble, à Paris, des efforts qui ont honoré nos malheurs aux yeux du monde. L'Europe a été frappée du spectacle imprévu que nous lui avons offert, de l'étroite union du riche et du pauvre dans le dévouement et le sacrifice, de notre ferme volonté dans la résistance, et enfin des immenses travaux que cette volonté a créés.

L'ennemi, étonné d'avoir été retenu près de deux mois

devant Paris, dont il ne jugeait pas la population capable de cette virile attitude, atteint bien plus que nous ne le croyons nous-mêmes dans des intérêts considérables, cédait à l'entraînement général. Il semblait renoncer à son implacable résolution de désorganiser, au grand péril de l'Europe et de la civilisation, la nation française qu'on ne saurait, sans la plus criante injustice, rendre responsable de cette guerre et des maux qu'elle a produits.

Il est aujourd'hui de notoriété que la Prusse avait accepté les conditions du gouvernement pour l'armistice proposé par les puissances neutres, *quand la fatale journée du 31 octobre est venue compromettre une situation qui était honorable et digne, en rendant à la politique prussienne ses espérances et ses exigences.*

A présent que depuis de longs jours nos rapports avec les départements sont interrompus, l'ennemi cherche à affaiblir nos courages et à semer la division parmi nous par des avis exclusivement originaires des avant-postes prussiens et des journaux allemands qui s'échangent sur plusieurs points de nos lignes si étendues.

Vous saurez vous soustraire aux effets de cette propagande dissolvante, qui seraient la ruine des chers intérêts dont nous avons la tutelle. Vos cœurs seront fermes et vous resterez unis dans l'esprit qui a été depuis deux mois le caractère de la défense de Paris.

Pendant que nos travaux fermaient la ville, nous avons conçu la pensée, dans l'incertitude où nous étions de l'appui que pourraient nous fournir les armées formées au dehors, d'en former une au dedans. Je n'ai pas à énumérer ici les éléments constitutifs qui nous manquaient pour résoudre ce nouveau problème, plus difficile peut-être que le premier. En quelques semaines, nous avons réuni en groupes réguliers, habillé, équipé, armé, exercé autant que nous l'avons pu et conduit plusieurs fois à l'ennemi les masses pleines de patriotisme, mais confuses et inexpérimentées dont nous disposons.

Nous avons cherché, avec le concours désintéressé et dévoué du génie civil, de l'industrie parisienne, des chemins de fer, à compléter par la fabrication de canons modernes, dont les premiers vont nous être livrés, l'artillerie de bataille, que le service spécial de l'artillerie de l'armée formait avec la plus louable activité. La garde nationale, de son côté, après avoir plus que quintuplé ses effectifs, et bien qu'absorbée par les travaux et par la garde du rempart, s'organisait, s'exerçait tous les jours et par tous les temps sur nos places publiques, montrant un *zèle incomparable, auquel elle devra être prochainement en mesure d'entrer en ligne avec ses bataillons de guerre.*

Je m'arrête, ne pouvant tout dire; mais je doute qu'en aucun temps et dans l'histoire d'aucun peuple envahi, après la destruction de ses armées, aucune grande cité investie et privée de communications avec le reste du territoire, ait opposé, à un désastre en apparence irréparable, de plus vigoureux efforts de résistance morale et matérielle. L'honneur ne m'en appartient pas, et je n'en ai énuméré la succession que pour éclairer ceux qui, avec une entière bonne foi, j'en suis sûr, croient qu'après la préparation de la défense, l'offensive à fond était possible avec des masses dont l'organisation et l'armement étaient insuffisants.

Nous n'avons pas fait ce que nous avons voulu, nous avons fait ce que nous avons pu, dans une suite d'improvisations dont les objets avaient des proportions énormes, au milieu des impressions les plus douloureuses qui puissent affliger le patriotisme d'une grande nation. Eh bien, l'avenir exige encore de nous un plus grand effort, car le temps presse. Mais le temps presse aussi l'ennemi; et ses intérêts, et le sentiment public de l'Allemagne, et la conscience publique européenne le pressent encore plus.

Il ne serait pas digne de la France, et le monde ne comprendrait pas que la population et l'armée de Paris, après s'être si énergiquement préparées à tous les sacrifices, ne sussent pas aller plus loin, c'est-à-dire souffrir et combattre jusqu'à ce qu'elles ne puissent plus ni souffrir ni combattre. Ainsi, serrons nos rangs autour de la République et *élevons nos cœurs.*

Je vous ai dit la vérité telle que je la vois. J'ai voulu montrer que notre devoir était de regarder en face nos difficultés et nos périls, de les aborder sans trouble, de *vous cramponner à toutes les formes de la résistance et de la lutte.*

Si nous triomphons, nous aurons bien mérité de la patrie en donnant un grand exemple. Si nous succombons, nous aurons légué à la Prusse, qui aura remplacé le premier empire dans les fastes sanglants de la conquête et de la violence, avec une œuvre impossible à réaliser, un héritage de malédictions et de haines sous lequel elle succombera à son tour.

Le Gouverneur de Paris,

Général Trochu.

Paris, le 14 novembre 1870.

Cinq cent mille soldats.

24 NOVEMBRE

On lit dans le *Journal Officiel:*

GAMBETTA A JULES FAVRE

Tours, 25 novembre 1870.

Au dedans, l'ordre le plus parfait règne sur tous les points du pays, et nos ressources militaires prennent une tournure tout à fait satisfaisante. Outre les *deux cent mille hommes* qui sont en ligne sur la Loire, et dont le point culminant est Orléans, nous aurons, au 1er décembre, une nouvelle armée parfaitement organisée et munie de tout, qui comptera *cent mille hommes*, sans compter près de *deux cent mille mobilisés* prêts à marcher au feu à la même époque, mais tout à fait en seconde ligne.

Nous occupons fortement Orléans sur les deux rives de la Loire, à droite et à gauche, prêts à résister vigoureusement à un retour offensif.

Notre succès à Orléans a excité au plus haut degré les sentiments patriotiques de la nation, et les préparatifs de défense sont poussés avec une prodigieuse activité de tous côtés ; les plus faibles sont entraînés.

Au dehors, l'Europe a manifesté au sujet de notre récent succès autant de sympathie que d'étonnement. Ses doutes sur l'existence de nos forces sont aujourd'hui dissipés. Ses sympathies nous sont revenues. Nous en recevons des témoignages irrécusables aussi bien par la voie des journaux que par la conversation de ses représentants autorisés.

Tout le monde s'accorde à reconnaître que notre situation diplomatique s'est considérablement améliorée.

Sauf de rares exceptions, *on* ne parle plus d'élections ni d'armistice. Le refus de ravitailler Paris a été unanimement blâmé et attribué à M. de Bismark. *On* n'a voulu voir dans ce refus qu'un stratagème pour affamer Paris et donner aux troupes prussiennes, dégagées de Metz, le temps d'arriver et de faire échec à notre armée de la Loire.

A la veille des grands combats

Citoyens de Paris,
Soldats de la garde nationale et de l'armée,

La politique d'envahissement et de conquête entend achever son œuvre. Elle introduit en Europe et prétend fonder en France le droit de la force. L'Europe peut subir cet outrage en silence, mais la France veut combattre, et nos frères nous appellent au dehors pour la lutte suprême.

Après tant de sang versé, le sang va couler de nouveau. Que la responsabilité en retombe sur ceux dont la détestable ambition foule aux pieds les lois de la civilisation moderne et de la justice. Mettant notre confiance en Dieu, marchons en avant pour la patrie.

Le gouverneur de Paris,

Général TROCHU.

Paris, le 28 novembre 1870.

---

*Le Gouvernement de la défense nationale
à la population de Paris.*

Citoyens,

L'effort que réclamaient l'honneur et le salut de la France est engagé.

Vous l'attendiez avec une patriotique impatience que vos chefs militaires avaient peine à modérer. Décidés comme vous à débusquer l'ennemi des lignes où il se retranche et à courir au devant de vos frères des départements, ils avaient le devoir de préparer de puissants moyens d'attaque. Ils les ont réunis; maintenant, ils combattent; nos cœurs sont avec eux. Tous, nous sommes prêts à les suivre, et, comme eux, à verser notre sang pour la délivrance de la patrie.

A cette heure suprême où ils exposent noblement leur vie, nous leur devons le concours de notre constance et de notre vertu civique.

Quelle que soit la violence des émotions qui nous agitent, ayons le courage de demeurer calmes. Quiconque fomenterait le moindre trouble dans la cité trahirait la cause de ses défenseurs et servirait celle de la Prusse. De même que l'armée ne peut vaincre que par la discipline, nous ne pouvons résister que par l'union et l'ordre.

Nous comptons sur le succès, nous ne nous laisserons abattre par aucun revers.

Cherchons surtout notre force dans l'inébranlable résolution d'étouffer, comme un germe de mort honteuse, tout ferment de discorde civile.

Vive la France! Vive la République!

Les membres du Gouvernement,

JULES FAVRE, vice-président du Gouvernement, EMMANUEL ARAGO, JULES FERRY, GARNIER-PAGÈS, EUGÈNE PELLETAN, ERNEST PICARD, JULES SIMON.

Les ministres,

Général LE FLÔ, DORIAN, J. MAGNIN.

Les secrétaires du Gouvernement,

ANDRÉ LAVERTUJON, F. HÉROLD, A. DRÉO, DURIER.

Paris, le 28 novembre 1870.

Mort ou Victorieux

Soldats de la 2ᵉ armée de Paris!

Le moment est venu de rompre le cercle de fer qui nous enserre depuis trop longtemps, et menace de nous étouffer dans une lente et douloureuse agonie! A vous est dévolu l'honneur de tenter cette grande entreprise : vous vous en montrerez dignes, j'en ai la certitude.

Sans doute, nos débuts seront difficiles ; nous aurons à surmonter de sérieux obstacles : il faut les envisager avec calme et résolution, sans exagération comme sans faiblesse.

La vérité, la voici : dès nos premiers pas, touchant nos avant-postes, nous trouverons d'implacables ennemis, rendus audacieux et confiants par de trop nombreux succès. Il y aura donc là à faire un vigoureux effort, mais il n'est pas au-dessus de vos forces; pour préparer votre action, la prévoyance de celui qui nous commande en chef a accumulé plus de 400 bouches à feu, dont deux tiers au moins du plus gros calibre ; aucun obstacle matériel ne saurait y résister, et, pour vous élancer dans cette trouée, vous serez plus de 150,000, tous bien armés, bien équipés, abondamment pourvus de munitions, et, j'en ai l'espoir, tous animés d'une ardeur irrésistible.

Vainqueurs dans cette première période de la lutte, votre succès est assuré, car l'ennemi a envoyé sur les bords de la Loire ses plus nombreux et ses meilleurs soldats ; les efforts héroïques et heureux de nos frères les y retiennent.

Courage donc et confiance ! songez que, dans cette lutte suprême, nous combattrons pour notre honneur, pour notre liberté, pour le salut de notre chère et malheureuse patrie ; et, si ce mobile n'est pas suffisant pour enflammer vos cœurs, pensez à vos champs dévastés, à vos familles ruinées, à vos sœurs, à vos femmes, à vos mères désolées !

Puisse cette pensée vous faire partager la soif de vengeance, la sourde rage qui m'animent, et vous inspirer le mépris du danger.

Pour moi, j'y suis bien résolu, *j'en fais le serment devant vous, devant la nation tout entière : je ne rentrerai dans Paris que mort ou victorieux ;* vous pourrez me voir tomber, mais vous ne me verrez pas reculer. Alors, ne vous arrêtez pas, mais vengez-moi !

En avant donc ! en avant ! et que Dieu vous protége !
Paris, le 28 novembre 1870.

Le général en chef de la 2e armée de Paris,
A. DUCROT.

Compliments

2 DÉCEMBRE

Général et bien cher président,

Depuis trois jours, nous sommes avec vous par la

pensée sur ce champ de bataille glorieux où se décident les destinées de la patrie. Nous voudrions partager vos dangers en vous laissant cette gloire qui vous appartient bien d'avoir préparé et d'assurer maintenant par votre noble dévouement le succès de notre vaillante armée.

Nul mieux que vous n'a le droit d'en être fier, nul ne peut plus dignement en faire l'éloge ; vous n'oubliez que vous-même, mais vous ne pouvez vous dérober à l'acclamation de vos compagnons d'armes, électrisés par votre exemple.

Il nous eût été doux d'y joindre les nôtres ; permettez-nous au moins de vous exprimer tout ce que notre cœur contient pour vous de gratitude et d'affection. Dites au brave général Ducrot, à vos officiers si dévoués, à vos vaillants soldats, que nous les admirons. La France républicaine reconnaît en eux l'héroïsme noble et pur qui déjà l'a sauvée. Elle sait maintenant qu'elle peut mettre en eux et en vous l'espoir de son salut.

Nous, vos collègues, initiés à vos pensées, nous saluons avec joie ces belles et grandes journées où vous vous êtes révélé tout entier, et qui, nous en avons la conviction profonde, sont le commencement de notre délivrance.

Agréez, etc.

JULES FAVRE, GARNIER-PAGÈS, JULES SIMON, EUGÈNE PELLETAN, EMMANUEL ARAGO, JULES FERRY, ERNEST PICARD.

L'Armée repasse la Marne

Vincennes, le 4 décembre 1870.

Soldats !

Après deux journées de glorieux combats, je vous ai fait repasser la Marne, parce que j'étais convaincu que de nouveaux efforts, *dans une direction où l'ennemi avait eu le temps de concentrer toutes ses forces* et de préparer tous ses moyens d'action, seraient stériles.

En nous obstinant dans cette voie, je sacrifiais inutilement des milliers de braves, et loin de servir l'œuvre de la délivrance, je la compromettais sérieusement, et je pouvais même vous conduire à *un désastre irréparable.*

Mais, vous l'avez compris, la lutte n'est suspendue que *pour un instant;* nous allons la reprendre avec résolution : soyez donc prêts, complétez en toute hâte vos munitions, vos vivres, et surtout *élevez vos cœurs* à la hauteur des sacrifices qu'exige la sainte cause pour laquelle nous ne devons pas hésiter à donner notre vie.

Le général en chef de la 2e armée.

A. DUCROT.

Lettre du Comte de Moltke

Versailles, le 5 décembre 1870.

Il paraît utile d'informer Votre Excellence que l'armée de la Loire a été défaite, hier, près d'Orléans, et que cette ville est réoccupée par les troupes allemandes.

Si toutefois Votre Excellence jugeait à propos de s'en convaincre par un de ses officiers, je ne manquerais pas de le munir d'un sauf-conduit pour aller et venir.

Agréez, mon général, l'expression de la haute considération avec laquelle j'ai l'honneur d'être votre très-humble et très-obéissant serviteur.

Le chef d'état-major,

Comte DE MOLTKE.

Réponse du général Trochu

Paris, le 6 décembre 1870.

Votre Excellence a pensé qu'il pourrait être utile de m'informer que l'armée de la Loire a été défaite près d'Orléans, et que cette ville est réoccupée par les troupes allemandes.

J'ai l'honneur de vous accuser réception de cette communication, que je ne crois pas devoir faire vérifier par les moyens que Votre Excellence m'indique.

Agréez, mon général, l'expression de la haute considération avec laquelle j'ai l'honneur d'être

Votre très-humble et très-obéissant serviteur,

Le gouverneur de Paris,

GÉNÉRAL TROCHU.

Cette nouvelle, qui nous vient par l'ennemi, en la supposant exacte, ne nous ôte pas le droit de compter sur le grand mouvement de la France accourant à notre secours ; elle ne change rien ni à nos résolutions, ni à nos devoirs.

Un seul mot les résume : Combattre !

Vive la France ! vive la République !

Les membres du Gouvernement,

Général TROCHU, JULES FAVRE, EMMANUEL ARAGO, JULES FERRY, GARNIER-PAGÈS, EUGÈNE PELLETAN, ERNEST PICARD, JULES SIMON.

Les Ministres.

Général LE FLÔ, DORIAN, J. MAGNIN.

Les secrétaires du Gouvernement,

ANDRÉ LAVERTUJON, F. HÉROLD, A. DRÉO, DURIER.

L'état moral de Paris

Vincennes, le 8 décembre 1870.

J'apprends avec une véritable douleur que les quatre officiers prussiens que j'avais fait conduire à Paris ont été l'objet de manifestations malveillantes dont le caractère pouvait devenir insultant.

Ces officiers, prisonniers sur parole comme le sont les nôtres en Prusse, se trouvent à Paris sous la sauvegarde de l'honneur national. Envoyez-les moi immédiatement, je stipulerai leur échange contre un pareil nombre d'officiers français du même grade. Ils ne pourront porter à l'armée prussienne qu'un avis : *c'est que l'état moral de Paris, soutenu par l'esprit de dévouement et de sacrifice, n'a jamais été plus solide,* et que tous nous nous préparons au combat.

Recevez, etc.

Général TROCHU.

Le Pain

AUX HABITANTS DE PARIS

Hier, des bruits inquiétants répandus dans la population ont fait affluer les consommateurs dans certaines boulangeries.

On craignait le rationnement du pain.

Cette crainte est absolument dénuée de fondement.

La consommation du pain ne sera pas rationnée.

Le gouvernement a le devoir de veiller à la subsistance de la population ; c'est un devoir qu'il remplit avec la plus grande vigilance. Nous sommes *encore fort éloignés du terme où les approvisionnements deviendraient insuffisants.*

La plupart des siéges ont été troublés par des paniques. La population de Paris est trop intelligente pour que ce fléau ne nous soit pas épargné.

Paris, le 12 décembre 1870.

(*Suivent les signatures.*)

Le Pain et la Viande

L'avis publié, il y a deux jours, par le gouvernement, paraît avoir dissipé les inquiétudes de la population relativement au pain. Il importe qu'il n'en reste aucune trace.

Il est clair que, s'il y a quatre pains pour quatre consommateurs, et que l'un d'eux en achète trois, il condamne tous les autres à se contenter d'un tiers de ration. Voilà les effets de la peur.

Nous répétons qu'il n'y a aucun sujet de préoccupation et que le pain ne sera pas rationné.

Assurément, s'il fallait se résigner à des privations dans un moment comme celui-ci, Paris n'hésiterait pas. Il n'est aucun sacrifice qu'il ne soit prêt à faire pour l'honneur et pour la patrie. Mais les approvisionnements existants permettent de lui épargner cette nécessité. La quantité de pain vendue quotidiennement n'a pas varié depuis le commencement du siége, *et rien ne fait prévoir qu'elle doive être diminuée.* Il n'y aura de différence que pour la qualité.

Le plus grand intérêt de la défense étant de prolonger autant que possible la résistance de Paris, le gouvernement, sûr de répondre en cela à la volonté de tous les citoyens, a résolu qu'aussitôt après le délai nécessaire pour écouler les quantités existantes, il ne serait plus vendu ni distribué dans la ville que du pain bis. Ce pain est nourrissant, agréable au goût, et sans aucun inconvénient pour la santé. Nos paysans n'en mangent pas d'autre, même dans les départements les plus favorisés. Il va sans dire que le pain sera de qualité uniforme pour tous les consommateurs, et qu'aucune exception ne sera tolérée.

La viande ne nous manque pas. Il en sera distribué tous les jours dans les boucheries municipales, sans réduction d'aucune sorte sur les quantités actuellement distribuées. On a eu d'abord quelque difficulté pour organiser le service ; maintenant, tout est en ordre. *Le pain et la viande, c'est-à-dire la double base de l'alimentation, sont assurés.* La situation est donc satisfaisante. On peut dire qu'elle est inespérée, après trois mois de siège.

Ces résultats sont dus en majeure partie à la sagesse et au patriotisme de la population, aussi résignée devant les privations qu'elle est héroïque devant le péril. Nous avons tous juré que rien ne nous coûterait pour sauver notre pays, et nous y parviendrons à force de calme, de vigilance et de courage.

Paris, le 14 décembre 1870.

Général TROCHU, JULES FAVRE, EMMANUEL ARAGO, JULES FERRY, GARNIER-PAGÈS, EUGÈNE PELLETAN, ERNEST PICARD, JULES SIMON.

Le Froid

25 DÉCEMBRE

Les troupes ont cruellement souffert pendant la dernière nuit : de nombreux cas de congélation se sont produits.

Le travail des tranchées a dû être arrêté par suite de la dureté du sol, qui est gelé jusqu'à 50 centimètres de profondeur.

Dans cette situation, devenue grave pour la santé de l'armée, et qui pourrait l'atteindre dans son moral, le gouverneur de Paris a décidé que tous les corps qui ne seraient pas nécessaires à la garde des positions occupées, seraient cantonnés de manière à être abrités. Il s'y remettront des pénibles épreuves qu'ils viennent de subir, et seront prêts à agir selon les événements.

Une partie des bataillons de la garde nationale employés au dehors rentrera dans Paris. Ceux qui resteront devant les positions seront cantonnés comme la troupe et relevés à tour de rôle.

Bombardement des forts

27 décembre, matin.

L'ennemi a démasqué ce matin des batteries de siége contre les forts de l'est de Noisy à Nogent, et contre la partie nord du plateau d'Avron. Ces batteries se composent de pièces à longue portée.

En ce moment, onze heures, le feu est très-vif contre les points indiqués, et comme cette canonnade pourrait être le prélude d'un bombardement général de nos forts, toutes les dispositions sont prises dans le but de repousser les attaques et de protéger les défenseurs.

Cette nuit, on a entendu du Mont-Valérien deux fortes détonations, qui peuvent donner à penser que l'ennemi a fait sauter le pont du chemin de fer de Rouen.

Le fait sera vérifié dans la journée.

Dès ce matin, l'ennemi a fait sauter la Gare-aux-Bœufs de Choisy.

Cet ensemble de faits tendrait à prouver que l'ennemi,

fatigué d'une résistance de plus de cent jours, se dispose à employer contre nous les moyens d'attaque à grande distance qu'il a depuis longtemps rassemblés.

---

27 décembre, soir.

L'ennemi a établi trois batteries de gros calibre au-dessus de la route de l'Ermitage, au Raincy ; trois batteries à Noisy-le-Grand ; trois batteries au pont de Gournay.

Le feu a été engagé dès le matin avec la plus grande violence : il était dirigé sur les forts de Noisy, de Rosny, de Nogent et sur les positions d'Avron.

Tout le monde s'est tenu ferme à son poste, sauf quelques hommes qui ont quitté les tranchées dès le début et qui y ont été ramenés, pour y passer la nuit, par ordre du général Vinoy.

Ce combat d'artillerie a duré jusqu'à cinq heures, entretenu plus ou moins activement. Nos pertes s'élèvent à environ huit tués et cinquante blessés, dont quatre officiers de marine.

Au fort de Noisy, il n'y a eu aucun homme atteint ; deux hommes au fort de Rosny et trois à celui de Nogent ont été blessés.

En résumé, cette première journée de bombardement partiel contre nos avancées et nos forts, avec des moyens dont la puissance est considérable, n'a pas répondu à l'attente de l'ennemi.

Notre feu, très-vif, a dû lui faire éprouver des pertes sérieuses sur les points les plus à portée du plateau.

P. O. Le général, chef d'état-major général,

SCHMITZ.

« L'attaque de l'ennemi ne fera qu'augmenter le courage de la population de Paris. Elle a prouvé par sa constance qu'elle est résolue à une résistance opiniâtre. Elle s'associera aux nobles efforts de ses défenseurs en redoublant de calme et de patriotisme. Prête à tous les sacrifices pour sauver la patrie, elle ne peut être surprise ni ébranlée par aucune épreuve. »

Le But des Efforts

27 DÉCEMBRE

On lit dans l'*Officiel* :

C'est le 20 décembre au soir, pendant la nuit suivante, et le 21 au matin, que l'armée et la garde nationale mobilisée s'établissaient sur les positions qui s'étendent des bords de la Marne, en avant du plateau d'Avron, jusqu'à Saint-Denis. Cette concentration, bien que partiellement opérée par le chemin de fer de ceinture, avait été fatigante pour les troupes. Le temps s'est mis au froid. Un vent glacial souffla pendant toute la journée du 21, qui fut consacrée à l'occupation de Neuilly-sur-Marne, de Ville-Evrard, de Maison-Blanche, de Bondy, de la Ferme de Groslay et de Drancy.

L'occupation du Bourget, bien qu'effectuée en partie dans la matinée, fut contrariée par des accidents de guerre imprévus et ne put avoir lieu. Un vif engagement d'artillerie dura jusqu'à la chute du jour. A la nuit, les têtes de colonnes, gardant les positions, les troupes furent repliées en arrière dans les tranchées qui formaient les points d'appui du champ de bataille préparé.

Les uns et les autres, à peu d'exceptions près, étaient sans abri, et cette première nuit de bivouac, par une gelée intense, les éprouva très-péniblement ; il y eut quelques cas de congélation.

Le lendemain, les troupes furent appliquées à des travaux de jours et de nuit, nécessaires à la continuation des opérations. Il eût été à souhaiter que la journée du surlendemain fût consacrée au repos ; mais l'ennemi avait fait sur ses propres positions des concentrations considérables qui semblaient indiquer des intentions offensives et pouvaient nous offrir l'occasion d'un engagement général.

Cet espoir ne se réalisa pas; les troupes qui avaient marché pour reprendre leurs postes de combat eurent encore une journée fatigante, pendant laquelle l'intensité du froid ne fit que s'accroître. A dater de ce moment, leur santé put être considérée comme sérieusement atteinte; les cas de congélation, contre lesquels l'activité des travaux entrepris ne put rien, se multiplièrent dans une proportion menaçante; ces travaux eux-mêmes furent ralentis par suite de la dureté du sol, et le 24 ils devenaient impossibles.

Assurément l'ennemi, dans ses positions, est assujetti aux mêmes sévices. Mais ses soldats sont des hommes du nord; les nôtres, originaires de contrées dont le climat est tempéré ou chaud, en éprouvent des effets plus caractérisés, et leur santé, dans une campagne de plein hiver, réclame des ménagements particuliers. Dans cette situation, et quelque douloureuse que pût être la suspension temporaire des opérations, le devoir de les continuer était primé par le devoir de donner aux troupes un repos et des soins devenus indispensables.

Prolonger la résistance jusqu'aux dernières limites du possible, pour donner à la France le temps et les moyens de se soulever tout entière contre l'envahisseur et d'organiser la défense nationale, a été le but de tous les sacrifices que les citoyens de Paris ont faits; constituer une armée dans Paris, combattre énergiquement sur le périmètre d'envahissement fortifié par l'ennemi, pour chercher à percer ses lignes et l'obliger, dans tous les cas, à immobiliser autour de nous des forces considérables, a été le but de tous les efforts que la garde nationale et l'armée ont faits. L'esprit public s'associera à la continuation de ce double effort, et Paris remplira noblement envers la France son devoir de capitale.

Une nouvelle Phase

29 décembre, matin.

Le feu, qui avait été modéré dans la matinée d'hier sur les positions bombardées, est devenu très-vif dans l'après-midi et la soirée. De nouvelles batteries ont appuyé celles qui avaient été précédemment établies par l'ennemi. Nos pièces, moins puissantes que les canons Krupp, ayant dû renoncer à faire feu, le plateau est devenu tout à fait intenable pour l'infanterie.

Le gouverneur avait le devoir impérieux de soustraire cette artillerie et ces troupes à une situation que l'intensité croissante du feu de l'ennemi ne pouvait qu'aggraver; il a ordonné et organisé sur place la rentrée des pièces en arrière des forts. Cette opération difficile et laborieuse s'est effectuée pendant la nuit et dans la matinée.

Le tir de l'ennemi, dans la soirée, passant par dessus le plateau d'Avron, atteignait la route stratégique et par moment les villages environnants.

La nouvelle phase, prévue depuis longtemps, dans laquelle entre le siége de Paris, *pourra transformer les conditions de la défense, mais elle ne portera atteinte ni à ses moyens ni à son énergie.*

Le gouverneur de Paris,

P. O. *Le général en chef d'état-major, général des armées de la défense,*

SCHMITZ.

Pour copie conforme :

Le ministre de l'intérieur par intérim,

JULES FAVRE.

Après l'évacuation du Plateau d'Avron

30 DÉCEMBRE

Citoyens et soldats!

De grands efforts se font pour rompre le faisceau des sentiments d'union et de confiance réciproque auxquels nous devons de voir Paris, après plus de cent jours de siége, debout et résistant. L'ennemi, désespérant de livrer Paris à l'Allemagne pour la Noël, comme il l'a solennellement annoncé, ajoute le bombardement de nos avancées et de nos forts aux procédés si divers d'intimidation par lesquels il a cherché à énerver la défense. On exploite devant l'opinion publique les mécomptes dont un hiver extraordinaire, des fatigues et des souffrances infinies ont été la cause pour nous. Enfin, on dit que les membres du gouvernement sont divisés dans leurs vues sur les grands intérêts dont la direction leur est confiée.

L'armée a subi de grandes épreuves, en effet, et elle avait besoin d'un court repos, que l'ennemi lui dispute par le bombardement le plus violent qu'aucune troupe ait jamais éprouvé. Elle se prépare à l'action avec le concours de la garde nationale de Paris, et, *tous ensemble, nous ferons notre devoir*.

Enfin, je déclare ici qu'aucun dissentiment ne s'est produit dans les conseils du gouvernement, et que nous sommes tous étroitement unis en face des angoisses et des périls du pays, dans la pensée et dans l'espoir de la délivrance.

Le gouverneur de Paris.

Général TROCHU.

Le 1ᵉʳ de l'An 1871

Le *Journal officiel* publie la note suivante :

Au moment où l'ennemi menace Paris d'un bombardement, le gouvernement, *résolu à lui opposer la plus énergique résistance,* a réuni en conseil de guerre, sous la présidence du gouverneur, les généraux commandant les trois armées, les amiraux commandant les forts, les généraux des armes de l'artillerie et du génie. Le conseil a été unanime dans l'adoption des mesures qui associent la garde nationale, la garde mobile et l'armée à la défense la plus active.

Ces mesures exigeront le concours de la population tout entière. Le gouvernement sait qu'il peut compter sur son courage et sur sa volonté inflexible de combattre jusqu'à la délivrance. Il rappelle à tous les citoyens que dans les moments décisifs que nous allons traverser, l'ordre est plus nécessaire que jamais. *Il a le devoir de le maintenir avec énergie : on peut compter qu'il n'y faillira pas.*

La Situation le 2 janvier 1871.

On lit dans le *Journal officiel :*

Le froid rigoureux qui sévit contre nous avec une âpreté si cruelle n'a pas seulement pour conséquence d'infliger à nos soldats et à notre population les plus dures souffrances, il nous condamne à ignorer ce qui se passe en province, en interrompant les voyages déjà si incertains de nos messagers. *Depuis le 14 décembre, le Gouvernement n'a reçu aucune nouvelle officielle*, et c'est seulement par quelques feuilles allemandes qu'il a pù obtenir les renseignements forts incomplets, et maintenant fort arriérés, que le public connaît. C'est là une situation pleine d'anxiété, et cependant *nul de nous ne sent diminuer sa confiance.*

Au-dessus de nos murailles où veille la garde nationale, au-dessus de nos forteresses que l'ennemi commence à couvrir de ses feux, *s'élève comme un souffle d'espoir et de délivrance* qui pénètre tous les cœurs et y fait naître une vague mais ferme intuition du succès. C'est à ce sentiment généreux qu'il faut attribuer la facilité avec laquelle sont accueillies les rumeurs favorables les plus contraires à toute vraisemblance. Ces jours derniers, il a suffi à un jeune soldat réfractaire de raconter l'arrivée à Creil d'un corps de quatre-vingt mille Français, pour que, plus prompte que l'éclair, cette lueur de bonne fortune illuminât soudain la cité et fût acceptée comme une vérité certaine.

Vérification faite, le récit était mensonger. Son auteur est entre les mains de la justice, qui recherchera avec soin les motifs qui l'ont entraîné à cette mauvaise action. Le bon sens et le patriotisme de la population de Paris, qui se montre à la fois si ardente et si sage, la mettent en garde contre les retours violents qu'amène forcément l'abandon d'une illusion si légitimement chère. Il n'en faut pas moins se montrer sévère contre de pareilles entreprises et se fortifier à l'avance contre l'attrait puissant de nouvelles hasardées.

Mais ce que nous pouvons affirmer sans crainte d'être démentis, c'est qu'il n'est pas téméraire d'espérer, et que, des faits généraux, se dégagent des symptômes graves qui doivent nous soutenir et nous faire croire à la prochaine efficacité de notre résistance. Il est certain que les départements opposent à l'ennemi une résolution qui l'étonne et le déconcerte. On en trouve l'aveu, d'autant plus précieux qu'il est involontaire, dans la plupart de ses relations. Ce sol français, qu'il avait traversé au pas de course dans la première partie de la campagne, lui est maintenant disputé pied à pied, et son sang s'y mêle avec celui de nos braves soldats qui accourent sous nos drapeaux à la voix de la France républicaine.

Nous ne connaissons qu'imparfaitement les combats livrés dans la vallée de la Loire. Et ce n'est pas sans raison que leurs narrateurs prussiens les entourent d'obscurité. Nos armes n'ont pas toujours été heureuses : *les corps de Chanzy et de Bourbaki ont été séparés;* mais ils luttent avec énergie, *quelquefois victorieusement.* C'est avec une émotion profonde qu'à défaut des bulletins de nos officiers, dont nous admirons le courage, nous lisons ceux de l'ennemi, forcé de reconnaître la solidité de ces troupes civiques, arrachées d'hier à la famille, et si bien animées par l'amour de la patrie, qu'à peine équipées elles sont dignes de se mesurer avec des guerriers consommés. Elles les tiennent en échec, les font reculer, se dérobent à leurs attaques, et s'avancent vers nous en attirant tous ceux qui comprennent la grandeur du danger et la sainteté du devoir.

Or, le nombre doit en être grand ; car c'est encore l'ennemi qui nous l'apprend, notre chère et malheureuse Lorraine, tout opprimée qu'elle est par l'occupation prussienne, cache ses enfants dans les plis de ses vallons, et les envoie furtivement à nos armées, malgré les uhlans, qui les menacent de mort. *Nos forces augmentent donc incessamment par ce recrutement,* qui ne s'arrêtera plus, tandis que *celles des Prussiens diminuent et s'affaiblissent.*

Nous ne savons *rien de précis* des mouvements des deux généraux qui marchent à notre secours ; mais la précaution des feuilles prussiennes de nous les cacher, ne peut que nous *encourager.*

Sans doute, nous ne devons pas nous bercer de chimères : nous sommes en face des périls les plus graves qui puissent accabler une nation. Cependant, tous, nous sentons que notre France républicaine les surmontera. *Paris lui a donné l'exemple, et cet exemple est noblement suivi.* Paris ne *veut pas succomber :* Sa population tout entière, d'accord avec les hommes qui ont l'insigne honneur de diriger sa défense, *repousse hautement toute capi-*

tulation, Paris et le Gouvernement veulent combattre : — là est le devoir; — et comme le pays tout entier s'y associe sans réserve, quelle que soit l'épreuve passagère qui lui soit infligée, *il ne s'humiliera pas devant l'étranger.*

Le Bombardement de Paris

Jeudi soir, 5 janvier.

Le bombardement de Paris est commencé.

L'ennemi ne se contente pas de tirer sur nos forts, il lance ses projectiles sur nos maisons ; il menace nos foyers, nos familles.

Sa violence redoublera la résolution de la cité, qui veut combattre et vaincre.

Les défenseurs des forts, couverts de feux incessants, ne perdent rien de leur calme et sauront infliger à l'assaillant de terribles représailles.

La population de Paris accepte vaillamment cette nouvelle épreuve. L'ennemi croit l'intimider, il ne fera que rendre son élan plus vigoureux. Elle se montrera digne de l'armée de la Loire, *qui a fait reculer l'ennemi,* de l'armée du Nord, qui *marche à notre secours.*

Vive la France ! Vive la République !

Général TROCHU, JULES FAVRE, EMMANUEL ARAGO, JULES FERRY, GARNIER-PAGÈS, EUGÈNE PELLETAN, ERNEST PICARD, JULES SIMON.

Appel des Partisans de la Commune

Le gouvernement qui, le 4 septembre, s'est chargé de la défense nationale, a-t-il rempli sa mission ?— Non !

Nous sommes 500,000 combattants, et 200,000 Prussiens nous étreignent! A qui la responsabilité, sinon à ceux qui nous gouvernent? Ils n'ont pensé qu'à négocier, au lieu de fondre des canons et de fabriquer des armes.

Ils se sont refusés à la levée en masse.

Ils ont laissé en place les bonapartistes et mis en prison les républicains.

Ils ne se sont décidés à agir enfin contre les Prussiens qu'après deux mois, au lendemain du 31 octobre.

Par leur lenteur, leur indécision, leur inertie, ils nous ont conduits jusqu'au bord de l'abîme: ils n'ont su ni administrer, ni combattre, alors qu'ils avaient sous la main toutes les ressources, les denrées et les hommes.

Ils n'ont pas su comprendre que, dans une ville assiégée, tout ce qui soutient la lutte pour sauver la patrie possède un droit égal à recevoir d'elle la subsistance; ils n'ont su rien prévoir: là où pouvait exister l'abondance, ils ont fait la misère; on meurt de froid, déjà presque de faim : les femmes souffrent; les enfants languissent et succombent.

La direction militaire est plus déplorable encore : sorties sans but ; luttes meurtrières sans résultats ; insuccès répétés, qui pouvaient décourager les plus braves ; Paris bombardé. — Le gouvernement a donné sa mesure ; il nous tue. — Le salut de Paris exige une décision rapide. — Le gouvernement ne répond que par la menace aux reproches de l'opinion. Il déclare qu'il maintiendra l'ORDRE, — comme Bonaparte avant Sedan.

Si les hommes de l'Hôtel de ville ont encore quelque patriotisme, leur devoir est de se retirer, de laisser le peuple de Paris prendre lui-même le soin de sa délivrance.

La municipalité ou la Commune, de quelque nom qu'on l'appelle, est l'unique salut du peuple, son seul recours contre la mort.

Toute adjonction ou immixtion au pouvoir actuel ne serait rien qu'un replâtrage perpétuant les mêmes errements, les mêmes désastres. — Or, la perpétuation de ce régime, c'est la capitulation, et Metz et Rouen nous apprennent que la capitulation n'est pas seulement encore et toujours la famine, mais la ruine de tous, la ruine et la honte ! — C'est l'armée et la garde nationale transportées prisonnières en Allemagne, et défilant dans les villes sous les insultes de l'étranger ; le commerce détruit, l'industrie morte, les contributions de guerre écrasant Paris : voilà ce que nous prépare l'impéritie ou la trahison.

Le grand peuple de 89, qui détruit les Bastilles et renverse les trônes, attendra-t-il, dans un désespoir inerte, que le froid et la famine aient glacé dans son cœur, dont l'ennemi compte les battements, sa dernière goutte de sang ? — Non !

La population de Paris ne voudra jamais accepter ces misères et cette honte. Elle sait qu'il en est temps encore, que des mesures décisives permettront aux travailleurs de vivre, à tous de combattre.

Réquisitionnement général. — Rationnement gratuit. — Attaque en masse.

La politique, la stratégie, l'administration du 4 septembre, continuées de l'empire, sont jugées. *Place au peuple ! Place à la Commune !*

Les délégués des vingt arrondissements de Paris,

Adoué, Ansel, Antoine Arnaud, J.-F. Arnaud, Edm. Aubert, Babick, Baillet père, H. Baillet, Bedouch, Ch. Beslay, J.-M. Boitard, Bonnard, Casimir Bouis, Léon Bourdon, Abel Bousquet, V. Boyer, Brandely, Gabriel Brideau, L. Caria, Caullet, Chalvet, Champy, Chapitel, Charbonneau, Chardon, Chartini, Eugène Chatelain, A. Chaudet, J.-B. Chautard, Chauvière, Clamousse, A. Claris, Clavier, Clémence, Lucien Combatz, Julien Conduché, Delage, Delarue, Demay, P. Denis, Dereux, Durins, Dupas, Duval, Duvivier, R. Estieu, Fabre, F. Félix, Jules Ferré, Th. Ferret, Flotte, Fruneau, C.-J. Garnier, L. Garnier, M. Garreau, Gentilini, Ch. Gérardin, Eug. Gérardin, L. Genton, Gillet, P. Girard, Giroud-Trouillier, J. Gobert, Albert Goullé, Grandjean, Grot, Henry, Fortuné Henry, Hourtoul, Alph. Humbert, Jamet, Johannard, Michel Joly, Jousset, Jouvard, Lacord, Lafargue, Laffitte, A. Lallement, Lambert, Lange, J. Larmier, Lavorel, Leballeur, F. Lemaître, E. Lever days, Armand Lévy, Lucipia, Ambroise Lyaz, Pierre Mallet, Malon, Louis Marchand, Marlier, J. Martelet, Constant Martin, Maullion, Léo Melliet, X. Missol, Dr Tony Moilin, Molleveaux, Montelle, J. Montels, Mouton, Myard, Napias-Piquet, Emile Oudet, Parisel, H. Piednoir, Pérève, Pillot (docteur), Pindy, Martial Portalier, Puget, D. Th. Régère, Retterer ainé, Aristide Rey, J. Richard, Roselli-Mollet, Édouard Roullier, Benjamin Sachs, Sainson, Th. Sapia, Sallée, Salvador Daniel, Schneider, Seray, Sicard, Stordeur, Tardif, Treillard, Tessereau, Thaller, Theisz, Thiollier, Tridon, Urbain, Viard, Ed. Vaillant, Jules Vallès, Viellet.

Le Gouvernement ne capitulera pas

Aux citoyens de Paris,

Au moment où l'ennemi redouble ses efforts d'intimidation, on cherche à égarer les citoyens de Paris par la tromperie et la calomnie. On exploite contre la défense nos souffrances et nos sacrifices.

Rien ne fera tomber les armes de nos mains. *Courage, confiance, patriotisme* !

LE GOUVERNEUR DE PARIS NE CAPITULERA PAS.

Paris, le 16 janvier 1871.

Le gouverneur de Paris,
Général TROCHU.

Velléités de Fermeté

8 JANVIER

On lit dans le *Journal officiel* :

Depuis quelques jours, certains clubs avaient multiplié les insultes et les menaces, comme pour prêter leur appui à l'ennemi. Hier, une affiche provoquit les citoyens à la guerre civile. Ces tentatives criminelles ont soulevé l'indignation et le mépris de la population. Elles ne peuvent cependant rester impunies. Les principaux auteurs de ces actes inqualifiables ont été arrêtés et seront traduits devant les conseils de guerre, conformément aux lois.

Les Victimes du Bombardement

Le gouvernement de la défense nationale,
Considérant que les devoirs de la République sont les mêmes à l'égard des victimes du bombardement de Paris qu'à l'égard de ceux qui succombent les armes à la main pour la défense de la patrie,

Décrète :
Tout Français atteint par les bombes prussiennes est assimilé au soldat frappé par l'ennemi.
Les veuves de ceux qui auront péri par l'effet du bombardement de Paris, les orphelins de pères ou de mères qui auront péri de même, sont assimilés aux veuves et aux orphelins des soldats tués à l'ennemi.
Fait à Paris, le 11 janvier 1871.

Une Trame abominable

12 JANVIER

Une trame abominable, dont les fils sont entre les mains de la justice, tend à accréditer dans Paris le bruit que des officiers généraux et autres sont ou vont être arrétés, pour avoir livré à l'ennemi le secret des opérations militaires. Le Gouvernement s'est ému de cette indignité, et il déclare ici que c'est lui qu'on atteint dans la personne des plus dévoués collaborateurs qu'il ait eus pendant le cours de ces quatre mois d'efforts et d'épreuves.

Entre les divers moyens qui ont eu quelquefois pour but et toujours pour effet de compromettre les intérêts sacrés de la défense, celui-là est le plus perfide et le plus dangereux. Il jette le doute dans les esprits, le trouble dans les consciences, et peut décourager les dévouements les plus éprouvés. Je signale ces manœuvres à l'indignation des honnêtes gens; je montre les périls où elles nous mènent à ceux qui vont répétant, sans réflexion, de si absurdes accusations, et j'en flétris les auteurs.

J'interviens personnellement, moins parce que j'ai le devoir de protéger l'honneur de ceux qui, sous mes yeux, se consacrent avec le plus loyal désintéressement au service du pays, que parce que j'aime la vérité et que je hais l'injustice.

Général TROCHU.

Encore une Sortie manquée

14 JANVIER

Sur l'ordre du gouverneur, le général Vinoy a préparé une sortie contre le Moulin-de-Pierre, à laquelle assistaient les généraux Blanchard et Coréard. La tête de colonne, ayant été accueillie par un feu des plus vifs, *la sortie n'a pas été poussée à fond*, et nos troupes sont rentrées dans les lignes.

L'ennemi, de son côté, a prononcé une attaque contre nos positions avancées de Drancy. Une fusillade s'engagea; cessant par intervalles, elle ne se termina définitivement qu'à une heure du matin. Cette attaque n'eut aucune suite et fut énergiquement repoussée.

Le contre-amiral Pothuau a exécuté une reconnaissance, entre la Gare-aux-Bœufs et la Seine, sur des embuscades ennemies.

Un peu plus tard, les Prussiens prirent l'offfensive en assez grand nombre ; ils furent accueillis à coup de fusil et se replièrent rapidement, laissant *un officier prussien* entre nos mains et plusieurs blessés sur le terrain.

Souffrir et mourir, mais vaincre

19 JANVIER

Citoyens,

L'ennemi tue nos femmes et nos enfants ; il nous bombarde jour et nuit ; il couvre d'obus nos hôpitaux. Un cri : Aux armes ! est sorti de toutes les poitrines !

Ceux d'entre nous qui peuvent donner leur vie sur le champ de bataille marcheront à l'ennemi ; ceux qui restent, jaloux de se montrer dignes de l'héroïsme de leurs frères, accepteront au besoin les plus durs sacrifices comme un autre moyen de se dévouer pour la patrie.

Souffrir et mourir, s'il le faut, mais vaincre.

Vive la République !

Les membres du Gouvernement,

JULES FAVRE, JULES FERRY, JULES SIMON, EMMANUEL ARAGO, GARNIER-PAGÈS, E. PELLETAN, ERNEST PICARD.

Les ministres,

Général LE FLO, DORIAN, MAGNIN.

Les secrétaires du Gouvernement,

HÉROLD, LAVERTUJON, DURIER, URÉO.

La Journée du 19

RAPPORT MILITAIRE

Les rapports des commandants de colonne sur la journée d'hier ne sont pas encore tous parvenus au gouverneur ; il croit cependant devoir donner, dès à présent, un aperçu général des opérations qui se sont accomplies le 19 janvier.

L'armée était partagée en trois colonnes principales, composées de troupes de ligne, de garde mobile et de garde nationale mobilisée incorporée dans les brigades.

Celle de gauche, sous les ordres du général Vinoy, devait enlever la redoute de Montretout, les maisons de Béarn, Pozzo di Borgo, Armengaud et Zimmermann.

Celle du centre, général de Bellemare, avait pour objectif la partie est du plateau de la Bergerie.

Celle de droite, commandée par le général Ducrot, devait opérer sur la partie ouest du parc de Buzenval, en même temps qu'elle devait attaquer Longboyau, pour se porter sur le haras Lupin.

Toutes les voies de communication ayant accès dans la presqu'île de Gennevilliers, y compris les chemins de fer, ont été employées pour la concentration de ces forces considérables, et, comme l'attaque devait avoir lieu dès le matin, la droite, qui avait un chemin extrêmement long (12 kilomètres) à parcourir au milieu de la nuit, sur une voie ferrée qui se trouva obstruée, et sur une route qu'occupait une colonne d'artillerie égarée, ne put parvenir à son point de réunion qu'après l'attaque commencée à gauche et au centre.

Dès onze heures du matin, la redoute de Montretout et les maisons indiquées précédemment avaient été conquises sur l'ennemi, qui laissa entre nos mains 60 prisonniers.

Le général de Bellemare était parvenu sur la crête de la Bergerie, après s'être emparé de la maison dite du Curé ; mais en attendant que sa droite fût appuyée, il put employer une partie de sa réserve pour se maintenir sur les positions dont il s'était emparé.

Pendant ce temps, la colonne du général Ducrot entrait en ligne. Sa droite, établie à Rueil, fut canonnée de l'autre côté de la Seine par des batteries formidables contrebattues par l'artillerie qu'elle avait à sa disposition et par le Mont-Valérien.

L'action s'engagea vivement sur la porte de Longboyau, où elle rencontra une résistance acharnée, en arrière de murs et de maisons crénelés qui bordent le parc. Plusieurs fois de suite, le général Ducrot ramena à l'attaque les troupes de ligne et la garde nationale, sans pouvoir gagner du terrain de ce côté.

Vers quatre heures, un retour offensif de l'ennemi entre le centre et la gauche de nos positions, exécuté avec une violence extrême, fit reculer nos troupes, qui, cependant, se reportèrent en avant vers la fin de la journée. La crête fut encore une fois reconquise ; mais la nuit arrivait, et l'impossibilité d'amener de l'artillerie, pour constituer un établissement solide sur des terrains déformés, arrêta nos efforts.

Dans cette situation, il devenait dangereux d'attendre, sur ces positions si chèrement acquises, une attaque de l'ennemi, qui, amenant des forces de toutes parts, ne devait pas manquer de se produire dès le lendemain matin. Les troupes étaient harassées par douze heures de combat et par les marches des nuits précédentes employées à dérober les mouvements de concentration ; on se retira alors en arrière, dans les tranchées, entre les maisons Crochard et le Mont-Valérien.

Nos pertes sont sérieuses ; mais, d'après le récit des prisonniers prussiens, l'ennemi en a subi de considérables. Il ne pouvait en être autrement après une lutte acharnée qui, commencée au point du jour, n'était pas encore terminée à la nuit close.

C'est la première fois que l'on a pu voir, réunis sur un même champ de bataille, en rase campagne, des groupes de citoyens unis à des troupes de ligne marchant contre un ennemi retranché dans des positions aussi difficiles; la garde nationale de Paris partage avec l'armée l'honneur de les avoir abordées avec courage, au prix de sacrifices dont le pays leur sera profondément reconnaissant.

Si la bataille du 19 janvier n'a pas donné les résultats que Paris en pouvait attendre, elle est l'un des événements les plus considérables du siége, l'un de ceux qui témoignent le plus hautement de la virilité des défenseurs de la capitale.

Les Régiments de Marche.

ORDRE DU JOUR

C'est avec fierté que le commandant supérieur de la garde nationale rend hommage, par la voie de l'ordre, au courage dont ont fait preuve les régiments de Paris engagés dans la bataille du 19 janvier. Il a eu la satisfaction de l'entendre louer, sur le terrain même, par les divers chefs de l'armée sous les ordres desquels ces régiments ont combattu.

Engagés dès le point du jour, ils ont soutenu avec ardeur une lutte que l'état de l'atmosphère rendait plus difficile, jusqu'à une heure assez avancée de la nuit, qui seule a mis fin au combat.

N'ayant pas encore reçu des chefs de corps les renseignements nécessaires, le commandant supérieur ne peut faire connaître aujourd'hui les noms des officiers, sous-officiers et gardes qui ont succombé, ou de ceux qui se sont particulièrement distingués. Mais, dès aujourd'hui, il ne craint pas de dire ce mot qui sera répété par la France entière : « Dans la journée du 19 janvier, la garde nationale de Paris, comme l'armée et comme la mobile, a fait dignement son devoir. »

Le général commandant supérieur,

CLÉMENT THOMAS.

En effet, le Gouverneur ne capitulera pas

22 JANVIER

Le Gouvernement de la défense nationale a décidé que le commandement en chef de l'armée de Paris serait désormais séparé de la présidence du Gouvernement.

M. le général de division Vinoy est nommé commandant en chef de l'amée de Paris.

Le titre et les fonctions de gouverneur de Paris sont supprimés.

M. le général Trochu conserve la présidence du Gouvernement.

Une nouvelle tentative d'insurrection

22 JANVIER

A LA GARDE NATIONALE

Cette nuit, une poignée d'agitateurs a forcé la prison de

Mazas et délivré plusieurs prévenus, parmi lesquels M. Flourens.

Ces mêmes hommes ont tenté d'occuper la mairie du arrondissement et d'y installer le foyer de l'insurrection. votre commandant en chef compte sur votre patriotisme pour réprimer cette sédition.

Il y va du salut de la cité.

Tandis que l'ennemi la bombarde, *les factieux s'unissent à lui* pour anéantir la défense.

Au nom du salut commun, au nom des lois, au nom du devoir sacré qui ordonne de nous unir tous pour défendre Paris, soyons prêts à en finir avec cette criminelle entreprise; qu'au premier appel, la garde nationale *se lève tout entière, et les perturbateurs seront frappés d'impuissance.*

Le général commandant supérieur,
CLÉMENT THOMAS.

Approuvé :
Le ministre de l'intérieur par intérim,
JULES FAVRE.

Paris, le 22 janvier 1871.

Attaque de l'Hôtel-de-Ville

Paris, 22 janvier 1871, 4 h. 52 m., soir.

MAIRES DE PARIS AUX COMMANDANTS DES NEUF SECTEURS

Quelques gardes nationaux factieux, appartenant au 101e de marche, ont tenté de prendre l'Hôtel-de-Ville. Ils ont tiré sur les officiers de service et blessé grièvement un adjudant-major de la garde mobile. La troupe a riposté. L'Hôtel-de-Ville a été fusillé des fenêtres des maisons qui lui font face de l'autre côté de la place et qui étaient d'avance occupées. On a lancé sur nous des bombes et tiré des balles explosibles. L'agression a été la plus lâche et la plus odieuse d'abord au début, puisqu'on a t ré plus de cent coups de fusil sur le colonel et ses officiers au moment où ils congédiaient une députation admise un instant avant dans l'Hôtel-de-Ville. Non moins lâche ensuite, quand après la première décharge la place s'étant vidée et le feu ayant cessé de notre part, nous fûmes fusillés des fenêtres en face. Dites bien ces choses aux gardes nationaux, et tenez-moi au courant si tout est rentré dans l'ordre. La garde républicaine et la garde nationale occupent la place et les abords.

JULES FERRY.

MAIRE DE PARIS AUX VINGT MAIRES

Paris, le 22 janvier 1871, 5 heures 40 m., soir.

L'Hôtel-de-Ville a été attaqué par une compagnie du 101e de marche, au moment où une délégation qu'on venait de recevoir amicalement redescendait et venait de franchir la grille. A ce moment, le colonel commandant l'Hôtel-de-Ville et deux de ses officiers qui étaient occupés entre la grille et le bâtiment à parler aux groupes, assez peu nombreux d'ailleurs, ont été assaillis par une vive fusillade. L'adjudant du bataillon de garde mobile est tombé frappé de trois balles. C'est alors seulement que les mobiles ont riposté. La place se vida en un instant, et le feu cessa du côté des défenseurs de l'Hôtel-de-Ville, mais les maisons qui font face des deux côtés du bâtiment de l'Assistance publique étaient occupées d'avance, et une nouvelle et plus vive fusillade partit de leurs fenêtres, dirigée sur le premier étage de l'Hôtel-de-Ville, qui en porte les traces.

Il est à noter que parmi les projectiles, on a trouvé beaucoup de balles explosibles et de petites bombes.

L'arrivée de la garde nationale et de la garde républicaine a mis fin à tout. On a arrêté douze gardes nationaux et un officier embusqués dans les maisons, un capitaine du 101ᵉ de marche, qui avait commandé le feu avec l'ex-commandant Sapia.

Ainsi, par le crime de quelques-uns, cette extrémité douloureuse n'aura pas été épargnée à notre glorieux et malheureux Paris. Une agression aussi lâche que folle a souillé une page si pure. Vous en serez, comme moi, pénétré de la plus profonde douleur.

L'Hôtel-de-Ville et ses abords sont occupés par des forces considérables. Il n'y a rien à craindre pour l'ordre.

JULES FERRY.

Menace et Faiblesse

Citoyens,

Un crime odieux vient d'être commis contre la patrie et contre la République.

Il est l'œuvre d'un petit nombre d'hommes qui servent la cause de l'étranger.

Pendant que l'ennemi nous bombarde, ils ont fait couler le sang de la garde nationale et de l'armée, sur lesquelles ils ont tiré.

Que ce sang retombe sur ceux qui le répandent pour satisfaire leurs criminelles passions.

Le gouvernement a le mandat de maintenir l'ordre, l'une de nos principales forces en face de la Prusse.

C'est la cité tout entière qui réclame la répression sévère de cet attentat audacieux et la ferme exécution des lois.

Le gouvernement ne faillira pas à son devoir.

Paris, le 22 janvier 1871.

Les membres du gouvernement de la défense nationale,

Général TROCHU, JULES FAVRE, JULES SIMON, GARNIER-PAGÈS, EUGÈNE PELLETAN, ERNEST PICARD, JULES FERRY, EMMANUEL ARAGO.

Le Parti du Désordre

ORDRE DU JOUR DU GÉNÉRAL VINOY A L'ARMÉE DE PARIS

23 janvier

Le gouvernement de la défense nationale vient de me placer à votre téte ; il fait appel à mon patriotisme et à mon dévouement ; je n'ai pas le droit de me soustraire. C'est une charge bien lourde, je n'en veux accepter que le péril, et il ne faut pas se faire d'illusions.

Après un siége de plus de quatre mois, glorieusement soutenu par l'armée et par la garde nationale, virilement supporté par la population de Paris, nous voici arrivés au *moment critique*.

Refuser le dangereux honneur du commandement dans une semblable circonstance, serait ne pas répondre à la confiance qu'on a mise en moi. Je suis soldat et ne *sais pas reculer* devant les dangers que peut entraîner cette grande responsabilité.

A l'intérieur, *le parti du désordre s'agite* et cependant le canon gronde. Je veux être soldat jusqu'au bout, j'accepte ce danger, bien convaincu que le concours des bons citoyens, celui de l'armée et de la garde nationale ne me feront pas défaut pour le maintien de l'ordre et le salut commun.

Général vinoy.

Suppression des Clubs

Le gouvernement de la défense nationale,

Considérant que, à la suite d'excitations criminelles lont certains clubs ont été le foyer, la guerre civile a été engagée par quelques agitateurs, désavoués par la population tout entière ;

Qu'il importe d'en finir avec ces détestables manœuvres qui, dans les circonstances actuelles, sont un danger pour la patrie et qui, si elles se renouvelaient, entacheraient l'honneur, irréprochable jusqu'ici, de la défense de Paris ;

DÉCRÈTE :

Art. 1er. Les clubs sont supprimés jusqu'à la fin du siége. Les locaux où ils tiennent leur séance seront immédiatement fermés.

Les contrevenants seront punis conformément aux lois.

Art. 2. Le préfet de police est chargé de l'exécution du présent décret.

Paris, 22 janvier 1871.

Général TROCHU, JULES FAVRE, JULES SIMON, GARNIER-PAGÈS, E. PELLETAN, E. PICARD, JULES FERRY, EMMANUEL ARAGO.

Conseils de Guerre

Le gouvernement de la défense nationale,

Considérant que la nécessité de maintenir la paix publique, en face de l'ennemi, exige une action rapide de la justice militaire :

DÉCRÈTE :

Art. 1er. Le nombre des conseils de guerre de la 1re division militaire est porté de deux à quatre.

Art. 2. Les nouveaux conseils de guerre seront immédiatement constitués par le ministre de la guerre.

Le ministre de la guerre est autorisé à choisir les officiers instructeurs et les commissaires de la République parmi les commissaires de la République près les conseils de guerre de la garde nationale.

Art. 3. Les conseils de guerre pourront statuer, sur instruction faite à l'audience et sans aucun délai, sur les attentats contre la paix publique et les tentatives armées contre les lois.

Art. 4. Le présent décret sera exécutoire à partir de sa promulgation.

Fait à Paris, le 22 janvier 1871.

Général TROCHU, JULES FAVRE, JULES SIMON, GARNIER-PAGÈS, EUGÈNE PELLETAN, ERNEST PICARD, JULES FERRY, EMMANUEL ARAGO.

Suppression de Journaux

Le Gouvernement de la défense nationale,

Considérant que les journaux *le Réveil* et *le Combat* contiennent chaque jour des excitations à la guerre civile ;

Que leur publication devient, en présence des crimes qui viennent d'être commis contre la sûreté de l'Etat, un danger public auquel la cité et la défense ne peuvent plus longtemps être exposées ;

Que la situation actuelle de Paris fait au gouvernement un devoir de recourir aux mesures que l'état de siége comporte :

DÉCRÈTE :

Art. 1er. Le journal *le Réveil* et le journal *le Combat* sont supprimés.

Art. 2. Le préfet de police est chargé de l'exécution du présent décret.

Fait à Paris, le 22 janvier 1871.

Général TROCHU, JULES FAVRE, JULES SIMON, GARNIER-PAGÈS, EUGÈNE PELLETAN, ERNEST PICARD, JULES FERRY, EMM. ARAGO.

Préparez-vous à capituler

25 janvier

On lit dans le *Journal officiel* :

Les nouvelles militaires que nous allons mettre sous les yeux du public sont d'une gravité extrême; mais, en les lisant, on ne devra pas perdre de vue qu'elles sont empruntées au journal officiel prussien de Versailles, c'est-à-dire qu'elles nous viennent de l'ennemi.

Versailles, 16 janvier.— *Partie officielle.* — *Communication officielle.* — On a reçu des colonnes qui poursuivent l'armée battue du général Chanzy les nouvelles suivantes du 14 : Le général de Schmidt a rencontré à Barry, près de Chassillé, à deux milles et demi à l'ouest du Mans, une division ennemie. Energiquement attaquée, cette division s'est retirée sur Laval, en complète déroute ; elle a laissé plus de 400 prisonniers entre nos mains. Nous avons perdu tant en morts qu'en blessés, 1 officier et 19 hommes. Le camp de Conlie a été occupé par nous presque sans résistance. Nous y avons trouvé de grandes quantités d'armes, de munitions et de provisions de bouche. Beaumont a été pris après un léger combat des rues. Nous avons conquis 40 voitures de munitions et fait environ 1,000 prisonniers. — On mande aussi que, le 14, un détachement sous les ordres du général de Rantzau a été attaqué à Briare par des divisions ennemies considérables. Le détachement s'est néanmoins dégagé avec des pertes insignifiantes.

Versailles, 17 janvier. — *Partie officielle.* — *Communication officielle.* — Le 15, le général de Werder a été attaqué par plusieurs corps au sud de Belfort. Dans un combat qui a duré neuf heures, il a repoussé victorieusement toutes les attaques de l'ennemi. Nos pertes sont de 300 hommes. Devant Paris, l'ennemi est entré en lice avec de nouvelles batteries construites au front sud. Nous avons répondu avec succès au feu de ces batteries en perdant 2 officiers et 7 hommes.

Le 15, le major de Koppen, du 77e régiment, a livré un combat d'une heure et demie contre 1,000 gardes mobiles, près de Marac, au nord-ouest de Langres. Ces gardes mobiles ont été rejetés, en pleine déroute, sur Langres, en perdant un drapeau. D'après les rapports de la seconde armée arrivés jusqu'à ce jour, nos pertes totales en morts et blessés, dans les combats victorieux livrés du 6 jusqu'au 12, se montent à 177 officiers et 3,203 hommes.

Quant à l'ennemi, il a perdu jusqu'à présent 22,000 prisonniers non blessés, 2 drapeaux, 19 pièces d'artillerie, plus de 1,000 voitures chargées et quantité d'armes, de munitions et de matériel de guerre.

Devant Paris, le feu de nos batteries continue avec succès et avec des pertes minimes de notre côté.

Versailles, 18 janvier. — *Partie officielle.* — *Communication officielle.* — Le général de Werder s'est maintenu le 16 dans sa position au sud de Belfort, malgré de nouvelles attaques de l'ennemi. Le général de Schmidt, poursuivant l'ennemi qui se retire sur Laval, s'est avancé jusqu'au delà de Vaiges et a fait de nouveau plus de deux mille prisonniers. Alençon a été occupé après une escarmouche dans la nuit du 16 au 17.

Le 17, nouvel essai du général Bourbaki contre le général de Werder. Celui-ci s'est victorieusement maintenu dans sa position retranchée et fortifiée par de la grosse artillerie et a repoussé toutes les attaques. Nos pertes pendant les trois jours de combat sont évaluées à 1,200 hommes. Devant Paris, continuation du bombardement, dont l'effet est satisfaisant. Nous avons 2 officiers et 1 homme mort, 1 officier et 6 hommes blessés.

Versailles, 19 janvier. — *Partie offleielle.* — *Communication officielle.* — L'armée du général Bourbaki, après avoir, grâce aux combats victorieux livrés pendant trois jours par le général de Werder, vainement essayé de délivrer Belfort, est en pleine retraite.

Versailles, 21 janvier. — *Partie officielle.* — *Communication officielle.* — Le général de Gœben mande : Dans la soirée du 19 déjà, la gare de Saint-Quentin fut prise d'assaut par nos troupes, et la ville occupée ensuite. Nous y avons trouvé 2,000 blessés ennemis. Jusqu'à la matinée du 20, le nombre des prisonniers non blessés, tombés entre nos mains, a atteint 7,000, et la prise de 6 canons a été constatée.

Nos pertes devant Paris, dans la journée du 19, sont évaluées à 400 hommes. La perte de l'ennemi était tellement considérable, qu'il a demandé une suspension d'armes de quarante-huit heures pour recueillir ses morts. Nous avons fait à l'ennemi 500 prisonniers.

Versailles, 23 janvier. — *Partie officielle.* — *Communication officielle.* — Le bombardement de Paris a été continué pendant les derniers jours. Le 21, l'artillerie de siége a ouvert le feu sur Saint-Denis. Le nombre des prisonniers non blessés tombé entre nos mains à la suite de la victoire de Saint-Quentin est monté à 9,000. Une tentative de coup de main venant de Langres, et dirigée, dans la nuit du 21, contre des compagnies de la landwehr, postées dans les environs de Chaumont, a complétement échoué. Dans la même nuit, devant Belfort, les bois de Taillis et de Bailly, fortement occupés et fortifiés par l'ennemi, et le village de Pérouse, ont été pris ; 5 officiers, ainsi que 80 hommes non blessés faits prisonniers. Devant Paris, le bombardement de Saint-Denis a produit de bons résultats.

8.

Le 22, le feu ennemi s'est tu presque complétement. On a remarqué plusieurs incendies à Saint-Denis et à Paris. Une colonne mobile, sous les ordres du lieutenant-colonel Dobschütz, a mis en déroute des gardes mobiles dans les environs de Bourmont, sur la Meuse supérieure. L'ennemi a perdu 180 hommes. De notre côté, 4 blessés.

Le fameux Plan

27 JANVIER

Le *Journal officiel* publie la note suivante :

Tant que le gouvernement a pu compter sur *l'arrivée d'une armée* de secours, il était de son devoir de ne rien négliger pour *prolonger la défense* de Paris.

En ce moment, quoique nos armées soient encore debout, les chances de la guerre les ont refoulées, l'une sous les murs de Lille, l'autre au-delà de Laval ; la troisième opère sur les frontières de l'Est. Nous avons dès lors *perdu tout espoir qu'elles puissent se rapprocher de nous, et l'état de nos subsistances ne nous permet plus d'attendre.*

Dans cette situation, le gouvernement avait le *devoir absolu de négocier*. Les négociations ont lieu en ce moment. Tout le monde comprendra que nous ne pouvons en indiquer les détails sans de graves inconvénients. Nous espérons pouvoir les publier demain. Nous pouvons cependant dire dès aujourd'hui que le principe de la souveraineté nationale sera sauvegardé par la réunion immédiate d'une Assemblée ; que, pendant cet armistice, l'armée allemande occupera les forts, mais n'entrera pas dans l'enceinte de Paris ; que nous conserverons notre garde nationale intacte et une division de l'armée ; et qu'aucun de nos soldats ne sera emmené hors du territoire.

L'Armistice

La convention qui met fin à la résistance de Paris n'est pas encore signée, mais ce n'est qu'un retard de quelques heures.

Les bases en demeurent fixées telles que nous les avons annoncées hier ;

L'ennemi n'entrera pas dans l'enceinte de Paris ;

La garde nationale conservera son organisation et ses armes ;

Une division de douze mille hommes demeure intacte; quant aux autres troupes, elles resteront dans Paris, au milieu de nous, au lieu d'être, comme on l'avait d'abord proposé, cantonnées dans la banlieue. Les officiers garderont leur épée.

Nous publierons les articles de la convention aussitôt que les signatures auront été échangées, et nous ferons en même temps connaître l'état exact de nos subsistances.

Paris veut être sûr que la résistance a duré jusqu'aux dernières limites du possible. Les chiffres que nous donnerons en seront la preuve irréfragable, et nous mettrons qui que ce soit au défi de les contester.

Nous montrerons qu'il nous reste tout juste assez de pain pour attendre le ravitaillement, et que nous ne pouvions prolonger la lutte sans condamner à une mort certaine deux millions d'hommes, de femmes et d'enfants.

Le siége de Paris a duré *quatre mois* et *douze jours*; le bombardement *un mois* entier. Depuis le 15 janvier, la *ration de pain est réduite à* 300 *grammes; la ration de viande de cheval, depuis le* 15 *décembre, n'est que de* 30 *gram-*

mes. *La mortalité a plus que triplé.* Au milieu de tant de désastres, il n'y a pas eu *un seul jour de découragement.*

L'ennemi est le premier à rendre hommage à l'énergie morale et au courage dont la population parisienne tout entière vient de donner l'exemple. Paris a beaucoup souffert; mais la République profitera de ses longues souffrances, si noblement supportées. Nous sortons de la lutte qui finit, retrempés pour la lutte à venir. Nous en sortons avec tout notre honneur, avec toutes nos espérances, malgré les douleurs de l'heure présente; plus que jamais nous avons foi dans les destinées de la patrie.

Paris, 28 janvier 1871.

Les membres du gouvernement,

Général TROCHU, JULES FAVRE, EMMANUEL ARAGO, JULES FERRY, GARNIER-PAGÈS, EUGÈNE PELLETAN, ERNEST PICARD, JULES SIMON ; — LE FLO, ministre de la guerre ; DORIAN, ministre des travaux publics ; MAGNIN, ministre de l'agriculture et du commerce.

L'Éternel Honneur de Paris

La nuit dernière, des officiers de la garde nationale ont tenté de réunir leur troupe et de prendre des dispositions militaires en dehors de tout commandement.

Le général, tout en ressentant aussi vivement la douleur patriotique qui les a égarés, ne saurait partager leurs illusions, et il a la douleur de prévenir la garde nationale qu'en cédant à de tels entraînements, elle compromettrait un armistice honorable et l'avenir de Paris et de la France entière.

Quelque douloureux qu'il puisse être pour un chef de calmer les ardeurs de la troupe placée sous son commandement, et de blâmer comme une faute les actes qu'elles inspirent, le commandant supérieur n'hésite pas à le faire dans cette circonstance.

Il rappelle à la garde nationale que de son attitude, du calme et de la dignité avec lesquels sera supportée la douleur qui nous atteint, dépendent aujourd'hui l'ordre dans Paris dont elle va être la garnison, et le ravitaillement de cette grande ville, dont l'*éternel honneur sera d'avoir prolongé la lutte au milieu des plus cruelles privations et jusqu'au complet épuisement de ses ressources.*

Paris, 28 janvier 1871.

Le général commandant supérieur des gardes nationales de la Seine,

CLÉMENT THOMAS.

Après le cœur léger, le cœur brisé

C'est le *cœur brisé* de douleur que nous déposons les armes. Ni les souffrances, ni la mort dans le combat n'auraient pu contraindre Paris à ce cruel sacrifice. Il *ne cède qu'à la faim..* Il s'arrête quand il n'a plus de pain. Dans cette cruelle situation, le gouvernement a fait tous ses efforts pour adoucir l'amertume d'un sacrifice imposé par la nécessité. Depuis lundi soir, il négocie ; ce soir a été signé un traité qui garantit à la garde nationale tout entière son organisation et ses armes ; l'armée, déclarée prisonnière de guerre, ne quittera point Paris. Les officiers garderont leur épée. Une assemblée nationale est convoquée. La France est malheureuse, mais *elle n'est pas abattue. Elle a fait son devoir ; elle reste maîtresse d'elle-même.*

Voici le texte de la Convention signée ce soir à huit heures, et rapportée par le ministre des affaires étrangères. Le Gouvernement s'est immédiatement occupé de régler toutes les conditions du ravitaillement, et d'expédier les agents, qui partiront dès demain matin.

CONVENTION

Entre M. le comte de Bismark, chancelier de la Confédération germanique, stipulant au nom de S. M. l'empereur d'Allemagne, roi de Prusse, et M. Jules Favre, ministre des affaires étrangères du Gouvernement de la défense nationale, munis de pouvoirs réguliers,

Ont été arrêtées les conventions suivantes :

ARTICLE PREMIER

Un armistice général, sur toute la ligne des opérations militaires en cours d'exécution entre les armées allemandes et les armées françaises, commencera pour Paris aujourd'hui même, pour les départements dans un délai de trois jours; la durée de l'armistice sera de vingt et un jours, à dater d'aujourd'hui, de manière que, sauf le cas où il serait renouvelé, l'armistice se terminera partout le 19 février, à midi.

Les armées belligérantes conserveront leurs positions respectives, qui seront séparées par une ligne de démarcation. Cette ligne partira de Pont-l'Evêque, sur les côtes du département du Calvados, se dirigera sur Lignières, dans le nord-est du département de la Mayenne, en passant entre Briouze et Fromentet; en touchant au département de la Mayenne à Lignières, elle suivra la limite qui sépare ce département de celui de l'Orne et de la Sarthe, jusqu'au nord de Morannes, et sera constituée de manière à laisser à l'occupation allemande les départements de la Sarthe, Indre-et-Loire, Loire-et-Cher, du Loiret, de l'Yonne, jusqu'au point où, à l'est de Quarre-les-Tombes, se touchent les départements de la Côte-d'Or, de la Nièvre et de l'Yonne.

A partir de ce point, le tracé de la ligne sera réservé à une entente qui aura lieu aussitôt que les parties contractantes seront renseignées sur la situation actuelle des opérations militaires en exécution dans les départements de la Côte-d'Or, du Doubs et du Jura.

Dans tous les cas, elle traversera le territoire composé de ces trois départements, en laissant à l'occupation allemande les départements situés au nord, à l'armée française ceux situés au midi de ce territoire.

Les départements du Nord et du Pas-de-Calais, les forteresses de Givet et de Langres, avec le terrain qui les entoure à une distance de dix kilomètres, et la péninsule du Havre, jusqu'à une ligne à tirer d'Etretat, dans la direction de Saint-Romein, resteront en dehors de l'occupation allemande.

Les deux armées belligérantes et leurs avant-postes, de part et d'autre, se tiendront à une distance de dix kilomètres au moins des lignes tracées pour séparer leurs positions.

Chacune des deux armées se réserve le droit de maintenir son autorité dans le territoire qu'elle occupe, et d'employer les moyens que ses commandants jugeront nécessaires pour arriver à ce but.

L'armistice s'applique également aux forces navales des deux pays, en adoptant le méridien de Dunkerque comme ligne de démarcation, à l'ouest de laquelle se tiendra la flotte française, et à l'est de laquelle se retireront, aussitôt qu'ils pourront être avertis, les bâtiments de guerre allemands qui se trouvent dans les eaux occidentales. Les captures qui seraient faites après la conclusion et avant la notification de l'armistice, seront restituées, de même que les prisonniers qui pourraient être faits de part et d'autre, dans des engagements qui auraient eu lieu dans l'intervalle indiqué.

Les opérations militaires sur le terrain des départements du Doubs, du Jura et de la Côte-d'Or, ainsi que le siège de Belfort, se continueront indépendamment de l'armistice, jusqu'au moment où on se sera mis d'accord sur la ligne de démarcation dont le tracé à travers les trois départements mentionnés a été réservé à une entente ultérieure.

ARTICLE 2.

L'armistice ainsi convenu a pour but de permettre au Gouvernement de la défense nationale de convoquer une Assemblée librement élue, qui se prononcera sur la question de savoir si la guerre doit être continuée, ou à quelles conditions la paix doit être faite.

L'Assemblée se réunira dans la ville de Bordeaux.

Toutes les facilités seront données par les commandants des armées allemandes pour l'élection des députés qui la composeront.

ARTICLE 3.

Il sera fait immédiatement remise à l'armée allemande, par l'autorité militaire française, de tous les forts formant le périmètre de la défense extérieure de Paris, ainsi que de leur matériel de guerre. Les communes et les maisons situées en dehors de ce périmètre ou entre les forts, pourront être occupés par les troupes allemandes, jusqu'à une ligne à tracer par des commissaires militaires. Le terrain restant entre cette ligne et l'enceinte fortifiée de la ville de Paris, sera interdit aux forces armées des deux parties. La manière de rendre les forts, et le tracé de la ligne mentionnée formeront l'objet d'un protocole à annexer à la présente convention.

ARTICLE 4.

Pendant la durée de l'armistice, l'armée allemande n'entrera pas dans la ville de Paris.

ARTICLE 5.

L'enceinte sera désarmée de ses canons, dont les affûts seront transportés dans les forts à désigner par un commissaire de l'armée allemande (1).

ARTICLE 6.

Les garnisons (armée de ligne, garde mobile et marins) des forts et de Paris seront prisonnières de guerre, sauf une division de douze mille hommes, que l'autorité militaire dans Paris conservera pour le service intérieur.

Les troupes prisonnières de guerre déposeront leurs armes, qui seront réunies dans des lieux désignés et livrées suivant règlement par commissaires, suivant l'usage; ces troupes resteront dans l'intérieur de la ville, dont elles ne pourront pas franchir l'enceinte pendant l'armistice.

Les autorités françaises s'engagent à veiller à ce que tout individu appartenant à l'armée et à la garde mobile reste consigné dans l'intérieur de la ville.

Les officiers des troupes prisonnières seront désignés par une liste à remettre aux autorités allemandes.

---

(1) Dans le protocole, cette condition du transport des affûts dans les forts a été abandonnée par les commissaires allemands, sur la demande des commissaires français.

A l'expiration de l'armistice, tous les militaires appartenant à l'armée consignée dans Paris auront à se constituer prisonniers de guerre de l'armée allemande, si la paix n'est pas conclue jusque-là.

Les officiers prisonniers conserveront leurs armes.

ARTICLE 7.

La garde nationale conservera ses armes ; elle sera chargée de la garde de Paris et du maintien de l'ordre. Il en sera de même de la gendarmerie et des troupes assimilées, employées dans le service municipal, telles que garde républicaine, douaniers et pompiers ; la totalité de cette catégorie n'excèdera pas trois mille cinq cents hommes.

Tous les corps de francs-tireurs seront dissous par une ordonnance du gouvernement français.

ARTICLE 8.

Aussitôt après la signature des présentes et avant la prise de possession des forts, le commandant en chef des armées allemandes donnera toutes facilités aux commissaires que le gouvernement français enverra, tant dans les départements qu'à l'étranger, pour préparer le ravitaillement et faire approcher de la ville les marchandises qui y sont destinées.

ARTICLE 9.

Après la remise des forts et après le désarmement de l'enceinte et de la garnison stipulés dans les articles 5 et 6, le ravitaillement de Paris s'opèrera librement par la circulation sur les voies ferrées et fluviales. Les provisions destinées à ce ravitaillement ne pourront être puisées dans le terrain occupé par les troupes allemandes, et le Gouvernement français s'engage à en faire l'acquisition en dehors de la ligne de démarcation qui entoure les positions des armées allemandes, à moins d'autorisation contraire donnée par les commandants de ces dernières.

ARTICLE 10.

Toute personne qui voudra quitter la ville de Paris devra être munie de permis réguliers délivrés par l'autorité militaire française, et soumis au visa des avant-postes allemands. Ces permis et ces visas seront accordés de droit aux candidats à la députation en province et aux députés à l'Assemblée.

La circulation des personnes qui auront obtenu l'autorisation indiquée, ne sera admise qu'entre six heures du matin et six heures du soir.

ARTICLE 11,

La ville de Paris payera une contribution municipale de guerre de la somme de deux cents millions de francs. Ce payement devra être effectué avant le quinzième jour de l'armistice. Le mode de payement sera déterminé par une commission mixte allemande et française.

ARTICLE 12.

Pendant la durée de l'armistice, il ne sera rien distrait des valeurs publiques pouvant servir de gages au recouvrement des contributions de guerre.

ARTICLE 13.

L'importation dans Paris d'armes, de munitions ou de matières servant à leur fabrication, sera interdite pendant la durée de l'armistice.

ARTICLE 14.

Il sera procédé immédiatement à l'échange de tous les prisonniers de guerre qui ont été faits par l'armée française depuis le commencement de la guerre. Dans ce but, les autorités françaises remettront, dans le plus bref délai, des listes nominatives des prisonniers de guerre allemands aux autorités militaires allemandes à Amiens, au Mans, à Orléans et à Vesoul. La mise en liberté des prisonniers de guerre allemands s'effectuera sur les points les plus rapprochés de la frontière. Les autorités allemandes remettront en échange, sur les mêmes points, et dans le plus bref délai possible, un nombre pareil de prisonniers français, de grades correspondants, aux autorités militaires françaises.

L'échange s'étendra aux prisonniers de condition bourgeoise, tels que les capitaines de navires de la marine marchande allemande, et les prisonniers français civils qui ont été internés en Allemagne.

ARTICLE 15

Un service postal pour des lettres non cachetées sera organisé, entre Paris et les départements, par l'intermédiaire du quartier général de Versailles.

En foi de quoi les soussignés ont revêtu de leurs signatures et de leur sceau les présentes Conventions.

Fait à Versailles, le vingt-huit janvier mil huit cent soixante-et-onze.

Signé : JULES FAVRE,   BISMARK.

Il n'a pas capitulé

31 JANVIER.

Le *Journal officiel* publie les notes suivantes :

« Un journal reproche avec amertume au gouvernement *d'avoir sacrifié les intérêts de l'armée de ligne, de la garde mobile et des marins,* en laissant M. Jules Favre, ministre des affaires étrangères, décider seul de leur sort, dans la convention qu'il a signée, le 28 janvier, avec le comte de Bismark. C'est là une appréciation absolument inexacte. M. Jules Favre, muni des instructions du gouvernement, a été accompagné à Versailles et assisté pendant le cours de la négociation, conformément à la règle, par M. le général de Valdan, chef d'état-major général du commandant en chef de l'armée de Paris. Cet officier général a discuté point par point, dans un excellent esprit, les conditions de la convention militaire, et il a donné son entier assentiment à leur acceptation par M. Jules Favre, qui avait reçu de pleins pouvoirs pour conclure et pour signer.

« Il n'est pas plus exact ni plus juste de reprocher au général Trochu de s'être abstenu d'appeler le conseil de défense à délibérer sur la situation extrême où Paris se trouvait réduit. A la date où ces délibérations ont eu lieu, le général Trochu *avait cessé d'exercer le commandement et d'être gouverneur de Paris.* Ces délibérations ne pouvaient d'ailleurs avoir d'autre objet que de constater, *en face de l'épuisement des approvisionnements de la ville, l'immédiate et absolue nécessité de négocier.* Le général Vinoy, commandant en chef, y assistait, et c'est toujours d'accord avec lui que les résolutions du gouvernement ont été prises. Le gouvernement aurait averti plus tôt la population s'il avait reçu à temps l'avis de la douloureuse situation de nos trois armées de province, et notamment de l'impossibilité où était le général Bourbaki de continuer l'effort *sur lequel reposait l'espoir de Paris.* »

Manie épistolaire

M. DUFAURE, MEMBRE DU COMITÉ LIBÉRAL RÉPUBLICAIN

Paris, le 1ᵉʳ février 1871.

Monsieur,

Plusieurs membres du comité libéral républicain, que vous présidez, ont bien voulu m'offrir l'inscription de mon nom sur la liste des candidatures dont ils se proposent de recommander l'adoption aux électeurs de Paris.

Je ne puis accepter cet honneur.

Je n'ai consenti à garder la présidence du Gouvernement que parce que j'avais le devoir de porter jusqu'à la fin, avec mes collègues, le *poids des responsabilités* qui nous étaient communes.

Je vais en être prochainement déchargé ; et mon rôle, comme je l'annonçais dans ma proclamation d'entrée *en fonctions, le 18 août 1870, doit finir avec les événements qui l'ont fait naître.*

Je vous prie d'agréer, monsieur, l'assurance de ma haute considération.

Général TROCHU.

Lui aussi, il rédige un speach

Soldats, marins et gardes mobiles,

Tant qu'une bouchée de pain a été assurée à Paris, vous avez défendu cette grande cité, qui a été, pendant cinq mois, le boulevard de France ; vous l'avez défendue au prix de VOTRE SANG, QUI A COULÉ A PLEINS BORDS.

Aujourd'hui que des malheurs inouïs, que votre courage et vos sacrifices n'ont pu conjurer, vous ramènent dans son enceinte, de nouveaux devoirs, non moins sacrés que ceux que vous avez accomplis déjà, vous sont imposés. A tout prix, vous devez donner à tous l'exemple de la discipline, de la bonne tenue, de l'obéissance. Vous le devez par respect de vous mêmes, par respect pour notre patrie en deuil, dans l'intérêt de la sécurité publique.

Vous ne faillirez pas, j'espère, à cette obligation sacrée ; y manquer serait plus qu'une faute, ce serait un crime.

Officiers, sous-officiers et soldats, restez unis dans un sentiment commun de patriotisme passionné ; soutenez-vous, fortifiez-vous les uns les autres, afin qu'après avoir versé tant de sang pour l'honneur de Paris et les plus grands intérêts de la patrie, vous méritiez qu'on dise de vous : Ils ne sont pas seulement de braves soldats, ils sont aussi de bons citoyens.

Paris, 30 janvier 1871.

Le ministre de la guerre,

Général LE FLÔ.

Dissolution des Régiments de Paris

Un décret du gouvernement de la défense nationale, mettant fin au service régimentaire en vue duquel les compagnies de guerre de la garde nationale avaient été réunies, ces compagnies rentrent dans leurs bataillons respectifs. Elles y conserveront leur constitution, leurs cadres, leurs numéros actuels, et elles concourront indistinctement avec les compagnies sédentaires, aux services divers commandés à leurs bataillons.

Ce n'est pas sans douleur que le commandant supérieur voit la nouvelle transformation de ces phalanges civiques qui s'étaient improvisées sous le canon de l'ennemi. Une force supérieure à toutes les puissances humaines, la famine, a seule pu les arrêter dans la voie glorieuse du sacrifice. L'histoire, dégagée des excitations de la lutte, rendra pleine justice à leurs efforts.

Que les liens fraternels qui, sans distinction de position ou de fortune les ont si étroitement unies sur les champs de bataille, s'affermissent dans *les épreuves qui pourraient leur être encore réservées ; de cette union sortira le salut du pays.*

Le général commandant supérieur des gardes nationales de la Seine,

CLÉMENT THOMAS.

Le Gouvernement de la Capitulation

Français,

Paris a déposé les armes à la veille de mourir de faim. On lui avait dit : *Tenez quelques semaines, et nous vous délivrerons*. Il a résisté cinq mois, et, malgré d'héroïques efforts, les départements n'ont pu le secourir.

Il s'est résigné aux privations les plus cruelles. Il a accepté la ruine, la maladie, l'épuisement. Pendant un mois, les bombes l'ont accablé, tuant les femmes, les enfants. Depuis plus de six semaines, les quelques grammes de mauvais pain qu'on distribue à chaque habitant *suffisent à peine à l'empêcher de mourir*.

Et quand, ainsi vaincue par la plus inexorable nécessité, la grande cité s'arrête pour ne pas condamner deux millions de citoyens à la plus horrible catastrophe; quand, profitant de son reste de force, elle traite avec l'ennemi au lieu de subir une reddition à merci, au dehors, on accuse le gouvernement de la Défense nationale de coupable légèreté, on le dénonce, on le rejette.

Que la France nous juge, nous et ceux qui nous comblaient hier de témoignages d'amitié et de respect, et qui aujourd'hui nous insultent.

Nous ne relèverions pas leurs attaques si le devoir ne nous commandait de tenir jusqu'à la dernière heure, d'une main ferme, le gouvernail que le peuple de Paris nous a confié au milieu de la tempête. Ce devoir, nous l'accomplirons.

Lorsqu'à la fin de janvier, nous nous sommes résignés à essayer de traiter, *il était bien tard. Nous n'avions plus de farine que pour dix jours*, et nous savions que la dévastation du pays rendait le ravitaillement tout à fait incertain. Ceux qui se lèvent aujourd'hui contre nous ne connaîtront jamais les angoisses qui nous agitaient.

Il fallait cependant les cacher, aborder l'ennemi avec résolution, *paraître* encore prêts à combattre et munis de vivres.

Ce que nous voulions, le voici :

Avant tout, n'usurper aucun droit. A la France seule appartient celui de disposer d'elle-même. Nous avons voulu le lui réserver. Il a fallu de longues luttes pour obtenir la reconnaissance de sa souveraineté. Elle est le point le plus important de notre traité.

Nous avons conservé à la garde nationale sa liberté et ses armes.

Si, malgré nos efforts, nous n'avons pu soustraire l'armée et la garde mobile aux lois rigoureuses de la guerre, au moins les avons-nous sauvées de la captivité en Allemagne et de l'internement dans un camp retranché, sous les fusils prussiens.

On nous reproche de n'avoir pas consulté la délégation de Bordeaux! On oublie que nous étions enfermés dans un cercle de fer que nous ne pouvions briser.

On oublie, d'ailleurs, que chaque jour rendait plus probable la terrible catastrophe de la famine, et, cependant, nous avons disputé le terrain pied à pied pendant six jours, alors que la population de Paris ignorait et devait ignorer sa situation véritable, et qu'entraînée par une généreuse ardeur, elle demandait à combattre.

Nous avons donc cédé à une nécessité fatale.

Nous avons, pour la convocation de l'Assemblée, stipulé un armistice, alors que les armées qui pouvaient nous venir en aide étaient refoulées loin de nous.

Une seule tenait encore, nous le croyions du moins. La Prusse a exigé la reddition de Belfort. Nous l'avons refusée, et par là même, pour protéger la place, nous avons pour quelques jours réservé la liberté d'action de son armée de secours. Mais, ce que nous ignorions, il était trop tard. Coupé en deux par les armées allemandes, Bourbaki, malgré son héroïsme, ne pouvait plus résister, et, après l'acte de généreux désespoir auquel il s'abandonnait, sa troupe était forcée de passer la frontière.

La convention du 28 janvier n'a donc compromis aucun intérêt, et Paris seul a été sacrifié.

Il ne murmure pas. Il rend hommage à la vaillance de ceux qui ont combattu loin de lui pour le secourir. Il n'accuse pas même celui qui est aujourd'hui *si injuste et si téméraire, M. le ministre de la guerre, qui a arrêté le général Chanzy, voulant marcher au secours de Paris,* et lui a donné l'ordre de se retirer derrière la Mayenne.

Non! *tout était inutile*, et nous devions succomber. Mais *notre honneur est debout*, et nous ne souffrirons pas qu'on y touche.

Nous avons appelé la France à élire librement une Assemblée qui, dans cette crise suprême, fera connaître sa volonté.

Nous ne reconnaissons à personne le droit de lui en imposer une, ni pour la paix, ni pour la guerre.

Une nation attaquée par un ennemi puissant lutte jusqu'à la dernière extrémité ; mais elle est toujours juge de l'heure à laquelle la résistance cesse d'être possible.

C'est ce que dira le pays, consulté sur son sort.

Pour que son vœu s'impose à tous comme une loi respectée, il faut qu'il soit l'expression souveraine du libre suffrage de tous. Or, nous n'admettons pas qu'on puisse imposer à ce suffrage des restrictions arbitraires.

Nous avons combattu l'empire et ses pratiques ; nous n'entendons pas les recommencer en instituant des candidatures officielles par voie d'élimination.

Que de grandes fautes aient été commises, que de lourdes responsabilités en dérivent, rien n'est plus vrai ; mais le malheur de la patrie efface tout sous son niveau ; et, d'ailleurs, en nous rabaissant au rôle d'hommes de parti pour proscrire nos anciens adversaires, nous aurions la douleur et la honte de frapper ceux qui combattent et versent leur sang à nos côtés.

Se souvenir des discussions passées, quand l'ennemi foule notre sol ensanglanté, c'est rapetisser par ses rancunes la grande œuvre de la délivrance de la patrie. Nous mettons les principes au-dessus de ces expédients.

Nous ne voulons pas que le premier décret de convocation de l'Assemblée républicaine en 1871 soit un acte de défiance contre les électeurs.

A eux appartient la souveraineté ; qu'ils l'exercent sans faiblesse, et la patrie pourra être sauvée.

Le gouvernement de la Défense nationale repousse donc et annule au besoin le décret illégalement rendu par la dé-

légation de Bordeaux, et il appelle tous les Français à voter, sans catégories, pour les représentants qui leur paraîtront les plus dignes de défendre la France.

Vive la République ! Vive la France !

Paris, le 4 février 1871.

Les membres du gouvernement,

Général TROCHU, JULES FAVRE, EMMANUEL ARAGO, JULES FERRY, GARNIER PAGÈS, EUG. PELLETAN, ERNEST PICARD, JULES SIMON.

Les ministres,

DORIAN, général LE FLÔ, J. MAGNIN, F. HÉROLD.

Essai de Justification

Citoyens,

Nous venons dire à la France dans quelle situation et après quels efforts Paris a succombé. *L'investissement a duré depuis le 16 septembre jusqu'au 26 janvier.* Pendant ce temps, sauf quelques dépêches, nous avons vécu isolés du reste du monde. La population virile tout entière a pris les armes, les jours à l'exercice et les nuits aux remparts et aux avants-postes. *Le gaz nous a manqué le premier*, et la ville a été plongée le soir dans l'obscurité ; puis est venu la *disette de bois et de charbon*. Il a fallu, dès le mois d'octobre, *suppléer à la viande de boucherie en mangeant des chevaux ; à partir du 15 décembre, nous n'avons pas eu d'autre ressource.*

Pendant six semaines, les Parisiens n'ont mangé par jour que 30 *grammes de viande de cheval* ; depuis le 18 janvier, le pain, dans lequel le *froment n'entre plus que pour un tiers*, est tarifé à 300 *grammes par jour* ; ce qui fait, en tout pour un homme valide, 330 *grammes de nourriture*. La mortalité, qui était de 1,500, a dépassé 5,000, sous l'influence de la variole persistante et de privations de toutes sortes. Toutes les fortunes ont été atteintes, toutes les familles ont eu leur deuil.

Le *bombardement a duré un mois*, et a foudroyé la ville de Saint-Denis et presque toute la partie de Paris située sur la rive gauche de la Seine.

Au moment où la résistance a cessé, nous savions que nos armées étaient refoulées sur les frontières et hors d'état d'arriver à notre secours. L'armée de Paris, secondée par la garde nationale, qui s'est courageusement battue et a perdu un grand nombre d'hommes, a tenté, le 19 janvier, une entreprise que tout le monde qualifiait d'acte de désespoir. Cette tentative, qui avait pour but de percer les lignes de l'ennemi, a échoué, comme aurait échoué toute tentative de l'ennemi pour percer les nôtres.

Malgré l'ardeur de nos gardes nationaux, qui, ne consultant que leur courage, se déclaraient prêts à retourner au combat, il ne nous restait aucune chance de débloquer Paris, ou de l'abandonner en jetant l'armée au dehors et la transformant en armée de secours.

Tous les généraux déclaraient que cette entreprise ne pouvait être essayée sans folie ; que les ouvrages des Allemands, leur nombre, leur artillerie, rendaient leurs lignes infranchissables ; que nous ne trouverions au-delà, si par impossible nous leur passions sur le corps, qu'un désert de trente lieues ; que nous y péririons de faim, car il ne fallait pas penser à emporter des vivres, puisque déjà nous étions à bout de ressources.

Les divisionnaires furent consultés après les chefs d'armée, et répondirent comme eux. On appela, en présence des ministres et des maires de Paris, les colonels et les chefs de bataillon signalés pour les plus braves. Même réponse. On pouvait se faire tuer, mais on ne pouvait plus vaincre.

A ce moment, quand on avait perdu tout espoir de secours et toute chance de succès, il nous restait *du pain assuré pour 8 jours et de la viande de cheval pour 15 jours*, en abattant tous les chevaux. Avec les chemins de fer détruits, les routes effondrées, la Seine obstruée, ce n'était pas, tant s'en faut, la certitude d'aller jusqu'à l'heure du ravitaillement. Aujourd'hui même nous tremblons de voir cesser le pain et les autres provisions avant l'arrivée des premiers convois.

Nous avons donc tenu *au-delà du possible*, nous avons affronté la chance, qui nous menace encore de soumettre aux horribles éventualités de la famine une population de deux millions d'âmes.

Nous disons hautement que *Paris a fait absolument et sans réserve tout ce qu'une ville assiégée pouvait faire.* Nous rendons à la population, que l'armistice vient de sauver, ce témoignage qu'elle a été jusqu'à la fin d'un courage et d'une constance héroïques. *La France,* qui retrouve Paris après cinq mois, *peut être fière de sa capitale.*

Nous avons *cessé la résistance, rendu les forts, désarmé l'enceinte ; notre garnison est prisonnière de guerre ; nous payons une contribution de deux cents millions.*

Mais l'ennemi n'entre pas dans Paris ; il reconnaît le principe de la souveraineté populaire ; il laisse à notre garde nationale ses armes et son organisation ; il laisse intacte une division de l'armée de Paris.

Nos régiments gardent leurs drapeaux, nos officiers gardent leurs épées. Personne n'est emmené prisonnier hors de l'enceinte. Jamais place assiégée ne s'est rendue dans des conditions aussi honorables, et ces conditions sont obtenues quand le secours est impossible et le pain épuisé.

Enfin, l'armistice qui vient d'être conclu a pour effet immédiat la convocation, par le gouvernement de la République, d'une *Assemblée qui décidera souverainement de la paix ou de la guerre.*

L'empire, sous ses diverses formes, offrait à l'ennemi de commencer des négociations. L'Assemblée arrivera à temps pour mettre à néant ces intrigues et pour sauvegarder le principe de la souveraineté nationale. La France seule décidera des destinées de la France. Il a fallu se hâter ; le retard, dans l'état où nous sommes, était le plus grand péril. En huit jours, la France aura choisi ses mandataires. Qu'elle préfère les plus dévoués, les plus désintéressés, les plus intègres.

Le grand intérêt pour nous, c'est de revivre et de panser les plaies saignantes de la patrie. Nous sommes convaincus que cette terre ensanglantée et ravagée produira des moissons et des hommes, et que la prospérité nous reviendra après tant d'épreuves, pourvu que nous sachions mettre à profit, sans aucun délai, le peu de jours que nous avons pour nous reconstituer et nous consulter.

Le jour même de la réunion de l'Assemblée, *le gouvernement déposera le pouvoir entre ses mains*. Ce jour-là, la France, en se regardant, se retrouvera profondément malheureuse ; mais, si elle se trouve aussi *retrempée par le malheur et en pleine possession de son énergie et de sa souveraineté, elle sentira renaître sa foi dans la grandeur de son avenir*.

Général TROCHU, JULES FAVRE, EMMANUEL ARAGO, GARNIER-PAGÈS, JULES FERRY, JULES SIMON, EUGÈNE PELLETAN, ERNEST PICARD.

Démission de Gambetta

INTÉRIEUR ET GUERRE A PRÉFETS ET SOUS-PRÉFETS

CIRCULAIRE N° 3120

Bordeaux, le 6 février 1871, 3 heures, soir.

Ma conscience me fait un devoir de résigner mes fonctions de membre d'un gouvernement avec lequel je *ne suis plus en communion d'idées ni d'espérance*. J'ai l'honneur de vous informer que j'ai remis ma démission aujourd'hui même. En vous remerciant du concours patriotique et dévoué que j'ai toujours trouvé en vous pour mener à bonne fin l'œuvre que j'avais entreprise, je vous prie de me laisser vous dire que mon opinion, profondément réfléchie, est qu'à raison de la brièveté des délais et des graves intérêts qui sont en jeu, vous rendrez un suprême service à la République en faisant procéder aux élections du 8 février, et vous réservant après ce délai de prendre telles déterminations qui vous conviendront.

Je vous prie d'agréer l'expression de mes sentiments fraternels.

LÉON GAMBETTA.

Les Élections parisiennes que nous a donné le Gouvernement du 4 septembre

8 FÉVRIER

Louis Blanc	216,471
Victor Hugo	214,169
Garibaldi	200,065
Edgar Quinet	199,000
Gambetta	191,211
Henri Rochefort	163,248
Vice-amiral Saisset	154,347
Delescluze	153,897
Joigneaux	153,314
Schœlcher	149,918
Félix Pyat	141,118
Henri Martin	139,155
Amiral Pothuau	138,142
Lockroy	134,635
Gambon	129,573
Dorian	128,197

Ranc.	126,572
Malon	117,253
Brisson	115,710
Thiers.	102,945
Sauvage	102,690
Martin Bernard.	102,188
Marc Dufraisse	101,192
Greppo.	101,001
Langlois.	95,576
Général Frébault	95,235
Clémenceau.	95,048
Vacherot	94,394
Brunet.	93,345
Floquet.	93,438
Cournet	91,648
Tolain	89,160
Littré	87,780
Jules Favre.	81,126
Arnaud (de l'Ariége).	79,710
Ledru-Rollin	76,736
L. Say.	75,939
Tirard	75,178
Razoua.	74,415
Adam	73,217
Millière	73,145
Peyrat.	72,243
Farcy	69,798

Un Devoir particulièrement doux

SÉANCE DE L'ASSEMBLÉE NATIONALE

13 FÉVRIER.

M. JULES FAVRE, *de sa place.* Je remplis un *devoir qui m'est particulièrement doux* en déposant les pouvoirs du

Gouvernement de la défense nationale entre les mains des représentants du pays. (Mouvement.)

Depuis que les membres du Gouvernement de la défense nationale ont été chargés du fardeau qu'ils ont accepté, ils n'ont pas eu *d'autre préoccupation ni d'autre désir* que de pouvoir arriver au jour où il leur serait possible de se trouver en face des mandataires du peuple. (Très-bien!)

Ils y sont dans les circonstances les plus douloureuses et les plus cruelles ; mais, grâce à votre patriotisme, messieurs, grâce à l'union de tous, à laquelle, j'en suis convaincu, nous ne faisons pas un stérile appel... (Bravo! bravo!), et qui, au besoin, nous serait conseillée à la fois par le malheur, par le bon sens, par le souci des intérêts de notre chère patrie... (Nouvelle approbation.) Nous arriverons à bander ses plaies et à reconstituer son avenir. (Vif mouvement d'adhésion et applaudissements.)

C'est à vous, messieurs, qu'appartient cette grande œuvre. Quant à nous, nous ne sommes plus rien, *si ce n'est vos justiciables*, prêts à répondre de tous nos actes, convaincus que nous ne rencontrerons dans leur examen que la loyauté qui inspirera chacune de vos délibérations, comme vous pouvez être certains que jamais une autre pensée ne nous guidera dans les explications que nous aurons à vous présenter. (Marques unanimes d'assentiment.)

En attendant, messieurs, qu'un pouvoir nouveau soit constitué, — qui sera le vrai pouvoir légitime, décidant des destinées de la France, — j'ai l'honneur de déposer sur le bureau de l'Assemblée la déclaration suivante :

« Les membres du gouvernement de la défense nationale, soussignés, tant en leur nom qu'au nom de leurs collègues qui ratifieront les présentes, ont l'honneur de déposer leurs pouvoirs entre les mains du président de l'Assemblée nationale. Ils resteront à leur poste pour le maintien de l'ordre et l'exécution des lois, jusqu'à ce qu'ils en aient été régulièrement relevés. » (Très-bien! rès-bien!)

Le mien, messieurs, était de paraître au milieu de vous aussitôt que cela m'était possible. Dans des circonstances bien pénibles, que j'aurai l'occasion de vous faire connaître plus tard avec détails, j'ai fixé au 8 février l'élection des députés de la France, et au 12 leur réunion. C'était presque une impossibilité; mais je comptais sur le patriotisme de la France, et je savais qu'en sollicitant d'elle ce suprême et presque miraculeux effort, nous serions entendus. (Mouvement. — Très-bien!)

La meilleure preuve que je ne me suis pas trompé, c'est que vous êtes ici.

Je tenais, permettez-moi de le dire, pour le Gouvernement que j'ai l'honneur de représenter, pour vous, pour l'ennemi, comme pour l'Europe, que nous fussions exacts à cette échéance.

C'est pour cela que je suis venu de Paris à Bordeaux. Je vous demande la permission de retourner quelques jours à mon poste, où j'ai des devoirs difficiles et délicats à remplir. Je ne puis pas m'expliquer autrement en face de toutes les difficultés qui nous entourent; mais vous comprenez fort bien qu'ayant commencé cette œuvre sous notre responsabilité, nous ne l'abandonnerons qu'en acceptant vis-à-vis de vous le jugement que, dans votre équité, vous porterez sur notre conduite. Mon premier soin, comme mon premier devoir, — c'est par cette observation que je termine, et je n'ai pas besoin de vous consulter pour être sûr que je rencontrerai dans cette Chambre une complète unanimité, — ce sera de reporter à ceux avec lesquels nous négocions, cette affirmation que la France est prête, quoi qu'il arrive, à faire courageusement son devoir. (Vive approbation et applaudissements.)

L'Assemblée décidera en pleine liberté, comme il appartient à des représentants du pays, qui ne prennent conseil que du salut de la France et n'ont d'autre souci que son honneur. (Bravo! bravo! — Nouveaux applaudissements.)

Voilà ce que l'ennemi doit savoir.

En même temps, il est essentiel de lui dire que ce n'est

plus seulement au nom de quelques citoyens qui, après avoir recueilli le pouvoir en vacance et avoir été plus tard élus par toute une capitale, attendaient avec empressement l'heure où il leur serait permis de consulter la France, mais que c'est au nom du pays tout entier, au nom d'une Assemblée qui le représente légitimement, que nous venons lui demander le temps nécessaire pour achever l'œuvre commencée.

Vous le savez, un temps avait été fixé à l'avance, mais la convention portait que l'armistice pourrait être renouvelé. A mon avis, ce renouvellement doit être le plus court possible. Nous ne devons pas perdre une minute ; nous ne devons pas oublier nos malheureuses populations foulées par l'ennemi, sans qu'il soit possible, malgré tous nos efforts, d'adoucir leur situation comme nous l'aurions voulu. Soyez sûrs que leurs larmes, leurs sacrifices pèsent lourdement, je ne dirai pas sur ma conscience, car devant Dieu j'en suis innocent, mais sur ma responsabilité, et que je n'ai d'autre hâte que d'arriver au terme de ces misères. (Mouvement.)

Vous nous y aiderez, j'en suis convaincu, et je puis à l'avance, je le sais, compter sur votre concours. Je dirai à ceux avec qui je traite que c'est le vœu de l'Assemblée de France qu'un délai nous soit accordé, court, mais suffisant, pour qu'avec maturité et en pleine connaissance de cause vous puissiez décider des destinées du pays. (Vifs applaudissements.)

Le Chef du Pouvoir Exécutif de la République

17 FÉVRIER.

« L'Assemblée nationale, dépositaire de l'autorité souveraine de la nation, en attendant qu'il soit statué sur les institutions de la France, considérant qu'il importe de pourvoir au gouvernement actuel du pays et à la conduite des affaires, décrète :

« M. Thiers est nommé chef du pouvoir exécutif de la République française. Il exercera ses fonctions sous le contrôle et l'autorité de l'Assemblée nationale, et avec le concours des ministres qu'il aura choisis et qu'il présidera. » (Très-bien! très-bien!)

Les Ministres de M. Thiers

19 FÉVRIER.

Le chef du pouvoir exécutif de la République française, président du conseil des ministres, a composé le ministère de la manière suivante :

Justice, M. Dufaure ;
Affaires étrangères, M. Jules Favre ;
Instruction publique, M. Jules Simon ;
Intérieur, M. Ernest Picard ;
Travaux publics, M. de Larcy ;
Agriculture et commerce, M. Lambrecht ;
Guerre, général Le Flô ;
Marine, vice-amiral Pothuau.
Ministre des finances.....

Les Préliminaires de la Paix

Les préliminaires de paix viennent d'être signés aujourd'hui. Ils seront soumis au vote de l'Assemblée nationale. Un nouvel armistice de quinze jours fait cesser dès à présent les contributions et les réquisitions de guerre que chaque jour aggravait.

Malgré tous les efforts, il n'a pas été possible d'empêcher l'entrée, dans certains quartiers de Paris, d'une partie de l'armée allemande.

Nous n'avons pas besoin de dire les sentiments que fait naître en nous cette épreuve que le Gouvernement aurait voulu épargner à la ville de Paris. Les négociateurs allemands avaient proposé de renoncer à toute entrée dans Paris, si l'importante place de Belfort leur était concédée définitivement. Il leur a été répondu que si Paris pouvait être consolé dans sa souffrance, c'était par la pensée que cette souffrance valait au pays la restitution d'un de ses boulevards, tant de fois et naguère encore illustré par la résistance de nos soldats.

Nous faisons donc appel aux habitants de Paris, en les conjurant de rester calmes et unis. La dignité dans le malheur est à la fois l'honneur et la force de ceux que la fortune a trahis, elle doit être aussi leur espérance d'un meilleur avenir.

Paris, le 26 février 1871.

Le Ministre de l'intérieur,

ERNEST PICARD.

Occupation de Paris par les Prussiens

AUX HABITANTS DE PARIS

Le Gouvernement fait appel à votre patriotisme et à votre sagesse ; vous avez dans vos mains le sort de Paris et de la France elle-même. Il dépend de vous de les sauver ou de les perdre.

Après une résistance héroïque, la faim vous a contraint de livrer vos forts à l'ennemi victorieux. Les armées qui pouvaient venir à notre secours ont été rejetées derrière la Loire. Ces faits incontestables ont obligé le Gouvernement et l'Assemblée nationale à ouvrir des négociations de paix.

Pendant six jours, vos négociateurs ont disputé le terrain pied à pied. Ils ont fait tout ce qui était humainement possible pour obtenir les conditions les moins dommageables ; ils ont signé des préliminaires de paix qui vont être soumis à l'Assemblée nationale.

Pendant le temps nécessaire a l'examen et à la discussion de ces préliminaires, les hostilités auraient recommencé et le sang aurait inutilement coulé, sans une prolongation d'armistice. Cette prolongation n'a pu être obtenue qu'à la condition d'une occupation partielle et très-momentanée d'un quartier de Paris. Cette occupation sera limitée au quartier des Champs-Elysées. Il ne pourra entrer dans Paris que trente mille hommes, et ils devront se retirer dès que les préliminaires de paix auront été ratifiés, ce qui ne peut exiger qu'un petit nombre de jours.

Si cette convention n'était pas respectée, l'armistice serait rompu. L'ennemi, déjà maître des forts, occuperait de vive force la cité tout entière.

Vos propriétés, vos chefs-d'œuvre, vos monuments, garantis aujourd'hui par la convention, cesseraient de l'être. Ce malheur atteindrait toute la France. Les affreux ravages de la guerre, qui n'ont pas dépassé la Loire, s'étendraient jusqu'aux Pyrénées.

Il est donc absolument vrai de dire qu'il s'agit du salut de Paris et de la France. N'imitez pas la faute de ceux qui n'ont pas voulu nous croire lorsque, il y a huit mois, nous les adjurions de ne pas entreprendre une guerre qui devait être si funeste !

L'armée française, qui a défendu Paris avec tant de courage, occupera la gauche de la Seine pour assurer la loyale exécution du nouvel armistice. C'est à la garde nationale à s'unir, et elle peut maintenir l'ordre dans le reste de la cité. Que tous les bons citoyens qui se sont honorés à sa tête et se sont montrés si braves devant l'ennemi, reprennent leur ascendant, et cette cruelle situation d'aujourd'hui se terminera par la paix et le retour de la prospérité publique.

Paris, le 27 février 1871.

A. THIERS, chef du pouvoir exécutif de la République française ; JULES FAVRE, ministre des affaires étrangères ; ERNEST PICARD, ministre de l'intérieur.

Ce que veut l'immense Majorité de Paris

27 FÉVRIER

Le rappel a été battu cette nuit, sans ordre.

Quelques bataillons, la plupart trompés, ont pris les armes, et ont servi, à leur insu, *de coupables desseins.*

Il n'en est pas moins constant que *l'immense majorité de la garde nationale résiste à ces excitations* et qu'elle a compris les devoirs imposés en ce moment à tout bon citoyen, tout Français digne de ce nom.

Le gouvernement lui confie sans hésitation la garde de la cité ; il compte sur son dévouement et son intelligence pour maintenir dans ses quartiers un ordre scrupuleux dont elle comprend plus que jamais la nécessité.

La moindre agitation peut fournir des prétextes et amener d'irréparables malheurs. La garde nationale aidera ainsi la ville de Paris à traverser une crise douloureuse, et elle la préservera de périls que le calme et la dignité peuvent seuls conjurer.

Les auteurs des désordres seront recherchés activement et mis dans l'impuissance de nuire. Le gouvernement s'est adressé à la population tout entière, et il lui a fait connaître la situation générale.

Le général commandant supérieur fait appel à la garde nationale, et, au nom des intérêts les plus sacrés de Paris et de la France, il attend d'elle un concours actif, dévoué et patriotique.

Le général commandant supérieur de la garde nationale et de l'armée de Paris,

VINOY.

Proclamation de Blanqui

15 MARS

Citoyens,

Le 4 septembre, un groupe d'individus qui, sous l'empire, s'était créé une popularité facile, s'était emparé du pouvoir. A la faveur de l'indignation générale, ils s'étaient substitué au gouvernement pourri qui venait de tomber à Sedan. Ces hommes étaient pour la plupart les bourreaux de la République de 1848. Cependant, à la faveur du premier moment de surprise, ils se sacrèrent arbitres de la destinée de la France. Les vrais républicains, ceux qui, sous tous les gouvernements, avaient souffert pour leurs croyances, virent avec douleur cette usurpation des droits de la nation. Pourtant le temps pressait, l'ennemi approchait; pour ne pas diviser la nation, chacun se mit de toutes ses forces à l'œuvre de salut. Espérant que l'expérience avait appris quelque chose à ceux qui avaient été pour ainsi dire les créateurs de l'empire, les républicains les plus purs acceptèrent sans murmurer de servir sous eux, au nom de la République.

Qu'arriva-t-il? Après avoir distribué à leurs amis toutes les places où ils ne conservaient pas les bonapartistes, ces hommes se croisèrent les bras et crurent avoir sauvé la France. En même temps, l'ennemi enserrait Paris d'une façon de plus en plus inexorable, et c'était par de fausses dépêches, par de falacieuses promesses que le gouvernement répondait à toutes les demandes d'éclaircissements.

L'ennemi continuait à élever ses batteries et ses travaux de toute sorte, et à Paris, 300,000 citoyens restaient sans armes et sans ouvrage, et bientôt sans pain, sur le pavé de la capitale.

Le péril était imminent, il fallait le conjurer. Or, au gouvernement issu d'une surprise, il fallait substituer la Commune, issue du suffrage universel. De là le mouvement du 31 octobre. Plus honnêtes que ceux qui ont eu l'audace de se faire appeler le gouvernement des honnêtes gens, les républicains n'avaient pas ce jour-là l'intention d'usurper le pouvoir. C'est du peuple, réuni librement devant les urnes électorales, qu'ils en appelaient du gouvernement issu de la surprise et de l'émotion populaire, ils voulaient substituer le gouvernement issu du suffrage universel.

Citoyens,

C'est là notre crime. Et ceux qui n'ont pas craint de livrer Paris à l'ennemi avec sa garnison intacte, ses forts debout, ses murailles sans brèche, ont trouvé des hommes pour nous condamner à la peine capitale.

On ne meurt pas toujours de pareilles sentences. Souvent on sort de ces épreuves plus grand et plus pur. Si l'on meurt, l'histoire impartiale vous met tôt ou tard au dessus des bourreaux qui, en atteignant l'homme, n'ont cherché qu'à tuer le principe.

Citoyens,

Les hommes ne sont rien, les principes seuls sont immortels. Confiant dans la grandeur et dans la justice de notre cause, nous en appelons du jugement qui nous frappe au jugement du monde entier et de la postérité.

C'est lui qui, si nous succombons, fera, comme toujours, un piédestal glorieux aux martyrs de l'échafaud infamant élevé par le despotisme ou la réaction.

Vive la République!

BLANQUI.

Proclamation de Flourens

25 MARS.

Citoyens,

En présence du jugement qui me frappe, il est de mon devoir de protester de la façon la plus énergique contre la violation de tous les droits inscrits dans toutes les Constitutions.

L'accusé doit être jugé par ses pairs. Tel est le texte de la loi. Or, je dénie complétement aux assassins patentés de la réaction le titre de juges. Nommés par un pouvoir qui n'avait pas encore été reconnu par personne le 31 octobre 1870, ils ne peuvent puiser leur puissance qu'en dehors de la loi. D'ailleurs, j'ai appris par une longue expérience des choses humaines, que la liberté se fortifiait par le sang des martyrs.

Si le mien peut servir à laver la France de ses souillures et à cimenter l'union de la patrie et de la liberté, je l'offre volontiers aux assassins du pays et massacreurs de janvier.

Salut et fraternité,

G. FLOURENS.

Translation de l'Assemblée à Versailles

Résultat du dépouillement du scrutin public sur

l'amendement portant que l'Assemblée sera transférée à Versailles :

    Nombre des votants. 565
    Majorité absolue. 283
    Pour l'adoption. 461
    Contre. . . . . : 104

Le Gouvernement a repris ses Canons

Une proclamation du chef du pouvoir exécutif va paraître et sera affichée sur les murs de Paris, pour expliquer le but des mouvements qui s'opèrent. Ce but est l'affermissement de la République, *la répression de toute tentative de désordre et la reprise des canons qui effrayent la population. Les buttes Montmartre sont prises et occupées par nos troupes, ainsi que les buttes Chaumont et Belleville. Les canons de Montmartre, des Buttes Chaumont et de Belleville, sont au pouvoir du gouvernement de la République.*

D'AURELLE DE PALADINES.

Appel à la Population de Paris

18 mars 1871.

Habitants de Paris,

Nous nous adressons encore à vous, à votre raison et à votre patriotisme, et nous espérons que nous serons écoutés.

Votre grande cité, qui ne peut vivre que par l'ordre, est profondément troublée dans quelques quartiers ; et le trouble de ces quartiers, sans se propager dans les autres, suffit cependant pour y empêcher le retour du travail et de l'aisance.

Depuis quelque temps, des hommes mal intentionnés, sous prétexte de résister aux Prussiens, qui ne sont plus dans vos murs, se sont constitués les maîtres d'une partie de la ville, y ont élevé des retranchements, y montent la garde, vous forcent à la monter avec eux, par ordre d'un comité occulte qui prétend commander seul à une partie de la garde nationale, méconnaît ainsi l'autorité du général d'Aurelles, si digne d'être à votre tête, et veut former un gouvernement en opposition au gouvernement légal, institué par le suffrage universel.

Ces hommes qui vous ont causé déjà tant de mal, que vous avez dispersés vous-mêmes au 31 octobre, affichent la prétention de vous défendre contre les Prussiens, qui n'ont fait que paraître dans vos murs, et dont ces désordres retardent le départ définitif, braquent des canons qui, s'ils faisaient feu, ne foudroieraient que vos maisons, vos enfants et vous-mêmes ; enfin, compromettent la République au lieu de la défendre, car, s'il s'établissait dans l'opinion de la France que la République est la compagne nécessaire du désordre, la République serait perdue. Ne les croyez pas, et écoutez la vérité que nous vous disons en toute sincérité!

Le gouvernement, institué par la nation tout entière, aurait déjà pu reprendre ces canons dérobés à l'Etat, et qui, en ce moment, ne menacent que vous ; enlever ces retranchements ridicules qui n'arrêtent que le commerce, et mettre sous la main de la justice les criminels qui ne craindraient pas de faire succéder la guerre civile à la guerre étrangère ; mais il a voulu donner aux hommes trompés le temps de se séparer de ceux qui les trompent.

Cependant, le temps qu'on a accordé aux hommes de bonne foi pour se séparer des hommes de mauvaise foi est pris sur votre repos, sur votre bien-être, sur le bien-être de la France tout entière. Il faut donc ne pas le prolonger indéfiniment. Tant que dure cet état de choses, le commerce est arrêté, vos boutiques sont désertes, les commandes, qui viendraient de toutes parts, sont suspendues, vos bras sont oisifs, le crédit ne renaît pas, les capitaux, dont le gouvernement a besoin pour délivrer le territoire de la présence de l'ennemi, hésitent à se présenter.

Dans votre intérêt même, dans celui de votre cité, comme dans celui de la France, le gouvernement est résolu à agir.

Les coupables qui ont prétendu instituer un gouvernement à eux vont être livrés à la justice régulière. Les canons dérobés à l'Etat vont être rétablis dans les arsenaux, et, pour exécuter cet acte urgent de justice et de raison, le gouvernement compte sur votre concours. Que les bons citoyens se séparent des mauvais; qu'ils aident à la force publique au lieu de lui résister. Ils hâteront ainsi le retour de l'aisance dans la cité, et rendront ce service à la République elle-même, que le désordre ruinerait dans l'opinion de la France.

Parisiens, nous vous tenons ce langage, parce que nous estimons votre bon sens, votre sagesse, votre patriotisme; mais cet avertissement donné, vous nous approuverez de recourir à la force, car il faut à tout prix, et sans un jour de retard, que l'ordre, condition de votre bien-être, renaisse entier, immédiat, inaltérable.

Paris, le 17 mars 1871.

THIERS,
Président du conseil, chef du pouvoir exécutif de la République.

DUFAURE, ministre de la justice; E. PICARD, ministre de l'intérieur; POUYER-QUERTIER, ministre des finances; JULES FAVRE, ministre des affaires étrangères; général LE FLÔ, ministre de la guerre; amiral POTHUAU, ministre de la marine; JULES SIMON, ministre de l'instruction publique; DE LARCY, ministre des travaux publics; LAMBRECHT, ministre du commerce.

Prenez les armes !

A LA GARDE NATIONALE DE LA SEINE

Le gouvernement vous appelle à défendre votre cité, vos foyers, vos familles, vos propriétés.

Quelques hommes égarés, se mettant au-dessus des lois, n'obéissant qu'à des chefs occultes, dirigent contre Paris les canons qui avaient été soustraits aux Prussiens.

Ils résistent par la force à la garde nationale et à l'armée.

Voulez-vous le souffrir ?

Voulez-vous, sous les yeux de l'étranger, prêt à profiter de nos discordes, abandonner Paris à la sédition ?

Si vous ne l'étouffez pas dans son germe, c'en est fait de la République et peut-être de la France !

Vous avez leur sort dans vos mains.

Le gouvernement a voulu que vos armes vous fussent laissées.

Saisissez-les avec résolution pour rétablir le régime des lois, sauver la République de l'anarchie, qui serait sa perte ; groupez-vous autour de vos chefs : c'est le seul moyen d'échapper à la ruine et à la domination de l'étranger.

Paris, 18 mars 1871.

Le ministre de l'intérieur,

ERNEST PICARD.

Le général commandant en chef les gardes nationales de la Seine,

D'AURELLES.

Le Comité central se démet de son Mandat et conserve l'Hôtel de Ville

Citoyens,

Vous nous aviez chargés d'organiser la défense de Paris et de vos droits.

Nous avons conscience d'avoir rempli notre mission : aidés par votre généreux courage et votre admirable sang-froid, nous avons chassé ce gouvernement qui nous trahissait.

A ce moment, notre mandat est expiré, et nous vous le rapportons, car nous ne prétendons pas prendre la place de ceux qu'un souffle populaire vient de renverser.

Préparez-vous et faites de suite vos élections communales et donnez-nous pour récompense, la seule que nous ayons jamais espérée, celle de vous voir établis en véritable République.

En attendant, nous conservons, au nom du peuple, l'Hôtel de Ville.

Hôtel-de-Ville, 18 mars 1871.

Le Comité central de la garde nationale,

ASSY, BILLIORAY, PERRAT, BABICK, ED. MOREAU, C. DUPONT, VARLIER, BOURSIER, MORTIER, GOUHIER, LAVALETTE, FR. JOURDE, ROUSSEAU, CH. LALLIER, BLANCHET, J. GROLARD, BACCOULD, H. GERESME, FABRE, POUGERET.

Le Comité central convoque le Peuple

AU PEUPLE

Citoyens,

Le peuple de Paris a secoué le joug qu'on essayait de lui imposer.

Calme, impassible dans sa force, il a attendu sans crainte comme sans provocation les fous éhontés qui voulaient toucher à la République.

Cette fois, nos frères de l'armée n'ont pas voulu porter la main sur l'arche sainte de vos libertés. Merci à tous, et que Paris et la France jettent ensemble les bases d'une République acclamée avec toutes ses conséquences, le seul gouvernement qui fermera pour toujours l'ère des invasions et des guerres civiles. L'état de siège est levé.

Le peuple de Paris est convoqué dans ses sections pour faire ses élections communales.

La sûreté de tous les citoyens est assurée par le concours de la garde nationale.

Hôtel-de-Ville, 19 mars 1871.

ASSY, BILLIORAY, PERRAT, BABICK, ED. MOREAU, G. DUPONT, VARLIER, BOURSIER, MORTIER, GOUHIER, LAVALETTE, FR. JOURDE, ROUSSEAU, CH. LALLIER, BLANCHET, J. GROLARD, BACCOULD, H. GERESME, FABRE, POUGERET.

Récit officiel de la mort de Clément Thomas et de Lecomte

On lit dans le *Journal officiel* :

Le Gouvernement, voulant éviter une collision, a usé de patience et de temporisation envers des hommes qu'il espérait par là ramener au bon sens et au devoir. Ces hommes, se plaçant en révolte ouverte contre la loi, s'étaient constitués en comité insurrectionnel, ordonnant à la garde nationale d'obéir à ses chefs légitimes. C'est à leur action qu'a été due la résistance opposée à la reprise des canons, que l'autorité militaire voulait replacer dans leurs arsenaux, sous la garde de la garde nationale et de l'armée. La ville entière s'était émue de l'établissement de redoutes sur les hauteurs de Montmartre et des buttes

Chaumont, et tout homme d'un peu de bon sens comprenait combien il était à la fois ridicule et criminel de déployer contre Paris cet attirail menaçant.

Tant qu'un pareil état de choses se prolongeait, la reprise du travail était impossible, la province s'éloignait de la capitale, et toute espérance de crédit et de prospérité était indéfiniment ajournée. Après avoir épuisé toutes les voies de conciliation, le gouvernement a senti qu'il était de son devoir de faire respecter la loi et de rendre à la garde nationale son autorité légale. Ce matin, à la pointe du jour, les hauteurs ont été enlevées, les canons allaient être reconduits aux arsenaux sous l'escorte de la troupe, lorsque des gardes nationaux armés et d'autres sans armes, excitant et entraînant la foule, se sont jetés sur nos soldats et leur ont arraché leurs armes. Plusieurs bataillons ont été cernés, d'autres forcés de se replier. A partir de ce moment, l'émeute a été maîtresse du terrain.

Nous racontons plus bas comment ces criminels artisans ont mis en arrestation le général Lecomte et le général Clément Thomas, qui se trouvaient dans la mêlée, et comment ces deux captifs ont été lâchement assassinés.

La journée s'est terminée dans le désordre sans que la garde nationale, convoquée cependant dès le matin par le rappel, parût en nombre suffisant pour le réprimer sur le théâtre où il se développait. Ce soir, l'insurrection a envahi l'état-major de la garde nationale et le ministre de la justice. On se demande avec une douloureuse stupeur quel peut être le but de ce coupable attentat; des malveillants n'ont pas craint de répandre le bruit que le gouvernement préparait un coup d'État, que plusieurs républicains étaient arrêtés. Ce sont d'odieuses calomnies. Le Gouvernement, issu d'une Assemblée nommée par le suffrage universel, a plusieurs fois déclaré qu'il voulait fonder la République. Ceux qui veulent la renverser sont les hommes de désordre, les assassins qui ne craignent pas de semer l'épouvante et la mort dans une cité qui ne peut se sauver que par le calme, le travail, le respect des lois.

Ces hommes ne peuvent être que les stipendiés de l'ennemi ou du despotisme. Leurs crimes, nous l'espérons, soulèveront la juste indignation de la population de Paris, qui sera debout pour leur infliger le châtiment qu'ils méritent.

Ce matin, vers midi, le général Lecomte, séparé de ses troupes, a été amené par une bande de forcenés rue des Rosiers, à Montmartre, devant quelques individus prenant le titre de Comité central. Des cris : « A mort! » se faisaient entendre. Le général Clément Thomas, survenu peu de temps après en habit de ville, a été reconnu. Un des assistants s'est écrié : « C'est le général Clément Thomas, son affaire est faite! » Le général Lecomte et le général Clément Thomas ont été poussés dans un jardin, suivis par une centaine d'hommes. Ils ont été attachés et fusillés. Leurs cadavres ont été mutilés à coups de baïonnettes.

Ce crime épouvantable, accompli sous les yeux du Comité central, donne la mesure des horreurs dont Paris est menacé, si les sauvages agitateurs qui troublent la cité et déshonorent la France pouvaient triompher.

Les deux aides de camp du général Lecomte allaient subir le même sort que leur général, quand ils ont été sauvés par l'intervention d'un jeune homme de dix-sept ans, qui s'est écrié que ce qui se passait était horrible; qu'après tout on ne connaissait pas ceux qui prononçaient ces condamnations à mort. Il a réussi à faire épargner les deux jeunes officiers, menacés d'une mort affreuse.

Que la population de Paris, si indulgente jusqu'ici pour les fauteurs de désordres, comprenne enfin qu'elle doit se montrer énergique contre de pareils forfaits, sous peine d'en être complice!

Le Gouvernement veut la République

On répand le bruit absurde que le gouvernement prépare un coup d'Etat.

Le gouvernement de la République n'a et ne peut avoir d'autre but que *le salut de la République.* Les mesures qu'il a prises étaient indispensables au maintien de l'ordre ; il a voulu et il veut en finir avec un comité insurrectionnel, dont les membres, presque tous inconnus à la population, ne représentent que les doctrines communistes, et mettraient Paris au pillage et la France au tombeau, si la garde nationale et l'armée ne se levaient pour défendre, d'un commun accord, la patrie et la République.

Paris, le 18 mars 1871.

THIERS, DUFAURE, ERNEST PICARD, JULES FAVRE, JULES SIMON, POUYER-QUERTIER, GÉNÉRAL LE FLO, AMIRAL POTHUAU, LAMBRECHT, DE LARCY.

Qu'est-ce que le Comité Central?

GARDES NATIONAUX DE PARIS

Un comité prenant le nom de comité central, après s'être emparé d'un certain nombre de canons, a couvert Paris de barricades, et a pris possession, pendant la nuit, du ministère de la justice.

Il a tiré sur les défenseurs de l'ordre ; il a fait des prisonniers ; il a assassiné de sang-froid le général Clément Thomas et un général de l'armée française, le général Lecomte.

Quels sont les membres de ce comité ?

Personne à Paris ne les connaît ; leurs noms sont nouveaux pour tout le monde. Nul ne saurait même dire à quel parti ils appartiennent. Sont-ils communistes, ou bonapartistes, ou Prussiens ? Sont-ils les agents d'une triple coalition ? Quels qu'ils soient, ce sont les ennemis de Paris, qu'ils livrent au pillage, de la France, qu'ils livrent aux Prussiens, de la République, qu'ils livreront au despotisme. Les crimes abominables qu'ils ont commis ôtent toute excuse à ceux qui oseraient ou les suivre ou les subir.

Voulez-vous prendre la responsabilité de leurs assassinats et des ruines qu'ils vont accumuler ? Alors, demeurez chez vous ! Mais si vous avez souci de l'honneur et de vos intérêts les plus sacrés, ralliez-vous au gouvernement de la République et à l'Assemblée nationale.

Paris, le 19 mars 1871.

DUFAURE, JULES FAVRE, ERNEST PICARD, JULES SIMON, AMIRAL POTHUAU, GÉNÉRAL LE FLO.

Réponse du Comité central

Si le comité central de la garde nationale était un gouvernement, il pourrait, pour la dignité de ses électeurs, dédaigner de se justifier. Mais comme sa première affirmation a été de déclarer « qu'il ne prétendait pas prendre la place de ceux que le souffle populaire avait renversés », tenant à simple honnêteté de rester exactement dans la limite expresse du mandat qui lui a été confié, il demeure un composé de personnalités qui ont le droit de se défendre.

Enfant de la République, qui écrit sur sa devise le grand mot de : Fraternité, il pardonne à ses détracteurs ; mais il veut persuader les honnêtes gens qui ont accepté la calomnie par ignorance.

Il n'a pas été occulte : ses membres ont mis leurs noms à toutes ses affiches. Si ces noms étaient obscurs, ils n'ont pas fui la responsabilité, — et elle était grande.

Il n'a pas été inconnu, car il était issu de la libre expression des suffrages de deux cent quinze bataillons de la garde nationale.

Il n'a pas été fauteur de désordres, car la garde nationale, qui lui a fait l'honneur d'accepter sa direction, n'a commis ni excès, ni représailles, et s'est montrée imposante et forte par la sagesse et la modération de sa conduite.

Et pourtant, les provocations n'ont pas manqué ; et pourtant, le gouvernement n'a cessé, par les moyens les plus honteux, de tenter l'essai du plus épouvantable des crimes : la guerre civile.

Il a calomnié Paris et a ameuté contre lui la province.

Il a amené contre nous nos frères de l'armée, qu'il a fait mourir de froid sur nos places, tandis que leurs foyers les attendaient.

Il a voulu vous imposer un général en chef.

Il a, par des tentatives nocturnes, tenté de nous désarmer de nos canons, après avoir été empêché par nous de les livrer aux Prussiens.

Il a enfin, avec le concours de ses complices effarés de Bordeaux, dit à Paris : « Tu viens de te montrer héroïque : or, nous avons peur de toi, donc, nous t'arrachons ta couronne de capitale. »

Qu'a fait le comité central pour répondre à ces attaques ? Il a fondé la Fédération ; il a prêché la modération — disons le mot — la générosité ; au moment où l'attaque armée commençait, il disait à tous : « Jamais d'agression, et ne ripostez qu'à la dernière extrémité ! »

Il a appelé à lui toutes les intelligences, toutes les capacités ; il a demandé le concours du corps d'officiers ; il a ouvert sa porte chaque fois que l'on y frappait au nom de la République.

De quel côté étaient donc le droit et la justice ? De quel côté était la mauvaise foi ?

Cette histoire est trop courte et trop près de nous, pour que chacun ne l'ait pas encore à la mémoire. Si nous l'écrivons à la veille du jour où nous allons nous retirer, c'est, nous le répétons, pour les honnêtes gens qui ont accepté légèrement des calomnies dignes seulement de ceux qui les avaient lancées.

Un des plus grands sujets de colère de ces derniers contre nous est l'obscurité de nos noms. Hélas! bien des noms étaient connus, très connus, et cette notoriété nous a été bien fatale!...

Voulez-vous connaître un des derniers moyens qu'ils ont employés contre nous? Ils refusent du pain aux troupes qui ont mieux aimé se laisser désarmer que de tirer sur le peuple. Et ils nous appellent assassins, eux qui punissent le refus d'assassinat par la faim!

D'abord, nous le disons avec indignation : la boue sanglante dont on essaye de flétrir notre honneur est une ignoble infamie. Jamais un arrêt d'exécution n'a été signé par nous; jamais la garde nationale n'a pris part à l'exécution d'un crime.

Quel intérêt y aurait-elle? Quel intérêt y aurions-nous?

C'est aussi absurde qu'infâme.

Au surplus, il est presque honteux de nous défendre. Notre conduite montre, en définitive, ce que nous sommes. Avons-nous brigué des traitements ou des honneurs? Si nous sommes inconnus, ayant pu obtenir, comme nous l'avons fait, la confiance de 215 bataillons, n'est-ce pas parce que nous avons dédaigné de nous faire une propagande? La notoriété s'obtient à bon marché : quelques phrases creuses ou un peu de lâcheté suffit; un passé tout récent l'a prouvé.

Nous, chargés d'un mandat qui faisait peser sur nos têtes une terrible responsabilité, nous l'avons accompli sans hésitation, sans peur, et dès que nous voici arrivés au but, nous disons au peuple qui nous a assez estimés pour écouter nos avis, qui ont souvent froissé son impatience : « Voici le mandat que tu nous as confié : là où notre intérêt personnel commencerait, notre devoir finit : fais ta volonté. Mon maître, tu t'es fait libre. Obscurs il y a quelques jours, nous allons rentrer obscurs dans les rangs, et montrer aux gouvernants que l'on peut descendre la tête haute, les marches de ton Hôtel de Ville, avec la certitude de trouver au bas l'étreinte de ta loyale et robuste main. »

Les membres du Comité central :

ANT. ARNAUD, ASSI, BILLIORAY, FERRAT, BABICK, ED. MOREAU, C. DUPONT, VARLIN, BOURSIER, MORTIER, GOUHIER, LAVALETTE, FR. JOURDE, ROUSSEAU, CH. LULLIER, HENRY FORTUNÉ, G. ARNOLD, VIARD, BLANCHET, J. GROLLARD, BARROUD, H. GÉRESME, FABRE, POUGERET, BOUIT.

Remerciements aux Frères de l'Armée

Citoyens,

Le peuple de Paris a secoué le joug qu'on essayait de lui imposer.

Calme, impassible dans sa force, il a attendu, sans crainte comme sans provocation, les fous éhontés qui voulaient toucher à la République.

Cette fois, nos frères de l'armée n'ont pas voulu porter la main sur l'arche sainte de nos libertés.

Merci à tous, et que Paris et la France jettent ensemble les bases d'une République acclamée avec toutes ses conséquences, le seul gouvernement qui fermera pour toujours l'ère des invasions et des guerres civiles.

L'état de siége est levé.

Le peuple de Paris est convoqué dans ses sections pour faire ses élections communales.

La sûreté de tous les citoyens est assurée par le concours de la garde nationale.

Hôtel-de-Ville, Paris, ce 19 mars 1871.

Le Comité central de la garde nationale,

ASSI, BILLORAY, FERRAT, BABICK, ÉDOUARD MOREAU, C. DUPONT, VARLIN, BOURSIER, MORTIER, GOUHIER, LAVALETTE, FR. JOURDE, ROUSSEAU, CH. LULLIER, BLANCHET, J. GROLLARD, BARROUD, H. GERESME, FABRE, POUGERET.

Les Élections communales

Le Comité central de la garde nationale,
Considérant :

Qu'il y a urgence de constituer immédiatement l'administration communale de la ville de Paris,

Arrête :

1° Les élections du conseil communal de la ville de Paris auront lieu mercredi prochain, 22 mars.

2° Le vote se fera au scrutin de liste et par arrondissement.

Chaque arrondissement nommera un conseiller par chaque vingt mille habitants ou fraction excédante de plus de dix mille.

3° Le scrutin sera ouvert de 8 heures du matin à 6 heures du soir. Le dépouillement aura lieu immédiatement.

4° Les municipalités des vingt arrondissements sont chargées, chacune en ce qui la concerne, de l'exécution du présent arrêté.

Un avis ultérieur indiquera le nombre de conseillers à élire par arrondissement.

Hôtel-de-Ville de Paris, ce 19 mars 1871.

Le Comité central de la garde nationale,

ASSI, BILLIORAY, FERRAT, BABICK, ÉDOUARD MOREAU, C. DUPONT, VARLIN, BOURSIER, MORTIER, GOUHIER, LAVALETTE, FR. JOURDE, ROUSSEAU, CH. LULLIER, BLANCHET, J. GROLLARD, BARROUD, H. GERESME, FABRE, POUGERET, BOUIT, VIARD, ANT. ARNAUD.

La Commune respectera les Préliminaires de Paix

Citoyens de Paris,

Dans trois jours vous serez appelés, en toute liberté, à nommer la *municipalité parisienne*. Alors, ceux qui, par nécessité urgente, occupent le pouvoir, déposeront leurs titres provisoires entre les mains des élus du peuple.

Il y a en outre une décision importante que nous devons prendre immédiatement : c'est celle relative au traité de paix.

Nous déclarons, dès à présent, être fermement décidés à faire respecter *ces préliminaires*, afin d'arriver à sauvegarder à la fois le salut de la France républicaine et de la paix générale.

Le délégué du Gouvernement au ministère de l'intérieur,

V. GRÊLIER.

Deux Mesures urgentes

Citoyens,

Pénétrés de la nécessité absolue de sauver Paris et la République en écartant toute cause de collision, et convaincus que le meilleur moyen d'atteindre ce but suprême est de donner satisfaction aux vœux légitimes du peuple, nous avons résolu de demander aujourd'hui même à l'Assemblée nationale l'adoption de deux mesures qui, nous en avons l'espoir, contribueront, si elles sont adoptées, à ramener le calme dans les esprits.

Ces deux mesures sont : *l'élection de tous les chefs de la garde nationale et l'établissement d'un conseil municipal élu par tous les citoyens.*

Ce que nous voulons, ce que le bien public réclame en toute circonstance, et ce que la situation présente rend plus indispensable que jamais, c'est l'ordre dans la liberté par la liberté.

Vive la France! Vive la République!

Représentants de la Seine :

LOUIS BLANC, V. SCHŒLCHER, A. PEYRAT, ED. ADAM, FLOQUET, MARTIN BERNARD, LANGLOIS, ED. LOCKROY, FARCY, H. BRISSON, GREPPO, MILLIÈRE.

Les Maires et Adjoints de Paris,

1er Arrondissement. Ad. Adam, Méline, adjoints.

2e Tirard, maire, représentant de la Seine, E. Brelay, Chéron, Loiseau-Pinson, adjoints.

3e Bonvalet, maire; Charles Murat, adjoint.

4e Vautrin, maire; Loiseau, Callon, adjoints.

5e Jourdan, adjoint.

6e Hérisson, maire, A. Leroy, adjoint.

7e Arnaud de (l'Ariége), maire, représentant de la Seine.

8e Carnot, maire, représentant de la Seine.

9e Desmaret, maire.

10e Dubail, maire; A. Murat, Degouves-Denuncques, adjoints.

11e Mottu, maire, représentant de la Seine; Blanchon, Poirier, Tolain, représentant de la Seine, adjoints.

12e Denizot, Dumas, Turillon, adjoints.

13e Léo Meillet, Combes, adjoints.

14e Héligon, adjoint.

15e Jobbé Duval, adjoint.

16e Henri Martin, maire et représentant de la Seine.

17e François Favre, maire; Malon, Villeneuve, Cacheux, adjoints.

18e Clémenceau, maire et représentant de la Seine; J.-B. Lafont, Dereure, Jaclard, adjoints.

Appel à la Province

Le peuple de Paris, après avoir donné, depuis le 4 septembre, une preuve incontestable et éclatante de son patriotisme et de son dévouement à la République ; après avoir supporté avec une résignation et un courage au-dessus de tout éloge les souffrances et les luttes d'un siége long et pénible, vient de se montrer de nouveau à la hauteur des circonstances présentes et des efforts indispensables que la patrie était en droit d'attendre de lui.

Par son attitude calme, imposante et forte, par son esprit d'ordre républicain, il a su rallier l'immense majorité de la garde nationale, s'attirer les sympathies et le concours actif de l'armée, maintenir la tranquillité publique, éviter l'effusion du sang, réorganiser les services publics, respecter les conventions internationales et les préliminaires de paix.

Il espère que toute la presse reconnaîtra et constatera son esprit d'ordre républicain, son courage et son dévouement, et que les calomnies ridicules et odieuses répandues depuis quelques jours en province cesseront.

Les départements, éclairés et désabusés, rendront justice au peuple de la capitale, et ils comprendront que l'union de toute la nation est indispensable au salut commun.

Les grandes villes ont prouvé, lors des élections de 1869 et du plébiscite, qu'elles étaient animées du même esprit républicain que Paris ; les nouvelles autorités républicaines espèrent donc qu'elles lui apporteront leur concours sérieux et énergique dans les circonstances présentes et qu'elles les aideront à mener à bien l'œuvre de régénération et de salut qu'elles ont entreprises au milieu des plus grands périls.

Les campagnes seront jalouses d'imiter les villes, la France tout entière, après les désastres qu'elle vient d'éprouver, n'aura qu'un but : assurer le salut commun.

C'est là une grande tâche, digne du peuple tout entier, et il n'y faillira pas.

La province, en s'unissant à la capitale, prouvera à l'Europe et au monde que la France tout entière veut éviter toute division intestine, toute effusion de sang.

Les pouvoirs actuels sont essentiellement provisoires,

et ils seront remplacés par un conseil communal qui sera élu mercredi prochain, 22 courant.

Que la province se hâte donc d'imiter l'exemple de la capitale en s'organisant d'une façon républicaine, et qu'elle se mette au plus tôt en rapport avec elle au moyen de délégués.

Le même esprit de concorde, d'union, d'amour républicain, nous inspirera tous. N'ayons qu'un espoir, qu'un but : le salut de la patrie et le triomphe définitif de la République démocratique, une et indivisible.

Les délégués au *Journal officiel*.

Le Gouvernement quitte Paris

Le gouvernement tout entier est réuni à Versailles ; l'Assemblée s'y réunit également.

L'armée, au nombre de 40,000 hommes, s'y est concentrée en bon ordre, sous le commandement du général Vinoy. Toutes les autorités, tous les chefs de l'armée y sont arrivés.

Les autorités civiles et militaires n'exécuteront d'autres ordres que ceux du gouvernement légal résidant à Versailles, sous peine d'être considérées en état de forfaiture.

Les membres de l'Assemblée nationale sont invités à accélérer leur retour, pour être tous présents à la séance du 20 mars.

La présente dépêche sera livrée à la connaissance du public.

A. THIERS.

Le Comité déclare être étranger aux Meurtres de Clément Thomas et de Lecomte

Citoyens,

La journée du 18 mars, que l'on cherche par raison et intérêt à travestir d'une manière odieuse, sera appelée dans l'histoire : la journée de la justice du peuple !

Le gouvernement déchu, — toujours maladroit, — a voulu provoquer un conflit sans s'être rendu compte ni de son impopularité, ni de la confraternité des différentes armes. — L'armée entière, commandée pour être fratricide, a répondu à cet ordre par le cri de : Vive la République ! Vive la garde nationale !

Seuls, deux hommes qui s'étaient rendus impopulaires par des actes que nous qualifions dès aujourd'hui d'iniques, ont été frappés dans un moment d'indignation populaire.

Le comité de la Fédération de la garde nationale, pour rendre hommage à la vérité, *déclare qu'il est étranger à ces deux exécutions.*

Aujourd'hui, les ministères sont constitués; la préfecture de police fonctionne, les administrations reprennent leur activité, et nous invitons tous les citoyens à maintenir le calme et l'ordre le plus parfait.

Citoyens,

Vous avez vu à l'œuvre la garde nationale; l'union, établie au milieu de tant de difficultés par le comité de la Fédération de la garde nationale, a montré ce que nous aurions pu faire et ce que nous ferons dans l'avenir.

Explications du 18 Mars par le Journal officiel

LA RÉVOLUTION DU 18 MARS

Les journaux réactionnaires continuent à tromper l'opinion publique en dénaturant avec préméditation et mauvaise foi les événements politiques dont la capitale est le théâtre depuis trois jours. Les calomnies les plus grossières, les inculpations les plus fausses et les plus outrageantes sont publiées contre les hommes courageux et désintéressés qui, au milieu des plus grands périls, ont assumé la lourde responsabilité du salut de la République.

L'histoire impartiale leur rendra certainement la justice qu'ils méritent, et constatera que la Révolution du 18 mars est une nouvelle étape importante dans la marche du progrès.

D'obscurs prolétaires, hier encore inconnus, et dont les noms retentiront bientôt dans le monde entier, inspirés par un amour profond de la justice et du droit, par un dévouement sans bornes à la France et à la République, s'inspirant de ces généreux sentiments et de leur courage à toute épreuve, ont résolu de sauver à la fois la patrie envahie et la liberté menacée. Ce sera là leur mérite devant leurs contemporains et devant la postérité.

Les prolétaires de la capitale, au milieu des défaillances et des trahisons des classes gouvernantes, ont compris que l'heure était arrivée pour eux de sauver la situation en prenant en mains la direction des affaires publiques.

Ils ont usé du pouvoir que le peuple a remis entre

leurs mains avec une modération et une sagesse qu'on ne saurait trop louer.

Ils sont restés calmes devant les provocations des ennemis de la République, et prudents en présence de l'étranger.

Ils ont fait preuve du plus grand désintéressement et de l'abnégation la plus absolue. A peine arrivés au pouvoir, ils ont eu hâte de convoquer dans ses comices le peuple de Paris, afin qu'il nomme immédiatement une municipalité communale dans les mains de laquelle ils abdiqueront leur autorité d'un jour.

Il n'est pas d'exemple dans l'histoire d'un gouvernement provisoire qui se soit plus empressé de déposer son mandat dans les mains des élus du suffrage universel.

En présence de cette conduite si désintéressée, si honnête et si démocratique, on se demande avec étonnement comment il peut se trouver une presse assez injuste, assez malhonnête et assez éhontée pour déverser la calomnie, l'injure et l'outrage contre des citoyens respectables, dont les actes ne méritent jusqu'à ce jour qu'éloge et admiration.

Les amis de l'humanité, les défenseurs du droit, victorieux ou vaincus, seront donc toujours les victimes du mensonge et de la calomnie?

Les travailleurs, ceux qui produisent tout et qui ne jouissent de rien, ceux qui souffrent de la misère au milieu des produits accumulés, fruit de leur labeur et de leurs sueurs, devront-ils donc sans cesse être en butte à l'outrage?

Ne leur sera-t-il jamais permis de travailler à leur émancipation sans soulever contre eux un concert de malédictions?

La bourgeoisie, leur aînée, qui a accompli son émancipation il y a plus de trois quarts de siècle, qui les a précédés dans la voie de la révolution, ne comprend-elle pas aujourd'hui que le tour de l'émancipation du prolétariat est arrivé?

Les désastres et les calamités publiques dans lesquels

son incapacité politique et sa décrépitude morale et intellectuelle ont plongé la France devraient pourtant lui prouver qu'elle a fini son temps, qu'elle a accompli la tâche qui lui avait été imposée en 89, et qu'elle doit sinon céder la place aux travailleurs, au moins les laisser arriver à leur tour à l'émancipation sociale.

En présence des catastrophes actuelles, il n'est pas trop du concours de tous pour nous sauver.

Pourquoi persiste-t-elle avec un aveuglement fatal et une persistance inouïe à refuser au prolétariat sa part légitime d'émancipation?

Pourquoi lui conteste-t-elle sans cesse le droit commun ; pourquoi s'oppose-t-elle de toutes ses forces et par tous les moyens au libre développement des travailleurs?

Pourquoi met-elle sans cesse en péril toutes les conquêtes de l'esprit humain accomplies par la grande Révolution française.

Si depuis le 4 septembre dernier la classe gouvernante avait laissé un libre cours aux aspirations et aux besoins du peuple ; si elle avait accordé franchement aux travailleurs le droit commun, l'exercice de toutes les libertés, si elle leur avait permis de développer toutes leurs facultés, d'exercer tous leurs droits et de satisfaire leurs besoins ; si elle n'avait pas préféré la ruine de la patrie au triomphe certain de la République en Europe, nous n'en serions pas où nous en sommes, et nos désastres eussent été évités.

Le prolétariat, en face de la menace permanente de ses droits, de la négation absolue de toutes ses légitimes aspirations, de la ruine de la patrie et de toutes ses espérances, a compris qu'il était de son devoir impérieux et de son droit absolu de prendre en main ses destinées et d'en assurer le triomphe en s'emparant du pouvoir.

C'est pourquoi il a répondu par la révolution aux provocations insensées et criminelles d'un gouvernement aveugle et coupable, qui n'a pas craint de déchaîner la guerre civile en présence de l'invasion et de l'occupation étrangères.

L'armée, que le pouvoir espérait faire marcher contre le peuple, a refusé de tourner ses armes contre lui, elle lui a tendu une main fraternelle et s'est jointe à ses frères.

Que les quelques gouttes de sang versé, toujours regrettables, retombent sur la tête des provocateurs de la guerre civile et des ennemis du peuple, qui, depuis près d'un demi-siècle, ont été les auteurs de toutes nos luttes intestines et de toutes nos ruines nationales.

Le cours du progrès, un instant interrompu, reprendra sa marche, et le prolétariat accomplira, malgré tout, son émancipation!

Le délégué au JOURNAL OFFICIEL.

Ce que réclame Paris

En même temps que la justification qui précède, le *Journal officiel* de Paris publie ce matin les quatre pièces qui suivent :

Paris, depuis le 18 mars, n'a d'autre gouvernement que celui du peuple : c'est le meilleur.

Jamais révolution ne s'est accomplie dans des conditions pareilles à celles où nous sommes.

Paris est *devenu ville libre.*

Cette puissante centralisation n'existe plus.

La monarchie est morte de cette constatation d'impuissance.

Dans cette ville libre, chacun a le droit de parler, sans prétendre influer en quoi que ce soit sur les destinées de a France.

Or, Paris demande :

1° *L'élection de la mairie de Paris;*

2° *L'élection des maires, adjoints et conseillers municipaux de la ville de Paris;*

3° *L'élection de tous les chefs de la garde nationale, depuis le premier jusqu'au dernier;*

4° Paris n'a nullement l'intention de se séparer de la France; loin de là : il a souffert pour elle l'empire, le gouvernement de la défense nationale, toutes leurs trahisons et toutes leurs lâchetés. Ce n'est pas, à coup sûr, pour l'abandonner aujourd'hui, mais pour lui dire, en qualité de sœur aînée : Soutiens-toi toi-même comme je me suis soutenue; oppose-toi à l'oppression comme je m'y suis opposée!

Le commandant délégué à l'ex-préfecture de police,

E. DUVAL.

Les délégués adjoints,

E. TEULLIÈRE, ÉDOUARD ROULLIER, L. DUVIVIER, CHARDON, VERGNAUD, MOUTON.

Programme de Jules Vallès

Paris doit se déclarer ville libre, commune affranchie, cité républicaine, se gouvernant elle-même et réalisant dans la mesure du possible la théorie du gouvernement direct appliqué dans la République helvétique.

Il doit prendre immédiatement certaines mesures d'urgence pour garantir ses franchises dans l'avenir et pour, en même temps, rétablir au plus vite dans le présent, l'ordre nécessaire à une cité industrielle, commerciale, travailleuse ; pour garantir le fonctionnement normal et régulier des services publics, pour assurer au mieux des intérêts généraux, des relations sérieuses avec ce qui sera le gouvernement de la France comme avec les autres villes libres qui voudraient imiter l'exemple de Paris.

Ces mesures sont celles-ci :

Convocation immédiate des municipalités parisiennes existantes en conseil et formant une commune de Paris provisoire chargée de veiller aux choses d'administration publique journalières et de présider aux élections municipales.

Adjonction de la députation de Paris et du comité central de la garde nationale à cette commission municipale.

Convocation des électeurs pour le 25 mars, à l'effet d'élire, par arrondissement, cinq administrateurs municipaux, chargés de l'administration de l'arrondissement dans lequel ils auront été élus, et se réunissant au conseil communal pour délibérer sur les intérêts généraux de la ville.

Abolition immédiate de la préfecture de police et transfert aux municipalités parisiennes de ses attributions, exercées par le Comité central de la garde nationale.

Election par la garde nationale de son état-major général.

Suppression du commandement supérieur de la garde nationale, qui ne pourra être rétabli qu'en temps de guerre, ce devra être laissé à l'élection.

Organisation de la magistrature élective pour la ville de Paris.

Acceptation des conditions de la paix et entente de la commission municipale avec le gouvernement de la France pour l'exécution de ces conditions.

Convocation rapide, et par arrondissement, de tous les citoyens pouvant justifier de leur qualité de commerçants et de comptables, pour la formation d'un syndicat commercial chargé de présenter un nouveau projet de loi sur les échéances.

Envoi immédiat de cinq délégués de la commission municipale et de la députation parisienne près des membres du pouvoir exécutif chargés de traiter avec eux sur les bases qui viennent d'être indiquées ci-dessus, et qui doivent entraîner la reconnaissance officielle de Paris, ville libre, par le gouvernement français.

Enfin, envoi de cinq autres délégués près des plénipotentiaires prussiens, afin de leur donner toutes garanties sur l'exécution du traité de paix.

Telles sont les mesures qu'il faut prendre immédiatement, sous peine de tomber dans le gâchis, de rouler dans l'abîme.

Les Repris de Justice

Hôtel-de-Ville, 20 mars 1871, 6 h. soir.

De nombreux repris de justice, rentrés à Paris, ont été envoyés pour commettre quelques attentats à la propriété, afin que nos ennemis puissent nous accuser encore.

Nous engageons la garde nationale à la plus grande vigilance dans ses patrouilles.

Chaque caporal devra veiller à ce qu'aucun étranger ne se glisse, caché sous l'uniforme, dans les rangs de son escouade.

C'est l'honneur du peuple qui est en jeu ; c'est au peuple de le garder.

ANT. ARNAUD, G. ARNOLD, ASSI, ANDIGNOUX, BOUIT, JULES BERGERET, BABICK, BOURSIER, BARON, BILLIORAY, BLANCHET, CASTIONI, CHOUTEAU, C. DUPONT, FERRAT, HENRI FORTUNÉ, FABRE, FOUGERET, C. GAUDIER, GOUHIER, GERESME, GROLLARD, JOSSELIN, FR. JOURDE, MAXIME LISBONNE, LAVALETTE, CH. LULLIER, MALJOURNAL, MOREAU, MORTIER, PRUDHOMME, ROUSSEAU, RANVIER, VARLIN, VIARD.

Manifeste des Députés de Paris

A NOS MANDANTS, ÉLECTEURS DE LA SEINE

Chers concitoyens,

Le compte-rendu de la séance du 10 mars vous a dit avec quelle énergie nous avons insisté pour la translation de l'Assemblée nationale à Paris. Nous avions hâte d'être au milieu de vous.

Nous avons du moins contribué à déjouer le projet de donner pour résidence à l'Assemblée la ville de Fontainebleau.

Inutile d'ajouter que si plus tard on venait proposer de changer la résidence provisoire à Versailles en résidence définitive, cette atteinte au droit de Paris, seule capitale possible de la France, rencontrerait de notre part une résistance inflexible.

En attendant, et vu l'état déplorable où l'empire a jeté notre pays, nous croyons nécessaire d'éviter tout ce qui pourrait donner lieu à des agitations dont ne manqueraient pas de profiter nos adversaires politiques et les envahisseurs de la France, encore campés sur son territoire.

Nous estimons, en outre, que notre présence au poste que vos suffrages nous ont assigné ne saurait être inutile, soit qu'il s'agisse de consolider la République, soit qu'il y ait à la défendre.

Sauvegarder la République, hâter la délivrance du sol français, voilà les deux grands intérêts du moment.

La République ! nous la servirons en restant sur la brèche, jusqu'à ce que l'Assemblée actuelle, nommée pour trancher la question de paix ou de guerre et pourvoir aux nécessités résultant de sa décision, fasse place à une Assemblé constituante.

La France, nous la servirons, en nous gardant de tout ce qui serait de nature à amener des conflits dont, nous le répétons, nos ennemis du dedans et du dehors n'auraient que trop sujet de se réjouir.

Telle est, chers concitoyens, la ligne de conduite que nous nous sommes tracée. Nous avons l'espoir que vous l'approuverez.

PEYRAT, EDMOND ADAM, EDGAR QUINET, SCHŒLCHER, LANGLOIS, HENRI BRISSON, GREPPO, TOLAIN, GAMBON, LOCKROY, JEAN BRUNET, FLOQUET, TIRARD, CLÉMENCEAU, MARTIN BERNARD, FARCY, LOUIS BLANC.

Ce que la Commune appelait des Actes regrettables

Tous les journaux réactionnaires publient des récits plus ou moins dramatiques sur ce qu'ils appellent « l'assassinat » des généraux Lecomte et Clément Thomas.

Sans doute, *ces actes sont regrettables*.

Mais il importe, pour être impartial, de constater deux faits :

1° Que le général Lecomte avait commandé à quatre reprises, sur la place Pigalle, de charger une foule inoffensive de femmes et d'enfants ;

2° Que le général Thomas a été arrêté au moment où il levait, en vêtements civils, un plan des barricades de Montmartre.

Ces deux hommes ont donc subi la loi de la guerre, qui n'admet ni l'assassinat des femmes ni l'espionnage.

On nous raconte que l'exécution du général Lecomte a été opérée par des soldats de la ligne, et celle du général Clément Thomas par des gardes nationaux.

Il est faux que ces exécutions aient eu lieu sous les

yeux et par les ordres du comité central de la garde nationale. Le comité central siégeait avant-hier, rue Onfroy, près de la Bastille, jusqu'à l'heure où il a pris possession de l'Hôtel-de-Ville; et il a appris en même temps l'arrestation et la mort des deux victimes de la justice populaire.

Ajoutons qu'il a ordonné une enquête immédiate sur ces faits.

Avertissement à la Presse

Après les excitations à la guerre civile, les injures grossières et les calomnies odieuses, devaient nécessairement venir la provocation ouverte à la désobéissance aux décrets du Gouvernement siégeant à l'Hôtel-de-Ville, régulièrement élu par l'immense majorité des bataillons de la garde nationale de Paris (215 sur 266 environ).

Plusieurs journaux publient, en effet, aujourd'hui, une provocation à la désobéissance à l'arrêté du comité central de la garde nationale, convoquant les électeurs pour le 22 courant, pour la nomination de la commission communale de la ville de Paris.

Voici cette pièce, véritable attentat contre la souveraineté du peuple de Paris, commis par les rédacteurs de la presse réactionnaire :

AUX ÉLECTEURS DE PARIS

DÉCLARATION DE LA PRESSE

Attendu que la convocation des électeurs est un acte de la souveraineté nationale;

Que l'exercice de cette souveraineté n'appartient qu'aux pouvoirs émanés du suffrage universel ;

Que, par suite, le comité qui s'est installé à l'Hôtel-de-Ville n'a ni droit ni qualité pour faire cette convocation ;

Les représentants des journaux soussignés regardent la convocation, affichée pour le 22 courant, comme nulle et non avenue, et engagent les électeurs à n'en pas tenir compte.

Le Journal des Débats, le Constitutionnel, le Moniteur universel, le Figaro, le Gaulois, la Vérité, Paris-Journal, la Presse, la France, la Liberté, le Pays, le National, l'Univers, le Temps, la Cloche, la Patrie, le Bien public, l'Union, l'Avenir libéral, Journal des Villes et des Campagnes, le Charivari, le Monde, la France nouvelle, la Gazette de France, le Petit Moniteur, le Petit National, l'Electeur libre, la Petite Presse.

Comme il l'a déjà déclaré, le comité central de la garde nationale, siégeant à l'Hôtel-de-Ville, respecte la liberté de la presse, c'est-à-dire le droit qu'ont tous les citoyens de contrôler, de discuter et de critiquer ses actes à l'aide de tous les moyens de publicité, mais il entend faire respecter les décisions des représentants de la souveraineté du peuple de Paris, et il ne permettra pas impunément que l'on y porte atteinte plus longtemps en continuant à exciter à la désobéissance à ses décisions et à ses ordres.

Une répression sévère sera la conséquence de tels attentats, s'ils continuent à se produire.

Protestation des Maires

A LA GARDE NATIONALE ET A TOUS LES CITOYENS, LES MAIRES ET ADJOINTS DE PARIS ET LES DÉPUTÉS DE LA SEINE :

La patrie sanglante et mutilée est près d'expirer, et nous, ses enfants, nous lui portons le dernier coup! L'étranger est à nos portes, épiant le moment d'y entrer en maître, et nous tournerions les uns contre les autres nos armes fratricides.

Au nom de tous les grands souvenirs de notre malheureuse France ; au nom de nos enfants dont nous détruirions à jamais l'avenir, nos cœurs brisés font appel aux vôtres ; — que nos mains s'unissent encore comme elles s'unissaient durant les heures douloureuses et glorieuses du siége. — Ne perdons pas en un jour cet honneur qu'avaient gardé intact cinq mois de courage sans exemple.

Cherchons, citoyens, ce qui nous unit et non ce qui nous divise.

Nous voulions le maintien, l'affermissement de la grande institution de la garde nationale, dont l'existence est inséparable de celle de la République.

Nous l'aurons.

Nous voulions que Paris retrouvât sa liberté municipale, si longtemps confisquée par un arrogant despotisme.

Nous l'aurons.

Vos vœux ont été portés à l'Assemblée nationale par vos députés ; l'Assemblée y a satisfait par un vote unanime qui garantit les élections municipales sous bref délai, à Paris et dans toutes les communes de France.

En attendant les élections, seules légales et régulières,

seules conformes aux vrais principes des institutions républicaines, le devoir des bons citoyens est de ne pas répondre à un appel qui leur est adressé sans titre et sans droit.

Nous, vos représentants municipaux, nous, vos députés, déclarons donc rester entièrement étrangers aux élections annoncées pour demain, et protestons contre leur illégalité.

Citoyens, unissons-nous dans le respect de la loi, et la Patrie et la République seront sauvées.

Vive la France ! Vive la République !

Paris, 22 mars 1871.

(*Suivent les signatures des maires, des adjoints et des représentants de la Seine.*)

Le seul Vote moral

Citoyens,

Le comité central remet aux mains du peuple de Paris le pouvoir tombé de mains indignes. Les élections communales se feront d'après le mode ordinaire ; mais le comité central exprime le vœu qu'à l'avenir le vote communal soit considéré comme le seul vraiment moral et digne des principes démocratiques.

Le Comité central de la garde nationale,

AVOINE FILS, ANT. ARNAUD, G. ARNOLD, ASSI, ANDIGNOUX, BOUIT, JULES BERGERET, BABICK, BOURSIER, BAROU, BILLIORAY, BLANCHET, CASTIONI, CHOUTEAU, C. DUPONT, FERRAT, HENRI FORTUNÉ, FABRE, FLEURY, FOUGERET, C. GAUDIER, GOUHIER, GUIRAL, GÉRESME, GROLLARD, JOSSELIN, F. JOURDE, MAXIME LISBONNE, LAVALETTE, CH. LULLIER, MALJOURNAL, MOREAU, MORTIER, PRUDHOMME, ROUSSEAU, RANVIER, VARLIN, VIARD.

L'Amiral Saisset, Commandant provisoire de la Garde nationale

L'ASSEMBLÉE DES MAIRES ET ADJOINTS DE PARIS

En vertu des pouvoirs qui lui ont été conférés,
Au nom du suffrage universel dont elle est issue et dont elle entend faire respecter le principe ;
En attendant la promulgation de la loi qui conférera à la garde nationale de Paris son plein droit d'élection ;
Vu l'urgence,
Nomme *provisoirement* :
L'amiral Saisset, représentant de la Seine, commandant supérieur de la garde nationale de Paris,
Le colonel Langlois, représentant de la Seine, chef d'état-major général.
Le colonel Schœlcher, représentant de la Seine, commandant en chef de l'artillerie de la garde nationale.

(Suivent les signatures).

Paris ne veut pas régner, il veut être libre

Citoyens,

Vous êtes appelés à élire votre assemblée communale (le conseil municipal de la ville de Paris).
Pour la première fois depuis le 4 septembre, la République est affranchie du gouvernement de ses ennemis.
Conformément au droit républicain, vous vous convoquez vous-mêmes, par l'organe de votre comité, pour

donner aux hommes que vous-mêmes aurez élus un mandat que vous-mêmes aurez défini.

Votre souveraineté vous est rendue tout entière, vous vous appartenez complétement ; profitez de cette heure précieuse, unique peut-être, pour ressaisir les libertés communales dont jouissent ailleurs les plus humbles villages, et dont vous êtes depuis si longtemps privés.

En donnant à votre ville une forte organisation communale, vous y jetterez les premières assises de votre droit, indestructible base de vos institutions républicaines.

Le droit de la cité est aussi imprescriptible que celui de la nation ; la cité doit avoir, comme la nation, son assemblée, qui s'appelle indistinctement assemblée municipale ou communale, ou commune.

C'est cette assemblée qui, récemment, aurait pu faire la force et le succès de la défense nationale, et, aujourd'hui, peut faire la force et le salut de la République.

Cette assemblée fonde l'ordre véritable, le seul durable, en l'appuyant sur le consentement souvent renouvelé d'une majorité souvent consultée, et supprime toute cause de conflit, de guerre civile et de révolution, en supprimant tout antagonisme contre l'opinion politique de Paris et le pouvoir exécutif central.

Elle sauvegarde à la fois le droit de la cité et le droit de la nation, celui de la capitale et celui de la province, fait leur juste part aux deux influences, et réconcilie les deux esprits.

Enfin, elle donne à la cité une milice nationale qui défend les citoyens contre le pouvoir, au lieu d'une armée qui défend le pouvoir contre les citoyens, et une police municipale qui poursuit les malfaiteurs, au lieu d'une police politique qui poursuit les honnêtes gens.

Cette assemblée nomme dans son sein des comités spéciaux qui se partagent ses attributions diverses (instruction, travail, finances, assistance, garde nationale, police, etc.)

Les membres de l'assemblée municipale, sans cesse

contrôlés, surveillés, discutés par l'opinion, sont révocables, comptables et responsables; c'est une telle assemblée, la ville libre dans le pays libre, que vous allez fonder. Citoyens, vous tiendrez à honneur de contribuer par votre vote à cette fondation. Vous voudrez conquérir à Paris la gloire d'avoir posé la première pierre du nouvel édifice social, d'avoir élu le premier sa commune républicaine.

Citoyens,

Paris ne veut pas régner, mais il veut être libre; il n'ambitionne pas d'autre dictature que celle de l'exemple; il ne prétend ni imposer ni abdiquer sa volonté; il ne se soucie pas plus de lancer des décrets que de subir des plébiscites; il démontre le mouvement en marchant lui-même, et prépare la liberté des autres en fondant la sienne. Il ne pousse personne violemment dans les voies de la République; il est content d'y entrer le premier.

Hôtel de Ville, 22 mars 1871.

(Suivent les signatures.)

Les Bases de la Conciliation

24 MARS

Chers Concitoyens,

Je m'empresse de porter à votre connaissance que, d'accord avec les députés de la Seine et les maires élus de Paris, nous avons obtenu du Gouvernement de l'Assemblée nationale :

1° *La reconnaissance complète de vos franchises municipales;*

2° L'élection de tous les officiers de la garde nationale, y compris le général en chef;

3° *Des modifications à la loi sur les échéances;*

4° *Un projet de loi sur les loyers, favorable aux locataires jusques et y compris les loyers de* 1,200 *francs.*

En attendant que vous confirmiez ma nomination ou que vous m'ayez remplacé, je resterai à mon poste d'honneur, pour veiller à l'exécution des lois de conciliation que nous avons réussi à obtenir, et contribuer ainsi à l'affermissement de la *République!*

Le Vice-Amiral, commandant en chef provisoire,

SAISSET.

En attendant Garibaldi

Considérant que la situation réclame des mesures rapides;

Que, de tous côtés, des commandements supérieurs, continuant les errements du passé, ont, par leur inaction, amené l'état de choses actuel; que la réaction monarchique a empêché jusqu'ici, par l'émeute et le mensonge, les élections qui auraient constitué le seul pouvoir légal de Paris;

En conséquence, le Comité arrête :

Les pouvoirs militaires de Paris sont remis aux délégués :

BRUNET,
EUDES,
DUVAL.

Ils ont le titre de généraux et agiront de concert, *en*

attendant l'arrivée du général Garibaldi, acclamé comme général en chef.

Vive la République !

Paris, le 24 mars 1871.

Le Comité central de la garde nationale,

AVOINE fils, ANT. ARNAUD, G. ARNOLD, ASSI, ANDIGNOUX, BOUIT, J. BERGERET, BABICK, BAROU, BILLIORAY, BLANCHET, GASTIONI, CHOUTEAU, C. DUPONT, FERRAT, FABRE, FLEURY, FOUGERET, C. GAUDIER, GOUHIER, GÉRESME, GROLARD, JOSSELIN, FR. JOURDE, LAVALETTE, MALJOURNAL, ED. MOREAU, PRUDHOMME, ROUSSEAU, RANVIER, VARLIN, VIARD.

Il faut agir et punir

Citoyens,

Appelés par le Comité central au poste grand et périlleux de commander provisoirement la garde nationale républicaine, nous jurons de remplir énergiquement cette mission, afin d'assurer le rétablissement de l'entente sociale entre tous les citoyens.

Nous voulons l'ordre... mais non celui que patronnent les régimes déchus, en assassinant les factionnaires paisibles et en autorisant tous les abus.

Ceux qui provoquent à l'émeute n'hésitent pas, pour arriver à leur but de restaurations monarchiques, à se servir de moyens infâmes ; ils n'hésitent pas à affamer la garde nationale en séquestrant la Banque et la Manutention.

Le temps n'est plus au parlementarisme ; il faut *agir*, et *punir* sévèrement les ennemis de la République.

Tout ce qui n'est pas avec nous est contre nous.

Paris veut être libre. La contre-révolution ne l'effraie

pas; mais la grande cité ne permet pas qu'on trouble impunément l'ordre public.

Vive la République !

Les généraux commandants,
BRUNEL, É. DUVAL, É. EUDES.

Les Griefs de la Commune

Citoyens,

La cause de nos divisions repose sur un malentendu. En adversaires loyaux, voulant le dissiper, nous exprimerons encore nos légitimes griefs.

Le gouvernement, suspect à la démocratie par sa composition même, avait néanmoins été accepté par nous, en nous réservant de veiller à ce qu'il ne trahît pas la République, après avoir trahi Paris.

Nous avons fait, sans coup férir, une révolution : c'était un devoir sacré ; en voici les preuves :

Que demandions-nous ?

Le maintien de la République comme gouvernement seul possible et indiscutable.

Le droit commun pour Paris, c'est-à-dire un conseil communal élu.

La suppression de la préfecture de police, que le préfet de Kératry avait lui-même réclamée.

La suppression de l'armée permanente et le droit pour vous, garde nationale, d'être seule à assurer l'ordre dans Paris.

Le droit de *nommer tous nos chefs.*

Enfin, *la réorganisation de la garde nationale* sur des bases qui donneraient des garanties au peuple.

Comment le gouvernement a-t-il répondu à cette revendication légitime ?

Il a *rétabli l'état* de siége tombé en désuétude, et donné

le commandement à Vinoy, qui s'est installé la menace à la bouche.

Il a porté la main sur la liberté de la presse, en *supprimant six journaux*.

Il a nommé au commandement de la garde nationale un *général impopulaire*, qui avait mission de l'assujettir à une discipline de fer et de la réorganiser sur les vieilles bases anti-démocratiques.

Il nous a mis la *gendarmerie à la préfecture, dans la personne du général Valentin*, ex-colonel de gendarmes.

L'Assemblée même n'a pas craint de souffleter Paris, qui venait de prouver son héroïsme.

Nous gardions, jusqu'à notre réorganisation, *des canons payés par nous*, et que nous avions soustraits aux Prussiens. On a tenté de s'en emparer par des entreprises nocturnes et les armes à la main.

On ne voulait rien accorder; il fallait obtenir, et nous nous sommes levés pacifiquement, mais en masse.

On nous objecte aujourd'hui que l'Assemblée, saisie de peur, nous promet, pour un temps (non déterminé), l'élection communale et celle de nos chefs, et que, dès lors, notre résistance au pouvoir n'a plus à se prolonger.

La raison est mauvaise. Nous avons été trompés trop de fois pour ne l'être pas encore; la main gauche, tout au moins, reprendrait ce qu'aurait donné la droite, et le peuple, encore une fois évincé, serait une fois de plus la victime du mensonge et de la trahison.

Voyez, en effet, ce que le gouvernement fait déjà!

Il vient de jeter à la Chambre, par la voix de Jules Favre, le plus épouvantable appel à la guerre civile, à la destruction de Paris par la province, et déverse sur nous les calomnies les plus odieuses.

Citoyens,

Notre cause est juste, notre cause est la vôtre; joignez-vous donc à nous pour son triomphe. Ne prêtez pas l'oreille aux conseils de quelques hommes soldés qui cherchent à semer la division dans nos rangs; et, enfin, si vos convictions sont autres, venez donc protester par des bulletins blancs, comme c'est le devoir de tout bon citoyen.

Déserter les urnes n'est pas prouver qu'on a raison ; c'est, au contraire, user de subterfuge pour s'assimiler, comme voix d'abstentions, les défaillances des indifférents, des paresseux ou des citoyens sans foi politique.

Les hommes honnêtes répudient d'habitude de semblables compromissions.

Avant l'accomplissement de l'acte après lequel nous devons disparaître, nous avons voulu tenter cet appel à la raison et à la vérité.

Notre devoir est accompli.

Hôtel de Ville, 24 mars 1871.

(*Suivent les signatures.*)

L'or ruisselle.

PARTIE OFFICIELLE

De nombreux agents bonapartistes et orléanistes ont été surpris faisant des distributions d'argent pour détourner les habitants de leurs devoirs civiques.

Tout individu convaincu de corruption ou de tentative de corruption sera immédiatement déféré au Comité central de la garde nationale.

Pour le Comité central :

E. LEBEAU,

Délégué au *Journal officiel*.

Amouroux à Lyon

Lyon, 24 mars 1871.

Aux citoyens membres du Comité central, à Paris.

Nous sommes arrivés à Lyon et immédiatement introduits à l'Hôtel de Ville ; nous avons dû paraître au balcon, aux acclamations de plus de vingt mille citoyens.

Dix huit bataillons sur vingt-quatre sont heureux de se fédéraliser avec les deux cent quinze bataillons de Paris.

Pas une goutte de sang versé, grâce aux mesures préservatrices prises par la commission provisoire.

Le gouvernement de Versailles n'est pas reconnu.

En somme, la cause du peuple triomphe, et Paris seul est reconnu comme capitale.

Pour la délégation,

AMOUROUX.

Commune de Lyon

Le comité démocratique de la garde nationale du Rhône,

Le comité central démocratique de l'alliance républicaine du Rhône aux Lyonnais.

Citoyens,

La Commune vient d'être proclamée du haut du balcon de l'Hôtel de Ville, aux applaudissements frénétiques de la population entière.

Notre ville qui, la première au 4 septembre, a proclamé la République, ne pouvait tarder d'imiter Paris.

Honneur à cette courageuse et vaillante population lyonnaise!

Elle vient de concourir au rétablissement de la liberté et de la vraie République.

Elle vient de reprendre la direction de ses intérêts trop longtemps absorbés par le pouvoir central.

Avec la commune, citoyens, nous aurons un pouvoir unique qui concentrera dans ses mains la force armée et la police municipale.

Avec la commune, les impôts s'allègeront, les deniers publics ne seront plus gaspillés, les institutions sociales, attendues avec une légitime impatience par les travailleurs, seront fondées et mises en pratique. Une ère nouvelle, citoyens, commence pour notre cité.

Bien des souffrances et des misères seront soulagées, en attendant que disparaisse la hideuse plaie sociale appelée paupérisme.

Que les habitants restent calmes et dignes dans leur victoire!

Qu'ils aient confiance, et bientôt l'ordre et la prospérité ne seront plus de vains mots.

Par notre attitude, prouvons aux ennemis de la vraie liberté que le peuple ne confond jamais cette sublime institution appelée commune, avec les débordements dont ils se plaisent à l'accuser.

Bientôt nos détracteurs eux-mêmes seront contraints de reconnaître que le peuple est digne d'être régi par des institutions républicaines. Soyons unis et restons armés pour soutenir la République une et indivisible.

Vive la commune! Vive la République!

Pour le comité de la garde nationale,

LACONDAMINE, MALARD, JERRICARD, A. DELMAS, FRANQUET.

Pour le comité démocratique de l'alliance républicaine,

BRUN, ROLAND, présidents; GOULORBE, CHAPITET.

Pas de Conciliation

En présence des événements actuels, les municipalités élues de Paris ont tenté et poursuivi jusqu'ici un but de conciliation.

L'inqualifiable discours de M. Jules Favre, dans lequel il est dit : « *qu'il faut combattre l'émeute de cette tourbe impure qui contient tant d'éléments détestables,* » et ces paroles de M. l'amiral Saisset : « *Oui, appelons la province et marchons s'il le faut sur Paris, il faut que l'on en finisse,* » ont gravement compromis tant de laborieux efforts.

Dans cette situation, et étant mis hors de cause, le Comité central, que sa victoire sur l'agression gouvernementale a porté à l'Hôtel de ville, le seul moyen de rentrer dans l'ordre sans qu'une goutte de plus de sang français soit versée par des mains françaises ; pour que la révolution municipale de Paris ait son cours et soit circonscrite dans son objet, un seul moyen reste :

Les élections d'un Conseil municipal de Paris.

C'est pourquoi, dans un but de concorde et de conservation de notre chère République, je crois de mon devoir de me rallier aux élections qui doivent avoir lieu le 26 mars.

Salut fraternel.

B. MALON,
Adjoint au 17e arrondissement.

Honneur et Patrie

Chers concitoyens,

Investi du commandement en chef des gardes nationales de la Seine, et d'accord avec MM. les maires de

Paris, élus par le suffrage universel, j'entre en fonctions à partir de ce jour.

Je n'ai d'autre titre à vous commander, mes chers concitoyens, que celui de m'être associé à votre héroïque résistance en défendant de mon mieux contre l'ennemi, jusqu'à la dernière heure, les forts et les positions placés sous mon commandement.

M'appuyant sur les chefs élus de nos municipalités, j'espère arriver, par la persuasion et de sages avis, à opérer la conciliation de tous sur le terrain de la République, mais je suis fermement résolu à donner ma vie, s'il le faut, pour la défense de l'ordre, le respect des personnes et de la propriété, comme mon fils unique a donné la sienne pour la défense de Paris.

Groupez-vous autour de moi, accordez-moi votre confiance, et la République sera sauvée.

Ma devise reste celle des marins : *Honneur et Patrie !*

Le vice-amiral,
SAISSET.

Le Comité central a cédé la place à la Commune

25 MARS

Citoyens,

Notre mission est terminée ; nous allons céder la place dans votre Hôtel-de-Ville à vos nouveaux élus, à vos mandataires réguliers.

Aidés par votre patriotisme et votre dévouement, nous avons pu mener à bonne fin l'œuvre difficile entreprise en votre nom. Merci de votre concours persévérant ; la solidarité n'est plus un vain mot : le salut de la République est assuré.

Si nos conseils peuvent avoir quelque poids dans vos

résolutions, permettez à vos plus zélés serviteurs de vous faire connaître, avant le scrutin, ce qu'ils attendent du vote aujourd'hui.

Citoyens,

Ne perdez pas de vue que les hommes qui vous serviront le mieux sont ceux que vous choisirez parmi vous, vivant de votre propre vie, souffrant des mêmes maux.

Défiez-vous autant des ambitieux que des parvenus ; les uns comme les autres ne consultent que leur propre intérêt et finissent toujours par se considérer comme indispensables.

Défiez-vous également des parleurs, incapables de passer à l'action ; ils sacrifieront tout à un discours, à un effet oratoire ou à un mot spirituel. — Evitez également ceux que la fortune a trop favorisés, car trop rarement celui qui possède la fortune est disposé à regarder le travailleur comme un frère.

Enfin, cherchez des hommes aux convictions sincères, des hommes du peuple, résolus, actifs, ayant un sens droit et une honnêteté reconnue. — Portez vos préférences sur ceux qui ne brigueront pas vos suffrages ; le véritable mérite est modeste, et c'est aux électeurs à connaître leurs hommes, et non à ceux-ci de se présenter.

Nous sommes convaincus que, si vous tenez compte de ces observations, vous aurez enfin inauguré la véritable représentation populaire, vous aurez trouvé des mandataires qui ne se considéreront jamais comme vos maîtres.

Hôtel-de-Ville, 25 mars 1871.

Le comité central de la garde nationale :

AVOINE fils, ANT. ARNAUD, G. ARNOLD, ASSI, ANDIGNOUX, BOUIT, JULES BERGERET, BABICK, BAROUD, BILLIORAY, L. BOURSIER, BLANCHET, CASTIONI, CHOUTEAU, C. DUPONT, FABRE, FERRAT, FLEURY, FOUGERET, C. GAUDIER, GOUHIER, H. GERESME, GRÊLIER, GROLARD, JOSSELIN, FR. JOURDE, LAVALETTE, HENRY (FORTUNÉ), MALJOURNAL, ÉDOUARD MOREAU, MORTIER, PRUDHOMME, ROUSSEAU, RANVIER, VARLIN.

Fausses Nouvelles

27 mars.

L'Assemblée de Versailles vient de nommer le duc d'Aumale *lieutenant général du royaume*.

Elle désavoue les engagements placardés hier par M. Saisset, qui se démet de ses fonctions virtuelles et renonce à la résistance.

Elle lève ouvertement l'étendard de la révolte contre le peuple souverain, et appelle la province à marcher sur Paris.

La province répond à cet appel en faisant la révolution municipale à Lyon, Marseille, Toulouse, Draguignan, Grenoble et Besançon.

Et ce n'est que le commencement.

Le Langage de l'Internationale

ASSOCIATION INTERNATIONALE DES TRAVAILLEURS

Conseil fédéral des Sections parisiennes

CHAMBRE FÉDÉRALE DES SOCIÉTÉS OUVRIÈRES

Travailleurs,

Une longue suite de revers, une catastrophe qui semble devoir entraîner la ruine complète de notre pays, tel est le bilan de la situation créée à la France par les gouvernements qui l'ont dominée.

Avons-nous perdu les qualités nécessaires pour nous relever de cet abaissement ? Sommes-nous dégénérés au point de subir avec résignation le despotisme hypocrite de ceux qui nous ont livrés à l'étranger, et de ne retrouver d'énergie que pour rendre notre ruine irrémédiable par la guerre civile ?

Les derniers événements ont démontré la force du peuple de Paris, nous sommes convaincus qu'une entente fraternelle démontrera bientôt sa sagesse.

Le principe d'autorité est désormais impuissant pour rétablir l'ordre dans la rue, pour faire renaître le travail dans l'atelier, et cette impuissance est sa négation.

L'insolidarité des intérêts a créé la ruine générale, engendré la guerre sociale ; *c'est à la liberté, à l'égalité, à la solidarité, qu'il faut demander d'assurer l'ordre sur de nouvelles bases, de réorganiser le travail, qui est sa condition première.*

Travailleurs,

La révolution communale affirme ces principes, elle écarte toute cause de conflit dans l'avenir. Hésiterez-vous à lui donner votre sanction définitive ?

L'indépendance de la Commune est le gage d'un contrat, dont les clauses, librement débattues, feront cesser l'antagonisme des classes et assureront l'égalité sociale.

Nous avons revendiqué l'émancipation des travailleurs, et la délégation communale en est la garantie, car elle doit fournir à chaque citoyen les moyens de défendre ses droits, de contrôler d'une manière efficace les actes de ses mandataires chargés de la gestion de ses intérêts, et de déterminer l'application progressive des réformes sociales.

L'autonomie de chaque commune enlève tout caractère oppressif à ses revendications et affirme la République dans sa plus haute expression.

Travailleurs,

Nous avons combattu, nous avons appris à souffrir pour notre principe égalitaire, nous ne saurions reculer alors que nous pouvons aider à mettre la première pierre de l'édifice social.

Qu'avons-nous demandé?

L'organisation du crédit, de l'échange, de l'association, afin d'assurer au travailleur la valeur intégrale de son travail.

L'instruction gratuite, laïque et intégrale;

Le droit de réunion et d'association, la liberté absolue de la presse, celle du citoyen;

L'organisation au point de vue municipal des services de police, de force armée, d'hygiène, de statistique, etc.

Nous avons été dupes de nos gouvernants, nous nous sommes laissé prendre à leur jeu, alors qu'ils caressaient et réprimaient tour à tour les factions dont l'antagonisme assurait leur existence.

Aujourd'hui, le peuple de Paris est clairvoyant, il se refuse à ce rôle d'enfant dirigé par le précepteur, et dans les élections municipales, produit d'un mouvement dont il est lui-même l'auteur, il se rappellera que le principe qui préside à l'organisation d'un groupe, d'une association, est le même qui doit gouverner la société entière, et comme il rejetterait tout administrateur, président imposé par un pouvoir en dehors de son sein, il repoussera tout maire, tout préfet imposé par un gouvernement étranger à ses aspirations.

Il affirmera son droit supérieur au vote d'une Assemblée de rester maître dans sa ville, et de constituer comme il lui convient sa représentation municipale, sans prétendre l'imposer aux autres.

Dimanche 26 mars, nous en sommes convaincus, le

peuple de Paris tiendra à honneur de voter pour la Commune.

Les délégués présents à la séance de nuit du 23 mars 1871 :

Conseil fédéral des sections parisiennes de l'Association internationale,

> AUBRY (fédération rouennaise), BOUDET, CHAUDESAIGUES, COIFFÉ, V. DEMAY, A. DUCHÊNE, DUPUIS, LÉO FRANKEL, H. GOULLÉ, LAUREAU, LIMOUSIN, MARTIN LÉON, NOSTAG, CH. ROCHAT.

Chambre fédérale des sociétés ouvrières,

> CAMÉLINAT, DESCAMPS, EVETTE, GALAND, HAAN, HAMET, JANCE, J. LALLEMAND, LAZARE LÉVY, PINDY, EUGÈNE POTTIER, ROUVEYROLES, SPOETLER, A. THEISZ, VERY.

Démission de l'Amiral Saisset

Le *Siècle* a publié les documents suivants :

Monsieur le directeur,

Je me fais un devoir de vous communiquer le plus tôt possible la pièce suivante qui est entre mes mains, et que je n'ai pu remettre qu'il y a quelques instants à M. le capitaine de vaisseau Trève, que son service avait éloigné de chez lui.

C'est un ordre écrit du vice-amiral Saisset *avant son départ pour Versailles*. Dans ces circonstances, je remercie tous les républicains sincères qui m'avaient en foule apporté leur adhésion, et je leur demande de persévérer dans les sentiments qui nous guidaient dans notre lutte pacifique en faveur du suffrage universel.

Quant à moi, je resterai comme eux républicain, et l'ennemi déclaré de la violence ou de la réaction.

Recevez, monsieur le directeur, l'assurance de ma considération très-distinguée.

ÉDOUARD DUPONT.

Copie d'un ordre du vice-amiral Saisset, adressé au colonel Trève de la garde nationale, et remis à M. Dupont, par son aide de camp.

« J'ai l'honneur d'informer MM. les chefs de corps, « officiers, sous-officiers, et gardes nationaux de la Seine, « que *je les autorise à rentrer dans leurs foyers, à dater du* « *samedi 25, 7 heures du soir.* »

« Le vice-amiral commandant en chef la garde nationale de la Seine,

« *Signé :* SAISSET.

« Pour copie conforme :

« *L'aide de camp de l'amiral,*

« A. CLÉMENT. »

« Je vous ai cherché partout, mon cher commandant, et j'ai dû, ne vous trouvant pas, donner à M. Edouard Dupont copie de l'invitation ci-dessus. L'amiral est parti pour Versailles, *où il va donner sa démission de commandant en chef, les maires de Paris l'y ayant invité.*

« Je suis, etc.

» *Signé :* A. CLÉMENT. »

Le Devoir de la Société envers les Princes

On lit dans le *Journal officiel* du 28 mars :

On nous assure, mais la nouvelle n'a rien d'officiel, que le duc d'Aumale serait à Versailles. Si cela était vrai, c'est que de Bordeaux à Versailles le duc d'Aumale n'aurait pas rencontré un citoyen.

C'est par des faits semblables que l'on voit combien le sens moral et civique s'est affaissé. *Dans les républiques antiques, le tyrannicide était la loi.* Ici, une prétendue morale nomme assassinat cet acte de justice et de nécessité.

Aux corrompus qui se plaisent dans la pourriture monarchique, aux intrigants qui en vivent, s'unit le groupe des niais sentimentaux.

Ceux-ci déclarent que ces pauvres diables de princes ne sont pas responsables des crimes de leurs pères, de leur nom, de leur famille, pas plus que ne le serait le fils de Tropmann.

Ils oublient que le fils du forçat n'est pas condamné par l'opinion publique s'il n'est forçat lui-même; mais, à juste titre, la défiance s'attache à celui dont la jeunesse a dû subir l'influence de si mauvais exemples, dont l'éducation première a eu un tel directeur.

De même un prince, fils de prince, qui continue à s'appeler prince, et qui, comme le d'Aumale en question, ose venir poser dans la France républicaine la question monarchique et la candidature de sa famille, excite notre colère et appelle notre justice.

Et quand même ces princes, qui rêvent de nous rejeter dans l'oppression, auraient été éclairés par le génie de la Révolution, ils devraient alors comprendre qu'ils ne doivent pas devenir des agents de discordes et de guerres civiles, et ils devraient se condamner eux-mêmes à aller expier dans une contrée lointaine le malheur et la honte de leur naissance.

Car il ne suffit pas qu'ils se prétendent sans ambition, — nous nous rappelons les serments et les protestations de Bonaparte, — fussent-ils sincères, leur nom, leur présence, seraient exploités par ceux que l'ambition, l'intérêt, l'intrigue attachent à leur fortune, et, quelle que fût la volonté du prince, son influence néfaste serait la même.

De même que, dans le cours inaltérable des choses, tout élément discordant est éliminé et rien de ce qui est contre l'équilibre ne pourrait prévaloir, de même, dans la société, tout objet de trouble dans l'ordre moral, tout obstacle à la réalisation de l'idéal de justice que poursuit la Révolution doit être brisé.

La société n'a qu'un devoir envers les princes : la mort. Elle n'est tenue qu'à une formalité : la constatation d'identité. Les d'Orléans sont en France, les Bonaparte veulent revenir : que les bons citoyens avisent!

Résultat des Élections de la Commune

PREMIER ARRONDISSEMENT

(Louvre)

Adam	7.272
Meline	7.251
Rochard	6.629
Barré	6.294

DEUXIÈME ARRONDISSEMENT

(Bourse)

Brelay	7.025
Loyseau-Pinson	6.962
Tirard	6.391
Cheron	6.066

TROISIÈME ARRONDISSEMENT

(Temple)

Demay	8.730
A. Arnaud	8.679

Pindy. 7.816
Cléray. 6.115
Clovis Dupont 5.661

QUATRIÈME ARRONDISSEMENT
(Hôtel-de-Ville)

Lefrançais. 8.619
Arthur Arnould. 8.608
Clémence 8.163
Gérardin. 8.154
Amouroux. 8.150

CINQUIÈME ARRONDISSEMENT
(Panthéon)

Régère. 4.026
Jourde. 3.949
Tridon. 3.948
Blanche. 3.271
Ledroit. 3.236

SIXIÈME ARRONDISSEMENT
(Luxembourg)

Albert Leroy. 5.800
Goupil. 5.111
Docteur Robinet 3.904
Beslay. 3.714
Varlin. 3.602

SEPTIÈME ARRONDISSEMENT
(Palais-Bourbon)

Dr. Parizel. 3.367
Ernest Lefèvre 2.859

Urbain. 2.803
Brunel. 1.947

HUITIÈME ARRONDISSEMENT
(Élysée)

Raoul Rigault 2.175
Vaillant 2.145
Arthur Arnould 2.114
Jules Allix 2.028

NEUVIÈME ARRONDISSEMENT
(Opéra)

Ranc 8.950
Ulysse Parent 4.770
Desmarest 4.232
E. Ferry 3.732
Nast 3.691

DIXIÈME ARRONDISSEMENT
(Enclos de Saint-Laurent)

Félix Pyat 11.813
Henri Fortuné 11.354
Champy 11.042
Gambon 10.734
Babick 10.738

ONZIÈME ARRONDISSEMENT
(Popincourt)

Mortier 19.397
Delescluze 18.379
Protot 18.062
Assi 18.041

Eudes 17.392
Avrial 16.193
Verdure 15.657

DOUZIÈME ARRONDISSEMENT
(Bercy-Reuilly)

Varlin 2.312
Geresme 2.194
Fruneau 2.173
Theisz 2.150

TREIZIÈME ARRONDISSEMENT
(Gobelins)

Léo Meillet 6.664
Durand 6.630
Chardon 4.761
Frankel 4.520

QUATORZIÈME ARRONDISSEMENT
(Observatoire)

Billioray 6.100
Martelet 5.927
Descamps 5.830

QUINZIÈME ARRONDISSEMENT
(Vaugirard)

Clément 5.025
J. Vallès 4.403
Langevin 2.417

SEIZIÈME ARRONDISSEMENT
(Passy-Auteuil)

Docteur Marmottan. 2.676
De Bouteiller. 1.959

DIX-SEPTIÈME ARRONDISSEMENT
(Batignolles)

Varlin. 9.356
Clément. 7.121
Gérardin. 6.142
Chalin. 4.545
Malon. 4.199

DIX-HUITIÈME ARRONDISSEMENT
(Montmartre)

Theisz. 14.950
Blanqui 14.950
Dereure 14.661
J.-B. Clément 14.188
Th. Ferré 13.784
Vermorel 13.784
Paschal Grousset. 13.359

DIX-NEUVIÈME ARRONDISSEMENT
(Buttes-Chaumont)

Oudet. 10.065
Puget. 9.547
Delescluze 5.846

Cournet 5.540
J. Miot 5.520
Ostyn 5.065

VINGTIÈME ARRONDISSEMENT

(Belleville et Charonne)

Ranvier 14.127
Bergeret 14.003
Flourens 13.498
Blanqui 13.338

L'esprit d'Ordre, de Progrès, de Justice

A l'heure où nous écrivons, le Comité central aura de droit, sinon de fait, cédé la place à la Commune. Ayant rempli le mandat extraordinaire dont la nécessité l'avait investi, il se réduira de lui-même à la fonction spéciale qui fut sa raison d'être, et qui, contestée violemment par le pouvoir, l'obligeait à lutter, à vaincre, ou à mourir avec la cité dont il était là représentation armée.

Expression de la liberté municipale légitimement, juridiquement insurgée contre l'arbitraire gouvernementale, le Comité n'avait d'autre mission que d'empêcher à tout prix qu'on arrachât à Paris le droit primordial qu'il avait triomphalement conquis. Au lendemain du vote, on peut dire que le Comité a fait son devoir.

Quant à la Commune élue, son rôle sera tout autre et ses moyens pourront être différents. Avant tout, il lui faudra définir son mandat, délimiter ses attributions. Ce pouvoir constituant qu'on accorde si large, si indéfini, si confus pour la France à une Assemblée nationale, elle devra l'exercer pour elle-même, c'est-à-dire pour la cité, dont elle n'est que l'expression.

Aussi, l'œuvre première de nos élus devra être la discussion et la rédaction de leur charte, de cet acte que nos aïeux du moyen âge appelaient leur Commune. Ceci fait, il lui faudra aviser aux moyens de faire reconnaître et garantir par le pouvoir central, quel qu'il puisse être, ce statut de l'autonomie municipale. Cette partie de leur tâche ne sera pas la moins ardue si le mouvement, localisé à Paris et dans une ou deux grandes villes, permet à l'Assemblée nationale actuelle d'éterniser un mandat que le bon sens et la force des choses limitaient à la conclusion de la paix, et qui déjà se trouve depuis quelque temps accompli.

A une usurpation de pouvoir, la Commune de Paris n'aura pas à répondre en usurpant elle-même. Fédérée avec les communes de France déjà affranchies, elle devra, en son nom et au nom de Lyon, de Marseille et bientôt peut-être de dix grandes villes, étudier les clauses du contrat qui devra les relier à la nation, poser l'ultimatum du traité qu'elles entendent signer.

Quel sera cet ultimatum ? D'abord, il est bien entendu qu'il devra contenir la garantie de l'autonomie, de la souveraineté municipale reconquises. En second lieu, il devra assurer le libre jeu des rapports de la Commune avec les représentants de l'unité nationale.

Enfin, il devra imposer à l'Assemblée, et elle accepte de traiter la promulgation d'une loi électorale telle que la représentation des villes ne soit plus à l'avenir absorbée et comme noyée dans la représentation des campagnes. Tant qu'une loi électorale conçue dans cet esprit n'aura pas été appliquée, l'unité nationale brisée, l'équilibre social rompu ne pourraient pas se rétablir.

A ces conditions, et à ces conditions seulement, la ville insurgée redeviendra la ville capitale. Circulant plus libre à travers la France, son esprit sera bientôt l'esprit même de la nation, esprit d'ordre, de progrès, de justice, c'est-à-dire de révolution.

M. Thiers ne trahira pas la République

SÉANCE DU 27 MARS

. . . .
Ils disent que l'Assemblée, avec ses opinions, médit un attentat contre l'ordre de choses actuel. J'affirme ici que tous les partis peuvent librement affirmer leurs opinions. Les partis monarchiques peuvent noblement affirmer les opinions qu'ils soutiennent... (Interruptions à gauche.) Nous sommes tellement impatients que même lorsqu'on abonde dans votre sens, lorsque je vous dis : Toutes les opinions peuvent s'affirmer, de nobles opinions peuvent être avouées à la face du ciel, vous m'interrompez. Je ne comprends vraiment pas vos interruptions.

Non, messieurs, je vous l'ai dit et je le répéterai devant le pays, devant l'histoire qui n'a jamais eu les yeux plus ouverts, qui n'a jamais été plus attentive que dans ce moment : jamais aucun parti ne sera trahi; contre aucun il ne sera pratiqué de solution frauduleuse. (Vive approbation.)

Nous n'avons accepté que la mission de défendre l'ordre, de réorganiser le pays de manière à lui rendre l'avenir, la liberté, le commerce, la prospérité après de si grands malheurs. *Lorsque le pays sera rétabli, il choisira lui-même ses destinées.* Nous n'avons pas à nous préoccuper d'une solution quelconque qui serait la destruction de tous les partis au profit d'un seul. Rétablir purement et simplement la situation du pays, c'est la seule chose que nous ayons à cœur.

D'aucun côté, entendez-le bien, vous ne pourrez vous dire trahis. Je n'ai jamais menti devant mon pays, et je mentirais indignement si je vous disais une chose qui ne serait point la réalité. Nous ne voulons que précipiter une chose : la convalescence et la santé du pays. (Vive approbation.) *A ceux qui disent que nous voulons renverser la République, je leur donne un démenti formel ; ils mentent au pays et veulent le troubler en disant cela.* (Nouvelles marques d'approbation.)

Nous avons trouvé la République établie. C'est un fait dont nous ne sommes pas les auteurs, mais je ne la trahirai pas. Je le jure devant Dieu. La réorganisation du pays sera notre seule préoccupation, et ils mentent cent fois, les misérables qui osent se servir de cet argument pour troubler le pays. (Mouvement.)

Savez-vous à qui appartiendra le résultat ? Aux plus sages. Travaillez ; tâchez de remporter le véritable prix pour gouverner, le prix de la raison et de la bonne conduite. Quant à moi, je ne puis accepter d'autre responsabilité que celle que je prends ici.

Les premiers Actes de la Commune

Citoyens,

Votre Commune est constituée.

Le vote du 26 mars a sanctionné la Révolution victorieuse.

Un pouvoir, lâchement agresseur, vous avait pris à la gorge : vous avez, dans votre légitime défense, repoussé de vos murs ce gouvernement qui voulait vous déshonorer en vous imposant un roi.

Aujourd'hui, les criminels, que vous n'avez pas même voulu poursuivre, abusent de votre magnanimité pour organiser aux portes même de la cité un foyer de conspiration monarchique. Ils invoquent la guerre civile ; ils mettent en œuvre toutes les corruptions ; ils acceptent toutes les complicités ; ils ont osé mendier jusqu'à l'appui de l'étranger.

Nous en appelons, de ces menées exécrables, au jugement de la France et du monde.

Citoyens,

Vous venez de nous donner des institutions qui défient toutes les tentatives.

Vous êtes maîtres de vos destinées. Forte de votre appui, la représentation que vous venez d'établir va réparer les désastres causés par le pouvoir déchu : l'industrie compromise, le travail suspendu, les transactions commerciales paralysées vont recevoir une impulsion vigoureuse.

Dès aujourd'hui, la *décision attendue sur les loyers;*
Demain, *celle des échéances;*
Tous les *services publics rétablis et simplifiés;*
La *garde nationale*, désormais seule force armée de la cité, *réorganisée* sans délai.

Tels seront nos *premiers actes.*

Les élus du peuple ne lui demandent, pour assurer le triomphe de la République, que de les soutenir de leur confiance.

Quant à eux, ils feront leur devoir.

Hôtel-de-Ville, 29 mars 1871.

La Commune de Paris.

Abolition de la Conscription

La Commune de Paris décrète :

1° La conscription est abolie ;
2° Aucune force militaire, autre que la garde nationale, ne pourra être créée ou introduite dans Paris ;
3° Tous les citoyens valides font partie de la garde nationale.

Hôtel-de-Ville, 29 mars.

La Commune de Paris.

La Question des Loyers

La Commune de Paris,

Considérant que le travail, l'industrie et le commerce ont supporté toutes les charges de la guerre, *qu'il est juste que la propriété fasse au pays sa part de sacrifice,*

Décrète :

Art. 1er. — Remise générale est faite aux locataires des termes d'octobre 1870, janvier et avril 1871.

Art. 2. — Toutes les sommes payées par les locataires pendant les neuf mois seront imputables sur les termes à venir.

Art. 3. — Il est fait également remise des sommes dues pour les locations en garni.

Art. 4. — Tous les baux sont résiliables, à la volonté des locataires, pendant une durée de six mois, à partir du présent décret.

Art. 5. — Tous congés donnés seront, sur la demande des locataires, prorogés de trois mois.

Hôtel-de-Ville, 29 mars 1871.

La Commune de Paris.

Les Étrangers à la Commune

« Existe-t-il une incompatibilité entre le mandat de député à l'Assemblée de Versailles et celui de membre de la Commune? »

Considérant que l'Assemblée de Versailles, en refusant de reconnaître la Commune élue par le peuple de Paris, mérite par cela même de ne pas être reconnue par cette Commune;

Que le cumul doit être interdit;.

Qu'il y a du reste impossibilité matérielle à suivre les travaux des deux assemblées.

Les étrangers peuvent-ils être admis à la Commune?

Considérant que le drapeau de la Commune est celui de la République universelle ;

Considérant que toute cité a le droit de donner le titre de citoyen aux étrangers qui la servent ;

Que cet usage existe depuis longtemps chez des nations voisines ;

Considérant que le titre de membre de la Commune, étant une marque de confiance plus grande encore que le titre de citoyen, comporte implicitement cette dernière qualité,

La commission est d'avis que les étrangers peuvent être admis, et vous propose l'admission du citoyen Frankel.

Les élections doivent-elles être validées d'après la loi de 1849, exigeant pour les élus le huitième des électeurs inscrits?

Considérant qu'il a été établi que les élections seraient faites d'après la loi de 1849, la commission est d'avis que le huitième des voix est nécessaire en principe;

Mais, considérant que l'examen des listes électorales de 1871 a fait reconnaître des irrégularités qui sont d'une importance telle, qu'elles ne présentent plus aucune certitude sur le véritable chiffre des électeurs inscrits ; les causes qui ont influé sur l'inexactitude des listes sont de différente nature : c'est le plébiscite impérial, pour lequel une augmentation insolite s'est produite, le plébiscite du 3 novembre, les décès pendant le siège, le chiffre élevé des habitants qui ont abandonné Paris après la capitulation, et, d'un autre côté, le chiffre considérable pendant le siège des réfugiés étrangers à Paris, etc.;

Considérant qu'il a été matériellement impossible de

rectifier à temps toutes les erreurs, et qu'on ne peut s'en rapporter à une base légale aussi évidemment faussée.

En conséquence, la commission propose de déclarer validées, aussi bien que toutes les élections qui ont obtenu le huitième des voix, les six élections qui resteraient en suspens, en s'en rapportant à la majorité relative des citoyens qui ont rempli leur devoir étroit en allant au scrutin.

Pour la commission :
Le rapporteur,
PARISEL.

La Commune a adopté les conclusions du rapport.

Le Comité central vit encore

En attendant la loi sur la réorganisation de la garde nationale, et vu l'urgence,

Le Comité central arrête :

Tous les bataillons de la garde nationale de Paris procéderont vendredi prochain aux élections nécessaires pour compléter leurs cadres.

Il sera également procédé dans les compagnies qui ne l'ont point encore fait, à l'élection des délégués de la Fédération républicaine de la garde nationale.

Les procès-verbaux de ces élections, ainsi que les états nominatifs des cadres de tous les bataillons, devront être parvenus au Comité central samedi prochain au plus tard.

Le Comité central rappelle aux gardes nationaux qu'ils ont le droit de révoquer leurs chefs dès qu'ils ont perdu la confiance de ceux qui les ont nommés.

Paris, le 29 mars 1871.

Les membres du Comité central,
PRUDHOMME, LAVALETTE, ED. MOREAU, FOUGERET, BAROUD.

Le Comité central approuve

Le Comité central des vingt arrondissements de Paris déclare donner son *adhésion pleine et entière* aux trois décrets rendus le 29 mars courant par la Commune, relatifs :
1° Aux loyers ;
2° A la conscription ;
3° Et aux objets engagés au Mont-de-Piété.
Paris, ce 30 mars 1871.

Plus de Général en chef

La Commune de Paris décrète :
1° Le titre et les fonctions de général en chef sont supprimés ;
2° Le citoyen Brunel est mis en disponibilité ;
3° Le citoyen Eudes est délégué à la guerre, Bergeret à l'état-major de la garde nationale, et Duval au commandement militaire de l'ex-préfecture de police.
Paris le 1er avril 1871

La commission exécutive :

Général EUDES, FÉLIX PYAT, G. TRIDON, Général JULES BERGERET, LEFRANÇAIS, E. DUVAL, ED. VAILLANT.

Plus de gros Traitements, on se rattrappera sur le reste

La Commune de Paris,
Considérant :
Que, jusqu'à ce jour, les emplois supérieurs des servi-

ces publics, par les appointements élevés qui lui ont été attribués, ont été recherchés et accordés comme places de faveur ;

Considérant :

Que dans une République réellement démocratique, il ne peut y avoir ni sinécure ni exagération de traitement :

Décrète :

Article unique. Le maximum de traitement des employés aux divers services communaux est fixé à *six mille francs par an.*

Hôtel-de-Ville, 2 avril 1871

La *Commune de Paris.*

La Commune modèle

DISCOURS DU CITOYEN BESLAY

Citoyens,

Votre présence ici atteste à Paris et à la France que la Commune est faite, et l'affranchissement de la Commune de Paris, c'est, nous n'en doutons pas, l'affanchissement de toutes les communes de la République.

Depuis cinquante ans, les routiniers de la vieille politique nous bernaient avec les grands mots de décentralisation et de gouvernement du pays par le pays. Grandes phrases qui ne nous ont rien donné !

Plus vaillants que vos devanciers, vous avez fait comme le sage qui marchait pour prouver le mouvement, vous avez marché, et l'on peut compter que la République marchera avec vous !

C'est là, en effet, le couronnement de votre victoire pacifique. Vos adversaires ont dit que vous frappiez la

République; nous répondons, nous, que si nous l'avons frappée, c'est comme le pieu que l'on enfonce plus profondément en terre.

Oui, c'est par la liberté complète de la Commune que la République va s'enraciner chez nous. La République n'est plus aujourd'hui ce qu'elle était aux grands jours de notre Révolution. La République de 93 était un soldat qui, pour combattre au dehors et au dedans, avait besoin de centraliser sous sa main toutes les forces de la patrie; la République de 1871 est un travailleur qui a surtout besoin de liberté pour féconder la paix.

Paix et travail! voilà notre avenir! Voilà la certitude de notre revanche et de notre régénération sociale, et, ainsi comprise, la République peut encore faire de la France le soutien des faibles, la protection des travailleurs, l'espérance des opprimés dans le monde, et le fondement de la République universelle.

L'affranchissement de la Commune est donc, je le répète, l'affranchissement de la République elle-même; chacun des groupes sociaux va retrouver sa pleine indépendance et sa complète liberté d'action.

La Commune s'occupera de ce qui est local.

Le département s'occupera de ce qui est régional.

Le Gouvernement s'occupera de ce qui est national.

Et, disons-le hautement : la Commune que nous fondons sera la Commune modèle. Qui dit travail dit *ordre*, *économie*, *honnêteté*, contrôle sévère, et ce n'est pas dans la Commune républicaine que Paris trouvera des fraudes de 400 millions.

De son côté, ainsi réduit de moitié, le gouvernement ne pourra plus être que le mandataire docile du suffrage universel et le gardien de la République.

Voilà, à mon avis, citoyens, la route à suivre; entrez-y hardiment et résolument. *Ne dépassons pas cette limite fixée par notre programme*, et le pays et le gouvernement seront heureux et fiers d'applaudir à cette révolution, si grande et si simple, et qui sera la plus féconde révolution de notre histoire.

Pour moi, citoyens, je regarde cemme le plus beau jour de ma vie d'avoir pu assister à cette grande journée, qui est pour nous la journée du salut. Mon âge ne me permettra pas de prendre part à vos travaux, comme membre de la Commune de Paris ; mes forces trahiraient trop souvent mon courage, et vous avez besoin de vigoureux athlètes. Dans l'intérêt de la propagande, je serai donc obligé de donner ma démission ; mais soyez sûrs qu'à côté de vous, comme auprès de vous, je saurai, dans la mesure de mes forces, vous continuer mon concours le plus dévoué, et servir comme vous la sainte cause du travail et de la République.

Vive la République! Vive la Commune!

Les Attributions de la Commune

1er AVRIL

Certains journaux croient voir dans les premiers actes de la Commune de Paris l'intention de sortir des attributions municipales. Il n'est pas douteux que, en rendant pour Paris des décrets portant la remise des loyers, l'abolition de la conscription, etc., etc., la Commune est sortie du cercle étroit où la législation antérieure enfermait la liberté municipale. Mais ce serait une illusion étrange et même puérile de penser que la *révolution du 18 mars avait pour but unique d'assurer à Paris une représentation communale élue, mais soumise à la tutelle despotique d'un pouvoir national fortement centralisé.*

Jamais en France la loi n'a satisfait, ni pour Paris, ni pour les villes, ni pour les villages, les besoins d'indépendance, de libre administration qui sont une condition absolue de vie régulière, de stabilité et de progrès dans un Etat républicain.

C'est, comme on l'a dit dès le premier jour, pour conquérir et assurer dans l'avenir cette indépendance à toutes les communes de France, et aussi à tous les groupes supérieurs, cantons, départements ou provinces, reliés entre eux, pour leurs intérêts généraux, par un pacte alors vraiment national ; c'est pour garantir en même temps et perpétuer la République, assise enfin sur sa base fondamentale, que les hommes du 18 mars ont lutté et vaincu.

Quel esprit éclairé et de bonne foi oserait soutenir que Paris a affronté, après les souffrances et les dangers du siége, les conséquences douloureuses, quoique momentanées, d'une violente rupture, pour se soumettre de bonne grâce à une loi qu'il n'aurait même pas discutée, à une loi qui ne lui laisserait ni l'administration de sa police, ni la disposition souveraine de ses finances, ni la direction de sa garde nationale ; à une loi qui serait non pas le gage de sa liberté, mais le sceau même de sa servitude.

En se constituant en commune, si Paris a renoncé à son omnipotence apparente, identique en fait à sa déchéance, il n'a pas renoncé à son rôle initiateur ; il n'a pas abdiqué ce pouvoir moral, cette influence intellectuelle qui a tant de fois en France et en Europe donné la victoire à sa propagande. Paris affranchi, Paris autonome n'en doit pas moins rester le centre du mouvement économique et industriel, le siége de la Banque, des chemins de fer, des grandes institutions nationales, d'où la vie se répandra plus largement à travers les veines du corps social, qui, de leur côté, la lui reporteront plus active et plus intense.

En attendant que le triomphe définitif de sa cause ait rendu à Paris affranchi le rôle influent, mais non dominateur, que la nature, l'évolution économique et le mouvement des idées lui assurent, *la Commune se bornera à défendre dans leur intégrité ses intérêts et ses droits.* Qu'il s'agisse d'organisation municipale, de loyers ou d'échéances, elle légiférera pour lui souverainement, parce que ce sont là ses affaires, ses intérêts propres, lesquels ne peuvent être légitimement satisfaits que par ceux qui les représentent, et non par ceux qui les écrasent ou qui les nient.

La commune aurait le droit d'agir ainsi en face d'un pouvoir central qui, réduit à sa fonction, ne serait plus que le gardien et le défenseur des intérêts généraux. A plus forte raison en a-t-elle le devoir en face d'un pouvoir usurpateur, qui ne sait qu'obéir à la raison d'Etat, ne fait appel qu'à la haine sociale, aux lâches terreurs, et à ceux qui réclamaient un contrat, des garanties, ne parla jamais que de répression et de vengeance.

Ils ont Attaqué :

Les conspirateurs royalistes ont ATTAQUÉ.

Malgré la modération de notre attitude, ils ont ATTAQUÉ.

Ne pouvant plus compter sur l'armée française, ils ont ATTAQUÉ avec les zouaves pontificaux et la police impériale.

Non contents de couper les correspondances avec la province et de faire de vains efforts pour nous réduire par la famine, ces furieux ont voulu imiter jusqu'au bout les Prussiens et bombarder la capitale.

Ce matin, les chouans de Charette, les Vendéens de Cathelineau, les Bretons de Trochu, flanqués des gendarmes de Valentin, ont couvert de mitraille et d'obus le village inoffensif de Neuilly et engagé la guerre civile avec nos gardes nationaux.

Il y a eu des morts et des blessés.

Elus par la population de Paris, notre devoir est de défendre la grande cité contre ces coupables agresseurs. Avec votre aide, nous la défendrons.

Paris, le 2 avril 1871.

La Commission exécutive,

BERGERET, EUDES, DUVAL, LEFRANÇAIS, FÉLIX PYAT, G. TRIDON, E. VAILLANT.

Mise en Accusation du Gouvernement de Versailles

La Commune de Paris,

Considérant que les hommes du Gouvernement de Versailles ont ordonné et commencé la guerre civile, attaqué Paris, tué et blessé des gardes nationaux, des soldats de la ligne, des femmes et des enfants ;

Considérant que ce crime a été commis avec préméditation et guet-apens contre tout droit et sans provocation,

Décrète :

Art. 1er. MM. Thiers, Favre, Picard, Dufaure, Simon et Pothuau sont mis en accusation.

Art. 2. Leurs biens seront saisis et mis sous séquestre, jusqu'à ce qu'ils aient comparu devant la justice du peuple.

Les délégués de la justice et de la sûreté générale sont chargés de l'exécution du présent décret.

La Commune de Paris.

L'Eglise et l'Etat

La Commune de Paris,

Considérant que le *premier des principes de la République française est la liberté* ;

Considérant que la *liberté de conscience est la première des libertés* ;

Considérant que le budget des cultes est contraire au

principe, puisqu'il impose les citoyens contre leur propre foi ;

Considérant, en fait, que le clergé a été le complice des crimes de la monarchie contre la liberté,

Décrète :

Art. 1er. *L'Eglise est séparée de l'Etat.*

Art. 2. *Le budget des cultes est supprimé.*

Art. 3. *Les biens dits de main-morte,* appartenant aux congrégations religieuses, meubles et immeubles, *sont déclarés propriétés nationales.*

Art. 4. Une enquête sera faite immédiatement sur ces biens, pour en constater la nature et les mettre à la disposition de la nation.

3 avril.
La Commune de Paris.

Comme on va bien travailler !

2 AVRIL.

COMMUNE DE PARIS

COMMISSION DE TRAVAIL ET D'ÉCHANGE.

Art. 1er. Il est ouvert dans toutes les mairies un registre où le travailleur est appelé à s'inscrire : d'un côté, *sa profession;* de l'autre, *ses besoins* et *ce qu'il offre de travail en échange.*

Art. 2. Il est également ouvert dans les mairies un registre sur lequel les compagnies, les entrepreneurs de toutes sortes, les usiniers, les fabricants, les négociants, etc., sont appelés à indiquer, *par le moyen d'un cahier de charges explicatif, la nature et les avantages sociaux du travail qu'ils sont en mesure d'offrir.*

Art. 3. Les administrateurs de chacune des mairies de Paris sont requis de mettre immédiatement à la disposition des intéressés les locaux, les registres et le personnel nécessaires à l'exécution du présent décret.

Art. 4. Les intéressés sont invités à se réunir et à nommer, dans leurs arrondissements respectifs, une sous-commission, qui se mettra en rapport avec la commission de travail et d'échange nommée par la Commune, et qui avisera avec elle aux résolutions à prendre.

Les membres de la Commission du travail et d'échange.

Payez les Contributions

Le gouvernement de Versailles, après avoir trahi la République, a désorganisé tous les services administratifs.

Il comptait sans notre volonté de suppléer à tout pour sauver tout.

Aujourd'hui, les administrations remarquent : quinze cents républicains actifs, expérimentés, font le travail de dix mille personnes, véritable population de parasites.

Citoyens, vous êtes jugés. Pour mener à bien notre mission, nous faisons appel à votre équité et à votre patriotisme. Le droit et la République, aujourd'hui, c'est vous, citoyens de Paris. Jusqu'à ce qu'une loi prochaine fixe de la manière la plus équitable la participation de tous aux charges de la République, nous comptons sur vous pour opérer le versement de vos contributions dans la caisse des percepteurs de la Commune.

Les délégués de la direction générale des contributions directes,

A. COMBAULT, E. FAILLET.

Prise d'une Mitrailleuse

Citoyens,

Les monarchistes qui siégent à Versailles ne vous font pas une guerre d'hommes civilisés ; *ils vous font une guerre de sauvages.*

Les Vendéens de Charette, les agents de Piétri *fusillent les prisonniers, égorgent les blessés, tirent sur les ambulances.*

Vingt fois les misérables qui déshonorent l'uniforme de la ligne ont levé la crosse en l'air, puis, traîtreusement, ont fait feu sur nos braves et confiants concitoyens.

Ces trahisons et ces atrocités ne donneront pas la victoire aux éternels ennemis de nos droits.

Nous en avons pour garants l'énergie, le courage et le dévouement à la République de la garde nationale.

Son héroïsme et sa constance sont admirables.

Ses artilleurs ont pointé leurs pièces avec une justesse et une précision merveilleuses.

Leur tir a plusieurs fois éteint le feu de l'ennemi, qui a dû laisser une mitrailleuse entre nos mains.

Citoyens,

La Commune de Paris ne doute pas de la victoire.

Des résolutions énergiques sont prises.

Les services, momentanément désorganisés par la défection et la trahison, sont, dès maintenant, réorganisés.

Les heures sont utilement employées pour votre *triomphe prochain.*

La Commune compte sur vous, comme vous pouvez compter sur elle.

Bientôt il ne restera plus aux royalistes de Versailles que la honte de leurs crimes.

A vous, citoyens, il restera toujours l'éternel honneur d'avoir sauvé la France et la République.

Gardes nationaux,

La Commune de Paris vous félicite et déclare que vous avez bien mérité de la République.

Paris, 4 avril 1871.

La Commission exécutive,

BERGERET, DELESCLUZE, DUVAL, EUDES, FÉLIX PYAT, G. TRIDON, E. VAILLANT.

Les Compagnies de Marche

Les compagnies de marche seront immédiatement réorganisées.

Les officiers, sous-officiers et gardes entreront en solde à partir du 7 avril.

Les gardes toucheront 1 fr. 50 cent. et les vivres.

Les sous-officiers, 2 fr.

Les officiers, 2 fr. 50 cent.

Quand les compagnies agiront en dehors du service, les officiers toucheront la solde de leur grade dans l'armée.

Les quatre compagnies de chaque bataillon éliront un chef de bataillon spécial.

Les élections auront lieu le 6 avril.

La revue sera passée au Champ-de-Mars par les membres de la Commune, le 7 avril, à deux heures de l'après-midi.

Bureau d'organisation et de renseignements, au Ministère de la guerre et à la Place.

Font partie des bataillons de guerre tous les citoyens de 17 à 35 ans non mariés, les gardes mobiles licenciés, les volontaires de l'armée ou civils. Les effets de campement seront complétés dans le plus bref délai.

Paris, le 4 avril 1871. Par ordre de la Commune :

Le délégué au ministère de la guerre,

CLUSERET.

Garibaldi ne veut qu'un seul Chef militaire

Caprera, 28 mars 1871.

Citoyens,

Merci pour l'honneur de ma nomination au commandement de la garde nationale de Paris, que j'aime et dont je serais bien fier de partager la gloire et les dangers.

Je vous dois cependant les considérations suivantes :

Un commandant de la garde nationale de Paris, un commandant de l'armée de Paris et un comité directeur, quels qu'ils soient, sont *trois pouvoirs* qui ne pourront se concilier dans la situation présente de la France.

Le despotisme a l'avantage sur nous, de la concentration du pouvoir, et c'est *cette concentration que vous devez opposer à vos ennemis.*

Choisissez un citoyen honnête, et vous n'en manquez pas : Victor Hugo, Louis Blanc, Félix Pyat, ainsi que Edgar Quinet et les autres doyens de la démocratie radicale peuvent vous servir. Les généraux Cremer et Billot qui, je vois, ont votre confiance, peuvent compter dans le nombre.

Rappelez-vous bien cependant *qu'un seul honnête homme doit être chargé du poste suprême avec des pleins pouvoirs.* Cet homme choisira d'autres honnêtes gens pour l'aider dans la rude besogne de sauver le pays. Et si vous avez le bonheur de trouver un Washington, la France se relèvera de son naufrage dans peu de temps plus grande que jamais.

Ces conditions ne sont pas une excuse pour me soustraire au devoir de servir la France républicaine. Non ! je ne désespère point de combattre moi-même à côté de ses braves, et je suis

Votre dévoué,

G. GARIBALDI.

Un seul Chef militaire

AUX CITOYENS BERGERET, DUVAL ET EUDES

Citoyens,

Nous avons l'honneur de vous prévenir qu'afin de vous laisser toute liberté pour la conduite des opérations militaires qui vous sont confiées, la Commune vient d'attribuer au général Cluseret la direction de l'administration de la guerre.

L'Assemblée a estimé que, dans les graves circonstances où nous sommes, il importait d'établir l'*unité dans les services administratifs de la guerre*.

La Commune a également jugé indispensable de vous remplacer provisoirement à la commission exécutive, dont votre situation militaire ne permet plus de partager les travaux.

Nous n'avons pas besoin d'ajouter qu'en prenant cette double décision, la Commune est aussi éloignée de vous désobliger que d'affaiblir l'intérêt de votre situation comme chef de corps. Vous n'y verrez que les conséquences des nécessités du moment.

Salut et fraternité.

Paris, 3 avril 1871

Les membres de la commission exécutive,
CH. DELESCLUZE, FÉLIX PYAT.

Oeil pour œil, dent pour dent

Citoyens,

Chaque jour les bandits de Versailles égorgent ou fusillent nos prisonniers, et pas d'heure ne s'écoule sans nous apporter la nouvelle d'un de ces assassinats.

Les coupables, vous les connaissez : ce sont les gendarmes et les sergents de ville de l'empire, ce sont les royalistes de Charette et de Cathelineau qui marchent contre Paris au cri de *Vive le Roi* et drapeau blanc en tête.

Le gouvernement de Versailles se met en dehors des lois de la guerre et de l'humanité, force nous sera d'user de représailles.

Si, continuant à méconnaître les conditions habituelles de la guerre entre peuples civilisés, nos ennemis massacrent encore un seul de nos soldats, nous répondrons par l'exécution d'un nombre égal ou double de prisonniers.

Toujours généreux et juste même dans sa colère, le peuple abhorre le sang comme il abhorre la guerre civile ; mais il a le devoir de se protéger contre les attentats sauvages de ses ennemis, et, quoi qu'il lui en coûte, il rendra œil pour œil et dent pour dent.

Paris, le 5 avril 1871.

La Commune de Paris.

Les Otages

5 AVRIL

La Commune de Paris,

Considérant que le gouvernement de Versailles foule ouvertement aux pieds les droits de l'humanité comme ceux de la guerre ; qu'il s'est rendu coupable d'horreurs dont ne se sont même pas souillés les envahisseurs du sol français ;

Considérant que les représentants de la Commune de Paris ont le devoir impérieux de défendre l'honneur et la vie des deux millions d'habitants qui ont remis entre leurs mains le soin de leurs destinées ; qu'il importe de prendre sur l'heure toutes les mesures nécessitées par la situation ;

Considérant que des hommes politiques et des magistrats de la cité doivent concilier le salut commun avec le respect des libertés publiques.

Décrète :

Art. 1er. Toute personne prévenue de complicité avec le gouvernement de Versailles sera immédiatement décrétée d'accusation et incarcérée.

Art. 2. *Un jury d'accusation* sera institué dans les *vingt-quatre heures* pour connaître des crimes qui lui seront déférés.

Art. 3. Le jury *statuera dans les quarante-huit heures*.

Art. 4. Tous accusés retenus par le verdict du jury d'accusation seront *les ôtages* du peuple de Paris.

Art. 5. Toute exécution d'un prisonnier de guerre ou d'un partisan du gouvernement régulier de la Commune de Paris sera, sur-le-champ, suivie de l'exécution d'un *nombre triple des ôtages retenus* en vertu de l'article 4, et qui seront désignés par le sort.

Tout prisonnier de guerre sera traduit devant un jury d'accusation, qui décidera s'il sera *immédiatement remis en liberté ou retenu comme ôtage*.

Rapport du Délégué à la Guerre aux Membres de la Commission exécutive.

Citoyens,

Depuis mon entrée en fonctions, j'ai cherché à me rendre un compte exact de la situation militaire, tant au point de vue de ce qui motive une agression que rien ne justifie, qu'à celui de ses résultats.

Le motif paraît être, en première ligne, *d'effrayer la population*, en second lieu, nous *faire dépenser en pure perte* nos munitions, enfin masquer un mouvement sur notre droite pour *occuper les forts de la rive droite.*

Jusqu'à ce jour, l'espoir coupable de l'ennemi a été frustré, ses tentatives repoussées.

La population est restée calme et digne, et si nos munitions ont été gaspillées par des soldats trop jeunes, ils acquièrent chaque jour, par la pratique du feu, le sang-froid indispensable à la guerre.

Quant au troisième point, il dépend plus des Prussiens que de nous. Néanmoins, nous veillons.

Au point de vue de l'action, elle se résume ainsi : soldats excellents, officiers *mêlés*, les uns très-bons et les autres très-mauvais. Beaucoup d'élan et assez peu de fermeté. Quand les compagnies de guerre seront formées et dégagées de l'élément sédentaire, on aura une troupe d'élite dont l'effectif dépassera 100,000 hommes. Je ne saurais trop recommander aux gardes de porter toute leur attention sur le choix de leurs chefs.

Actuellement, les positions respectives des deux troupes peuvent se résumer ainsi : les Prussiens de Versailles occupent les positions de leurs *congénères* d'outre-Rhin. Nous occupons les tranchées, les Moulineaux, la gare de Clamart.

En somme, notre position est celle de gens qui, forts de leurs droits, attendent patiemment qu'on vienne les attaquer, se contentant de se défendre.

Des actes d'héroïsme se sont accomplis. A ce sujet, je proposerai à la Commune de vouloir bien faire don au 101e bataillon d'une mitrailleuse qu'il a enlevée aux Prussiens de Versailles avec son caisson et deux autres pièces d'artillerie.

Que chaque bataillon tienne à honneur d'imiter le 101e, et bientôt l'artillerie de la Commune de Paris sera une des plus belles et des mieux servies.

Je saisis cette occasion de rendre un public hommage à la justesse du tir de nos artilleurs.

En terminant, citoyens, je pense que si nos troupes conservent leur sang-froid et ménagent leurs munitions, l'ennemi se fatiguera avant nous. Il ne restera alors de sa folle et criminelle tentative que les veuves et les orphelins, le souvenir et le mépris pour une action atroce.

Le délégué de la guerre,
Général E. CLUSERET.

Le citoyen Barrère a vu Henry

AUX MEMBRES DE LA COMMUNE DE PARIS

Paris, le 5 avril 1871.

J'arrive de Versailles encore tout ému, indigné des faits horribles que j'ai vus de mes propres yeux.

Les prisonniers sont reçus à Versailles d'une manière atroce. Ils sont frappés sans pitié. J'en ai vu sanglants, les oreilles arrachées, le visage et le cou déchirés comme par des griffes de bêtes féroces. J'ai vu le colonel Henry en cet état, et je dois ajouter à son honneur, à sa gloire, que, méprisant cette bande de barbares, il est passé fier, calme, marchant stoïquement à la mort.

Une cour prévôtale fonctionne sous les regards du gouvernement. C'est dire que la mort fauche nos concitoyens faits prisonniers. Les caves où on les jette sont d'affreux bouges, confiés aux bons soins des gendarmes.

J'ai cru de mon devoir de bon citoyen de vous faire part de ces cruautés, dont le souvenir seul provoquera encore longtemps mon indignation.

BARRÈRE.

Je certifie que la présente déclaration a été faite devant moi.

LEROUX,
Commandant du 84ᵉ bataillon de la garde nationale.

La Note aux Puissances étrangères

La note suivante a été adressée hier aux représentants, à Paris, des puissances étrangères, par le citoyen Paschal Grousset, membre de la Commune, délégué aux relations extérieures :

« Le soussigné, membre de la Commune de Paris, délégué aux relations extérieures, a l'honneur de vous notifier officiellement la constitution du Gouvernement communal de Paris.

« Il vous prie d'en porter la connaissance à votre Gouvernement, et saisit cette occasion de vous exprimer le désir de la Commune de resserrer les *liens fraternels* qui unissent le peuple de Paris au peuple N***.

« Agréez, etc.

« PASCHAL GROUSSET.

« Paris, le 5 avril 1871. »

La Commune aux Départements

Vous avez soif de vérité, et, jusqu'à présent, le gouvernement de Versailles ne vous a nourris que de mensonges et de calomnies. Nous allons donc vous faire connaître la situation dans toute son exactitude.

C'est le gouvernement de Versailles qui a commencé la guerre civile en égorgeant *nos avant-postes, trompés par l'apparence pacifique de ses sicaires;* c'est aussi ce gouvernement de Versailles qui fait assassiner nos prisonniers, et qui menace Paris des horreurs de la famine et d'un siège, sans souci des intérêts et des souffrances d'une population déjà éprouvée par cinq mois d'investissement. Nous ne parlerons pas de l'interruption du service des postes, si préjudiciable au commerce, de l'accaparement des produits de l'octroi, etc., etc.

Ce qui nous préoccupe avant tout, c'est la propagande infâme organisée dans les départements par le gouvernement de Versailles pour noircir le mouvement sublime de la population parisienne. On vous trompe, frères, en vous disant que Paris veut gouverner la France et exercer une dictature qui serait la négation de la souveraineté nationale. On vous trompe, lorsqu'on vous dit que le vol et l'assassinat s'étalent publiquement dans Paris. Jamais nos rues n'ont été plus tranquilles. Depuis trois semaines, pas un vol n'a été commis, pas une tentative d'assassinat ne s'est produite.

Paris n'aspire qu'à fonder la République et à conquérir ses franchises communales, heureux de fournir un exemple aux autres communes de France.

Si la Commune de Paris est sortie du cercle de ses *attributions normales*, *c'est à son grand regret*, c'est pour répondre à l'état de guerre provoqué par le gouvernement de Versailles. Paris n'aspire qu'à se renfermer dans son *autonomie, plein de respect pour les droits égaux des autres communes de France.*

Quant aux membres de la Commune, ils n'ont d'autre ambition que de voir arriver le jour où Paris, délivré des royalistes qui le menacent, pourra procéder à de nouvelles élections.

Encore une fois, frères, ne vous laissez pas prendre aux monstrueuses inventions des royalistes de Versailles. Songez que c'est pour vous autant que pour lui que Paris lutte et combat en ce moment. Que vos efforts se joignent aux nôtres, et nous vaincrons, car nous représentons le droit et la justice, c'est-à-dire le *bonheur de tous par tous*, la *liberté pour tous et pour chacun* sous les auspices d'une solidarité volontaire et féconde.

Paris, le 6 avril 1871.

La Commission exécutive,

COURNET, DELESCLUZE, FÉLIX PYAT,
TRIDON, VAILLANT, VERMOREL.

La grande Lutte. Travailleurs debout!

Citoyens,

Ce qui se passe en ce moment est l'éternelle histoire des criminels cherchant à se soustraire au châtiment en commettant un dernier crime qui leur permette de régner, impunis, par l'épouvante!

Ils sont une poignée de parjures, de traîtres, de faussaires et d'assassins, qui veulent noyer la justice dans le sang.

La guerre civile est leur dernière chance de salut; ils la déchaînent : qu'ils soient mille fois maudits et qu'ils périssent!

Citoyens de Paris, nous voici revenus aux grands jours de sublime héroïsme et de vertu suprême! Le bonheur du pays, l'avenir du monde entier sont dans vos mains. C'est la bénédiction ou la malédiction des générations futures qui vous attend.

Travailleurs, ne vous y trompez pas : c'est la grande lutte, *c'est le parasitisme* et le *travail*, *l'exploitation et la production*, qui sont aux prises. Si vous êtes las de végéter dans *l'ignorance* et de croupir dans la *misère*; si vous voulez que vos enfants soient des hommes ayant le *bénéfice de leur travail*, et non des sortes *d'animaux* dressés pour l'atelier ou pour le combat, fécondant de leurs sueurs la fortune d'un *exploiteur*, ou répandant leur sang pour un despote; si vous ne voulez plus que vos *filles*, que vous ne pouvez élever et surveiller à votre gré, soient des *instruments de plaisir* aux bras de l'aristocratie d'argent; si vous ne voulez plus que *la débauche et la misère* poussent les hommes dans la *police* et les femmes à la *prostitution*; si vous voulez, enfin, le *règne de la justice*, travailleurs, soyez intelligents, *debout!* et que vos fortes mains jettent sous vos talons l'immonde réaction!

Citoyens de Paris, commerçants, industriels, boutiquiers, penseurs, vous tous, enfin, qui travaillez et qui cherchez de bonne foi la solution des problèmes sociaux, le Comité central vous adjure de marcher unis dans le progrès. Inspirez-vous des destinées de la patrie et de son génie universel.

Le Comité central a conscience que l'héroïque population parisienne va s'immortaliser et régénérer le monde.

Vive la République ! Vive la Commune !

Paris, le 5 avril 1871.

Pour le Comité central :

G. ARNOLD, ANDIGNOUX, AUDOYNAUD, AVOINE fils, BAROUD, BOUIT, L. BOURSIER, CASTIONI, CHOUTEAU, DU CAMP, FABRE, FERRAT, FLEURY, FOUGERET, C. GAUDIER, GROLARD, GOUHIER, GRÉLIER, GUIRAL, JOSSELIN, LAVALETTE, MALJOURNAL, MOREAU, PRUDHOMME, ROUSSEAU.

Suppression du Grade de Général

Considérant que les grades de généraux sont *incompatibles avec l'organisation démocratique de la garde nationale et ne sauraient être que temporaires :*

Art. 1ᵉʳ. Le grade de général est supprimé.

Art. 2. Le citoyen Ladislas Dombrowski, commandant de la 12ᵉ légion, est nommé commandant de la place de Paris, en remplacement du citoyen Bergeret, appelé à d'autres fonctions.

Paris, le 6 avril 1871.

La commission exécutive,

COURNET, DELESCLUZE, FÉLIX PYAT, TRIDON, ED. VAILLANT, VERMOREL.

Trop de Galons

Citoyens,

Je remarque avec peine qu'oubliant notre origine modeste, la *manie ridicule du galon, des broderies, des aiguillettes* commence à se faire jour parmi nous.

Travailleurs, vous avez pour la première fois accompli la révolution du travail par et pour le travail.

Ne renions pas notre origine, et surtout n'en rougissons pas. Travailleurs nous étions, travailleurs nous sommes, travailleurs nous resterons.

C'est au nom de la *vertu* contre le *vice*, du *devoir* contre *l'abus*, de *l'austérité* contre la *corruption* que nous avons triomphé, ne l'oublions pas.

Restons vertueux et hommes du devoir avant tout, nous fonderons alors la République austère, la seule qui puisse et ait le droit d'exister.

Avant de sévir, je rappelle mes concitoyens à eux-mêmes : *plus d'aiguillettes, plus de clinquant, plus de ces galons* qui coûtent si peu à étager et si cher à notre responsabilité.

A l'avenir, tout officier qui ne justifiera pas du droit de porter les insignes de son grade, ou qui ajoutera à l'uniforme réglementaire de la garde nationale des aiguillettes ou autres distinctions vaniteuses, sera passible de peines disciplinaires.

Je profite de cette circonstance pour rappeler chacun au sentiment de l'obéissance hiérarchique dans le service ; en obéissant à vos élus, vous obéissez à vous-mêmes.

Paris, le 7 avril 1871.

Le délégué à la guerre,

E. CLUSERET.

Tous Soldats de 19 à 40 ans

Considérant les patriotiques réclamations d'un grand nombre de gardes nationaux qui tiennent, quoique mariés, à l'honneur de défendre leur indépendance municipale, même au prix de leur vie, le décret du 5 avril est ainsi modifié :

De dix-sept à dix-neuf ans, le service dans les compagnies de guerre sera volontaire, et de dix-neuf ans à quarante obligatoire pour les gardes nationaux, mariés ou non.

J'engage les bons patriotes à faire eux-mêmes la police de leur arrondissement et à forcer les réfractaires à servir.

Le délégué à la guerre,
CLUSERET.

Lettre morte

Vu le vote de la Commune du 5 avril, relatif à une enquête sur les arrestations faites par le Comité central et par la commission de sûreté, la commission exécutive invite la commission de justice à *instruire immédiatement sur le nombre et la cause de ces arrestations*, et à donner l'ordre de l'élargissement ou de la comparution devant un tribunal et un jury d'accusation. La commission de justice doit d'urgence s'occuper d'une mesure qui intéresse si particulièrement l'un des grands principes de la République, *la liberté.*

Paris, le 7 avril 1871.

La commission exécutive,
G. COURNET, DELESCLUZE, FÉLIX PYAT, G. TRIDON, E. VAILLANT, VERMOREL.

La France se lève

Citoyens,

L'Assemblée de Versailles a fait appel aux volontaires des départements contre Paris.

La Commune de Paris a fait appel au droit contre l'Assemblée de Versailles.

Les volontaires ont répondu à l'appel du droit.

Limoges a proclamé la commune. Son hôtel de ville a les mêmes couleurs que le nôtre. La troupe de ligne a fraternisé avec la garde nationale. L'armée du droit marchera au secours, non de Versailles, mais de Paris.

Guéret, de même, a fait sa commune, et attend Limoges pour le suivre.

Tout le centre est levé pour grossir le mouvement. La Nièvre a ses hommes debout. Vierzon commune aussi, tient la tête du chemin de fer pour empêcher les gendarmes de Versailles d'avancer contre Toulouse, et pour aider les gardes nationaux de Limoges marchant vers Paris.

Si Paris continue à faire son devoir, s'il est aussi constant qu'il a été brave, c'en est fait de la guerre civile et de ses coupables auteurs.

Vive la Commune! Vive la République!

Paris, le 7 avril 1871.

La commission exécutive,
COURNET, DELESCLUZE, FÉLIX PYAT, TRIDON, E. VAILLANT, A. VERMOREL.

Pension aux Blessés

La Commune de Paris

Décrète :

Tout citoyen blessé à l'ennemi pour la défense des droits de Paris recevra, si sa blessure entraîne une incapacité de travail partielle ou absolue, une pension annuelle et viagère dont le chiffre sera fixé par une commission spéciale, dans les limites de *trois* à *douze cents* francs.

Dombrowski remplace Bergeret

En exécution des ordres de la Commue, le citoyen J. Dombrowski prendra le commandement de la place de Paris, en remplacement du citoyen Bergeret.

En conséquence, à partir d'aujourd'hui 8 avril, tous les ordres relatifs aux mouvements de troupes seront donnés par le commandant de la place, J. Dombrowski.

Le délégué à la guerre,

E. CLUSERET.

La Police Patriotique

Depuis quelques jours il règne une grande confusion dans certains arrondissements ; on dirait que des gens payés par Versailles prennent à tâche : 1° de fatiguer la garde nationale ; 2° de la désorganiser.

On fait battre la générale pendant la nuit.

On bat le rappel à tort et à travers. En sorte que personne ne sachant plus auquel entendre, on ne se dérange même plus, et cette puissante institution, cette armée, espoir et salut du peuple, est à la veille de sombrer sous son triomphe.

Un tel état de choses ne saurait subsister plus longtemps. En conséquence, j'invite tous les bons citoyens à se pénétrer des instructions suivantes :

La générale ne sera battue que par mon ordre ou celui de la commission exécutive, et dans le seul cas de prise d'armes générale.

Le rappel ne sera battu, dans les arrondissements, que par ordre de la place, signé du commandant de la place, et pour la réunion d'un certain nombre de bataillons commandés pour un service spécial.

Ce n'est pas tout : malgré mes ordres formels, une canonnade incessante diminue nos provisions, fatigue la population, irrite les esprits et amène d'un côté la fatigue, de l'autre la colère et la passion.

En sorte que cette Révolution si grande, si belle et si pacifique, pourrait devenir violente, c'est-à-dire faible.

Nous sommes forts ; restons calmes !

Cet état de choses est dû en partie à des chefs militaires trop jeunes et surtout trop faibles pour résister à la pression populaire. L'homme du devoir ne connaît que sa conscience et méprise la popularité. Je réitère l'ordre d'avoir à se tenir sur la plus stricte défensive, et à ne pas jouer le jeu de nos adversaires, en gaspillant et nos munitions et nos forces, et surtout la vie de ces grands citoyens, enfants du peuple, qui ont fait la Révolution actuelle.

Quand le bruit aura cessé, que le calme de la rue aura passé dans les esprits, nous serons beaucoup plus aptes à perfectionner notre organisation, d'où dépend notre avenir.

En attendant, citoyens, laissons de côté toutes ces petites rivalités, toutes ces personnalités mesquines, qui tendent à désunir ce magnifique faisceau populaire formé par la communauté de la souffrance. Si nous voulons vaincre, il faut être unis. Et quel plus beau, plus simple et plus noble lien que celui de la fraternité des armes au service de la justice !

Formez vite vos compagnies de guerre, ou plutôt complétez-les, car elles existent déjà.

De dix-sept à dix-neuf ans, le service est facultatif ; de dix-neuf à quarante ans, il est obligatoire, marié ou non.

Faites entre vous la *police patriotique*, forcez les lâches à marcher sous votre œil vigilant.

Aussitôt que quatre compagnies, formant au minimum un effectif de 500 hommes, seront constituées, que son chef de bataillon demande à la place un casernement. En caserne ou au camp, son organisation s'achèvera rapidement, et alors tout ce trouble, toute cette confusion s'évanouiront au souffle puissant de la victoire.

Danton demandait à nos pères de l'audace, encore de l'audace, toujours de l'audace ; je vous demande de l'ordre, de la discipline, du calme et de la patience : l'audace alors sera facile. En ce moment, elle est coupable et ridicule.

Paris, le 8 avril 1871.

Le délégué à la guerre,

E. CLUSERET.

La Solde des Officiers

La délégation des finances et la délégation de la guerre

Arrêtent :

1° La solde des officiers de la garde nationale, appelés à un service actif en dehors de l'enceinte fortifiée, est fixée ainsi qu'il suit :

Général en chef, 16 fr. 65 par jour, 500 fr. par mois.
Général en second, 15 fr. par jour, 450 fr. par mois.
Colonel, 12 francs par jour, 360 fr. par mois.
Commandant, 10 fr. par jour, 300 fr. par mois.
Capitaine, chirurgien-major, adjudant-major, 7 fr. 50 par jour, 225 francs par mois.
Lieutenant, aide-major, 5 f. 50 par jour, 162 f. par mois.
Sous-lieutenant, 5 fr. par jour, 150 fr. par mois.

2° Dans l'intérieur de Paris et tant que durera la situation actuelle, la solde des officiers de la garde nationale, pour ceux qui auront besoin de cette solde, est fixée à 2 fr. 50 par jour pour les sous-lieutenants, lieutenants et capitaines, et à 5 fr. par jour pour les commandants et adjudants-majors.

Paris, le 12 avril 1871,

Les délégués des finances, membres de la Commune,
FR. JOURDE, E. VARLIN.

Le délégué à la guerre,
E. CLAUSERET.

Un Monument de barbarie

La Commune de Paris,

Considérant que la colonne *impériale* de la place Vendôme est un monument de barbarie, un symbole de force brute et de fausse gloire, une affirmation du militarisme, une négation du droit international, une insulte permanente des vainqueurs aux vaincus, un attentat perpétuel à l'un des grands principes de la République française, la fraternité.

Décrète :

Article unique. La colonne de la place Vendôme sera démolie.

Paris, le 12 avril 1871.

Les Conseils de Guerre

La Commune de Paris,

Considérant que le gouvernement de Versailles se vante ouvertement d'avoir introduit dans les bataillons de la garde nationale des agents qui cherchent à y jeter le désordres ;

Considérant que les ennemis de la République et de la Commune cherchent par tous les moyes possibles à produire dans ces bataillons l'indiscipline, espérant désarmer ainsi ceux qu'ils ne peuvent vaincre par les armes ;

Considérant qu'il ne peut y avoir de force militaire sans ordre, et qu'il est nécessaire, en face de la gravité des circonstances, d'établir une rigoureuse discipline, qui donne à la garde nationale une cohésion qui la rende invincible.

Décrète :

Art. 1er. Il sera immédiatement institué un conseil de guerre dans chaque légion.

Art. 2. Ces conseils de guerre seront composés de sept membres, savoir :

Un officier supérieur, président ;
Deux officiers ;
Deux sous-officiers et deux gardes.

Art. 3. Il y aura un conseil disciplinaire par bataillon.

Art. 4. Les conseils disciplinaires seront composés d'autant de membres qu'il y aura de compagnies dans le bataillon, à raison d'un membre par compagnie, sans distinction de grade.

Ils seront nommés à l'élection et toujours révocables par la commission exécutive, sur la proposition du délégué à la guerre.

Art. 5. Les membres des conseils de guerre seront élus par les délégués des compagnies.

Art. 6. Seront justiciables des conseils de guerre et disciplinaires les gardes nationaux de la légion et du bataillon.

Art. 7. Le conseil de guerre prononcera toutes les peines *en usage*.

Art. 8. Aucune condamnation afflictive ou infamante, prononcée par les conseils de guerre, ne pourra être exécutée sans qu'elle ait été soumise à la ratification d'une cour de révision spécialement créée à cet effet.

Cette commission de révision se composera de sept membres tirés au sort parmi les membres élus des conseils de guerre de la garde nationale avant leur entrée en fonctions.

Art. 9. Le conseil disciplinaire pourra prononcer la prison depuis un jour jusqu'à trente.

Art. 10. Tout officier peut infliger de un à cinq jours d'emprisonnement à tout subordonné, mais il sera tenu de justifier immédiatement devant le conseil disciplinaire des motifs de la punition prononcée.

Art. 11. Il sera tenu dans chaque bataillon et légion un état des punitions infligées dans les vingt-quatre heures, lequel sera envoyé chaque matin au rapport de la place.

Art. 12. Aucune condamnation capitale ne recevra son exécution avant que la grosse du jugement ou de l'arrêt n'ait été visée par la commission exécutive.

Art. 15. Les dispositions du présent décret ne seront en vigueur que pendant la durée de la guerre.

Paris, 11 avril 1871.

Les Juges du Tribunal de Commerce

Au nom de la Commune de Paris :

La Commission exécutive,

Considérant que toutes les fonctions publiques doivent être données par le suffrage universel,

Qu'au mépris de ces principes les présidents et juges du tribunal de commerce de la Seine n'ont jamais été nommés que par un petit nombre de négociants dits notables, *choisis par l'ex-préfet de la Seine,*

Que d'ailleurs leur mandat, même au point de vue de la légalité exceptionnelle dont ils sont le produit, est expiré depuis six mois.

Que, sous tous les rapports, il y a urgence de convoquer sans délai ni privilége tous les négociants et commerçants, en un mot tous les citoyens aujourd'hui justiciables de la juridiction consulaire, pour procéder à l'élection des membres du tribunal de commerce de la Seine.

Décrète :

Art. 1er. Les élections pour le renouvellement des présidents et juges du tribunal de commerce de la Seine auront lieu le 19 avril prochain.

Art. 2. Le scrutin sera ouvert dans les sections de vote ordinaire, de huit heures du matin à quatre heures du soir.

Art. 3. Sont appelés à voter, tous les citoyens exerçant un commerce ou une industrie, *soit en gros, soit en détail*.

Tentatives de Conciliation.

AUX MEMBRES DE LA LIGUE D'UNION RÉPUBLICAINE DES DROITS DE PARIS.

Citoyens,

Les soussignés, chargés par vous d'aller présenter au Gouvernement de Versailles votre programme et d'offrir les bons offices de la *Ligue* pour arriver à la conclusion d'un armistice, ont l'honneur de vous rendre le compte suivant de leur mission :

Les délégués ayant donné connaissance à M. Thiers du programme de la *Ligue*, celui-ci a répondu que, comme chef du seul gouvernement légal existant en France, il n'avait pas à discuter les bases d'un traité, mais que cependant il était tout disposé à s'entretenir avec des personnes qu'il considérait comme représentant le principe républicain et à leur faire connaître les intentions du chef du pouvoir exécutif.

C'est sous le bénéfice de ces observations, qui constataient d'ailleurs le véritable caractère de notre mission, que M. Thiers nous a fait, sur les divers points du programme, les déclarations suivantes :

En ce qui touche la *reconnaissance de la République*, M. Thiers en garantit l'existence, *tant qu'il demeurera à la tête du pouvoir. Il a reçu un État républicain, il met son honneur à conserver cet État.*

En ce qui touche les franchises municipales de Paris, M. Thiers expose que Paris jouira de ses franchises dans les conditions où en jouiront toutes les villes, d'après la loi commune, telle qu'elle sera élaborée par l'Assemblée des représentants de la France. *Paris aura le droit commun, rien de moins, rien de plus.*

En ce qui touche la garde de Paris, exclusivement confiée à la garde nationale, M. Thiers déclare qu'il sera procédé à une *organisation de la garde nationale*, mais qu'il ne saurait admettre le principe de l'exclusion absolue de l'armée.

En ce qui concerne la situation actuelle et les moyens de mettre fin à l'effusion du sang, M. Thiers déclare que, *ne reconnaissant pas la qualité de belligérants* aux personnes engagées dans la lutte contre l'Assemblée nationale, il ne peut ni ne veut traiter d'un armistice, mais il dit que, si les gardes nationaux de Paris ne tirent ni un coup de fusil, ni un coup de canon, les troupes de Versailles ne tireront ni un coup de fusil, ni un coup de canon, jusqu'au moment indéterminé où le pouvoir exécutif se résoudra à une action et commencera la guerre.

M. Thiers ajoute : *quiconque renoncera à la lutte armée*, c'est-à-dire quiconque rentrera dans ses foyers en quittant toute attitude hostile, *sera à l'abri de toute recherche.*

M. Thiers *excepte seulement les assassins des généraux Lecomte et Clément Thomas*, qui seront jugés si on les trouve.

M. Thiers, reconnaissant l'impossibilité pour une partie de la population actuellement privée de travail de vivre sans la solde allouée, *continuera le service de cette solde pendant quelques semaines.*

Tel est, citoyens, le résumé succinct mais fidèle de la conversation de vos délégués avec M. Thiers. Il n'appartient pas à vos délégués d'apprécier, d'une façon quelconque, jusqu'à quel point les intentions manifestées par M. Thiers répondent ou ne répondent pas aux vœux de la population parisienne. Le devoir de vos délégués consiste seulement à vous rapporter les faits sans commentaire, et le présent exposé n'a et ne peut avoir d'autre objet que l'accomplissement strict de ce devoir.

A. DESONNAZ, BONVALLET, A. ADAM.

La Mendicité est interdite

COMITÉ DE SURETÉ GÉNÉRALE

COMMUNE DE PARIS

Le comité de sûreté générale, considérant que la *mendicité prend une extension considérable,*

Que les municipalités d'arrondissement pourvoient, en attendant une solution sociale, aux besoins des véritables nécessiteux ;

Que la mendicité n'est donc, dans ces circonstances, qu'un système d'exploitation organisé ;

Arrête :

Art. 1er. La mendicité est et demeure interdite.

Art. 2. — Tout individu surpris se livrant à la mendicité sera poursuivi conformément à la loi.

Art. 3. — La garde nationale conduira au poste le plus voisin et de là au commissariat du quartier, tout délinquant au présent arrêté.

Paris, le 17 avril 1871.

Le membre de la commune délégué près l'ex-préfecture de police,

RAOUL RIGAULT

Enquête sur le Gouvernement du 4 Septembre

La Commune de Paris,

Considérant qu'il est important de connaître les agissements de la dictature du 4 septembre, et en particulier les actes qui ont amené la capitulation de Paris ;

Considérant, d'autre part, qu'à la suite de la révolution du 18 mars, une quantité de papiers, dépêches, etc., sont tombés entre les mains du peuple ;

Une commission d'enquête est instituée, ayant pour but de chercher tous les éléments pour établir la part de responsabilité qui incombe à chacun de ceux qui ont participé aux actes du gouvernement du 4 septembre.

Le citoyen Casimir Bouis est nommé président de cette commission d'enquête ; il est chargé d'organiser cette commission, et invite à procéder au plus tôt à la publication des pièces les plus importantes.

Paris, le 14 avril 1871.

La Commission exécutive :

G. TRIDON, A. VERMOREL, CH. DELESCLUZE, AVRIAL, E. VAILLANT, FÉLIX PYAT, F. COURNET.

Les Réfractaires

COMITÉ CENTRAL

AUX CITOYENS DU SIXIÈME ARRONDISSEMENT

Citoyens,

Devant le crime, les opinions politiques s'effacent et la neutralité est inadmissible.

On est toujours responsable du mal que l'on voit faire, quand on ne tente rien pour l'empêcher ou pour le châtier.

En face de l'*immonde Assemblée* de Versailles et des membres qui constituent son gouvernement, quiconque se retranche derrière une opinion politique ou se déclare neutre, est un lâche ou un complice.

En conséquence :

Considérant qu'il est du devoir de tous les citoyens d'*empêcher la justice et le droit de succomber;*

Considérant que, pour sauver le monde moral en péril, il importe d'écraser au plus vite les lâches auteurs de nos maux et leurs assassins à gages;

Le chargé de pouvoir du Comité central, muni de ses instructions, et de concert avec la municipalité du 6ᵉ arrondissement, arrête :

1º Tous les bataillons du 6ᵉ arrondissement feront parvenir dans le plus bref délai au Comité central le contrôle des compagnies ;

2º Tous les citoyens appelés par le décret du 7 avril 1871, et non encore inscrits, devront se faire inscrire sur les registres ouverts à cet effet par les soins de la municipalité dans le délai de quarante-huit heures, à partir de l'affichage du présent arrêté ;

3º Tous les citoyens valides au-dessus de la limite d'âge fixée par le décret ci-dessus feront partie de la garde sédentaire et devront se faire inscrire s'ils ne le sont déjà.

4º Une commission est nommée à l'effet de relever sur les registres de l'état civil, sur les listes électorales, sur les livres de police et le rôle des contributions, la liste des citoyens compris dans les diverses catégories d'âge, afin de déférer à une cour martiale les déserteurs et les réfractaires, et de provoquer, en outre, la suppression de leurs droits civiques ; car « il faut absolument que les lâches traînent, dans la cité, sous l'œil et le mépris de leurs concitoyens, la marque de leur ignominie. »

Pour le Comité central :

Le chargé des pouvoirs,

LACORD.

Paris, 12 avril 1871.

Aux Urnes, Canonniers!

Citoyens,

Toutes les forces militaires doivent appartenir à la nation seulement.

Plus d'armées permanentes, plus de pouvoirs autocratiques, faisant mouvoir à leur gré les forces actives de la patrie.

L'artillerie est une arme terrible contre les libertés du peuple, quand elle est dans la main d'un despote ou d'un intriguant; mais aussi, dans la main du peuple, elle est la puissante sauvegarde de ses droits et de ses libertés.

Aujourd'hui, le *Comité central d'artillerie*, émanant du suffrage universel, est une institution démocratique dans sa plus large expression.

Citoyens!

Gardes nationaux de toutes armes, artillerie et infanterie, vous avez par votre énergie empêché l'exécution du honteux traité de vente qui avait livré l'artillerie pieds et poings liés à l'ennemi.

Le *Comité central d'artillerie* s'en souvient.....

Malgré la profonde désorganisation où l'avait plongé le Gouvernement de la défection nationale, les journées du 3 et du 4 avril vous appartiennent.

Peuple!

La lutte n'est pas finie! — Tu es encore appelé au vote.

Donc, aux armes! aux urnes! tu as les unes et les autres, tu es souverain!...

Seul, tu as pouvoir de châtier ceux qui auraient trompé ou tromperaient ta confiance, quel que soit le mandat que tu leur aurais confié.

Pour que l'artillerie ne soit et ne devienne une force aveugle et ne tombe entre les mains des intrigants, tu enverras à la Commune un ou plusieurs des Membres de son Comité central.

Confiant en ta clairvoyance et ton patriotisme, le *Comité central d'Artillerie* se présentera à tes suffrages aux prochaines élections.

Vive la République et l'Avenir de la Révolution!

Le Comité central de l'Artillerie de la Seine.

Loi sur les échéances

La Commune décrète :

Art. 1er. — Le remboursement des dettes de toute nature souscrites jusqu'à ce jour et portant échéance, billets à ordre, mandats, lettres de change, factures réglées, dettes concordataires, etc., sera effectué dans un délai de *trois années* à partir du 15 juillet prochain, et *sans que ces dettes portent intérêt*.

Art. 2. — Le total des sommes dues sera divisé en *douze coupures égales*, payables par trimestre, à partir de la même date.

Art. 3. — Les porteurs des créances ci-dessus énoncées pourront, en conservant les titres primitifs, poursuivre le remboursement desdites créances par voie de mandats, traites ou lettres de change, mentionnant la nature de la dette et de la garantie, conformément à l'article 2.

Art. 4. — Les poursuites, en cas de non-acceptation ou de non paiement, s'exerceront seulement sur la coupure qui y donnera lieu.

Art. 5. — Tout débiteur qui, profitant des délais accordés par le présent décret, aura pendant ces délais détourné, aliéné ou anéanti son actif en fraude des droits de son créancier, sera considéré, s'il est commerçant, comme coupable de banqueroute frauduleuse, et s'il n'est pas commerçant, comme coupable d'escroquerie. Il pourra être poursuivi comme tel, soit par son créancier, soit par le ministère public.

Paris, le 16 avril 1871.

Création d'Études d'Huissiers

La fermeture volontaire de quelques études d'huissiers et le refus inexplicable d'un certain nombre de ces officiers ministériels d'instrumenter, même dans les affaires purement civiles ou commerciales, rendent nécessaire la création de plusieurs offices nouveaux.

Le nombre de ces officiers sera indiqué sous quelques jours.

Les candidats peuvent envoyer leur demande de suite à la délégation de la justice.

Ils devront produire un extrait du casier judiciaire, ou à son défaut des pièces quelconques pouvant le remplacer.

Ils sont dispensés de joindre à leur demande la délibération d'*admittatur* par le tribunal civil.

Leur signature sera légalisée par la municipalité de leur arrondissement.

La Vérité

CIRCULAIRE DE M. THIERS

Versailles, 16 avril 1871, 5 h. du soir.

Le gouvernement s'est tu hier parce qu'il n'y avait aucun événement à faire connaitre au public, et s'il parle aujourd'hui, c'est afin que les alarmistes mal intentionnés ne puissent abuser de son silence pour semer de faux bruits.

La canonnade sur les deux extrémités de nos positions, Châtillon au sud, Courbevoie au nord, a été fort insignifiante cette nuit. Nos troupes s'habituent à dormir au bruit de ces canons qui ne tirent que pour les éveiller. Nous n'avons donc rien à raconter, sinon que les insurgés vident les principales maisons de Paris pour en mettre en vente le mobilier au profit de la Commune, ce qui constitue la plus odieuse des spoliations.

Le gouvernement persiste dans son système de temporisation pour deux motifs qu'il peut avouer : c'est de *réunir des forces tellement imposantes que la résistance soit impossible* et dès lors peu sanglante ; c'est ensuite pour laisser à des hommes égarés le temps de revenir à la raison.

On leur dit que le gouvernement veut détruire la République, *ce qui est absolument faux*, sa seule occupation étant de mettre fin à la guerre civile, de rétablir l'ordre, le crédit, le travail, et d'opérer l'évacuation du territoire par l'acquittement des obligations contractées avec la Prusse. On dit à ces mêmes hommes égarés qu'on *veut les fusiller* tous, ce qui est encore faux, le gouvernement, faisant grâce à tous ceux qui mettent bas les armes, comme il l'a fait à l'égard de 2,000 prisonniers qu'il nourrit à Belle-Isle, sans en tirer aucun service. On leur dit enfin que, *privés du subside* qui les a fait vivre, on les forcera à mourir de faim ; ce qui est aussi faux que tout le reste, puisque le gouvernement leur a promis encore quelques semaines de ce subside pour leur fournir les moyens d'attendre la reprise du travail, reprise certaine si l'ordre est rétabli, et la soumission à la loi obtenue.

Eclairer les hommes égarés, tout en préparant les moyens infaillibles de réprimer leur égarement s'ils y persistent, tel est le sens de l'attitude du gouvernement ; et si quelques coups de canon se font entendre, ce n'est pas son fait ; c'est celui de *quelques insurgés voulant faire croire qu'ils combattent lorsqu'ils osent à peine se faire voir.*

La vérité de la situation, la voilà tout entière, et, pour un certain nombre de jours, elle sera la même. Nous prions donc les bons citoyens de ne pas s'alarmer si, tel jour, le gouvernement, faute d'avoir rien à dire, croit mieux de se taire. Il agit, et l'action ne se révèle que par des résultats. Or ces résultats, il faut savoir les attendre. Loin de les hâter, on les retarde en voulant les précipiter.

Comment la Commune respecte la Propriét

La Commune de Paris,

Considérant qu'une quantité d'ateliers ont été abandonnés par ceux qui les dirigeaient afin d'échapper aux obligations civiques, et sans tenir compte des intérêts des travailleurs ;

Considérant que par suite de ce lâche abandon, de nombreux travaux essentiels à la vie communale se trouvent interrompus, l'existence des travailleurs compromise.

Décrète :

Les chambres syndicales ouvrières sont convoquées à l'effet d'instituer une commission d'enquête ayant pour but :

1° De dresser une statistique des ateliers abandonnés, ainsi qu'un inventaire exact de l'état dans lequel ils se trouvent et des instruments de travail qu'ils renferment ;

2° De présenter un rapport établissant les conditions pratiques de la prompte mise en exploitation de ces ateliers, non plus par les directeurs qui les ont abandonnés, mais par l'association coopérative des travailleurs qui y étaient employés.

3° D'élaborer un projet de constitution de ces sociétés coopératives ouvrières ;

4° De constituer un jury arbitral qui devra statuer, au retour desdits patrons, sur les conditions de la cession définitive des ateliers aux sociétés ouvrières et sur la quotité de l'indemnité qu'ont à payer les sociétés aux patrons.

Cette commission d'enquête devra adresser son rapport à la Commission communale des travaux et de l'échange, qui sera tenue de présenter à la Commune, dans le plus bref délai, le projet de décret donnant satisfaction aux intérêts de la Commune et des travailleurs.

Recette pour opérer une Arrestation

La Commune de Paris

Décrète :

Art. 1ᵉʳ. Tous magistrats, officiers de police ou gardes nationaux qui opéreront une arrestation, en dresseront procès-verbal sur-le-champ, et la notifieront au délégué à la justice.

Le procès-verbal énoncera les causes de l'arrestation, les témoins à entendre pour ou contre la personne arrêtée.

Toute contravention à ces prescriptions sera rigoureusement réprimée.

Les mêmes dispositions seront applicables aux citoyens agissant en vertu de la loi sur les flagrants délits.

Art. 2. Tous directeurs de prisons, de maisons d'arrêt ou de correction, tous geôliers ou greffiers qui omettront de mentionner sur l'acte d'écrou les causes de l'arrestation, seront poursuivis pour crime de séquestration illégale.

Art. 3. *Les papiers, valeurs mobilières, effets de nature quelconque appartenant aux personnes arrêtées, et dont la saisie aura été effectuée, seront déposés à la Caisse des dépôts et consignations.* Les pièces à conviction seront adressées au délégué à la police.

EUGÈNE PROTOT.

Suppression de 4 Journaux

La Commune, considérant qu'il est impossible de tolérer dans Paris assiégé des journaux *qui prêchent ouvertement la guerre civile*, donnent des renseignements militaires à l'ennemi, et propagent la calomnie contre les défenseurs de la République, a arrêté la suppression des journaux le *Soir*, la *Cloche*, l'*Opinion nationale* et le *Bien public*.

Le Travail de Nuit

Sur les justes demandes de toute la corporation des ouvriers boulangers,

La commission exécutive

Arrête :

Art. 1er. Le travail de nuit est supprimé.

Art. 2. Les placeurs institués par l'ex-police impériale sont supprimés. Cette fonction est remplacée par un registre placé dans chaque mairie pour l'inscription des ouvriers boulangers. Un registre central sera établi au ministère du commerce.

Paris le 29 avril 1871.

La commission exécutive,

COURBET, A. VERMOREL, G. TRIDON, DELESCLUZE, FÉLIX-PYAT, AVRIAL, E. VAILLANT.

Orphelinat de la Garde nationale

Boulevard Victor Hugo, 40 (ancien Hausmann).

Citoyens qui combattez pour la plus sainte des causes, citoyennes qui travaillez aux vêtements de nos frères ou qui pansez nos blessés; vous ne pouvez pendant ces moments de misère et de deuil, donner à vos enfants tous les soins que nécessite leur âge.

La République leur ouvre ses bras; elle leur offre un lit, des vêtements, la nourriture; elle leur enseignera à être honnêtes, laborieux et braves.

L'Asile est fondé sous le patronage de la Commune, des ministres, des maires, de l'intendance militaire, qui donne son concours particulier.

Aux grands maux, les grands remèdes.

La force d'inertie stupide des monarchies n'arrive plus. L'activité, la prévoyance de la République surgissent et secourent sans interroger.

Rien qui froisse la dignité du père ou de la mère. Les enfants, garçons et filles, sont admis tous les jours, de 1 heure à 4 heures, sur la présentation d'un certificat non motivé du sergent-major, qui constate que le père appartient à la compagnie. Un local aéré et sain, contenant 300 lits, et qui permet de séparer les garçons des filles, est mis à la disposition de l'Orphelinat.

L'Orphelinat de la garde nationale fait appel à toutes les mères de famille qui ont des vêtements, des chemises, des souliers dont leurs enfants ne s'en servent plus. La République leur en sera reconnaissante.

L'Orphelinat fait appel également à toutes les citoyennes de cœur qui voudront lui apporter leur concours, pour soigner et instruire tous ces petits garçons et ces petites filles.

Tous pour chacun, chacun pour tous.

Vive la République!

Le directeur, RAYMOND.

Liste des Eglises de Paris
Fermées au public du 1er au 18 avril 1871

Sainte-Geneviève (le Panthéon),
Notre-Dame,
Saint-Leu,
Saint-Laurent,
Notre-Dame-de-Lorette,
La Trinité,
Saint-Philippe-du-Roule,
Saint-Pierre de Montmartre,
Saint-Martin,
Saint-Jean-Saint-François,
Saint-Eloi,
Saint-Médard,

Saint-Étienne-du-Mont,
Saint-Jacques-du-Haut-Pas,
Saint-Roch,
L'Assomption,
Saint-Bernard de la Chapelle,
Saint-Denis de la Chapelle,
Saint-Ferdinand des Ternes,
L'Annonciation, de Passy.
Saint-Pierre du Petit-Montrouge,
Saint-Honoré,
Notre-Dame de Plaisance,
Notre-Dame-des-Blancs-Manteaux,
Notre-Dame de Clignancourt,
Saint-Vincent-de-Paul.

Dans cette liste ne sont pas comprises un certain nombre de chapelles, de maisons religieuses également fermées.

Des perquisitions ont été faites dans la plupart de ces églises et dans les presbytères qui en dépendent. A la suite de ces perquisitions, les vases sacrés, les ornements, le mobilier, ont été saisis ou mis sous scellés.

Liste des Maisons religieuses et Couvents dans lesquelles ont été faites des perquisitions

3 avril. — Collége des Pères-Jésuites, rue Lhomond, 18.
Séminaire du Saint-Esprit, rue Lhomond, 30.
Couvent des Dominicains, rue Saint-Jacques-de-Beauvais.
5 avril. — Maison des Pères-Jésuites, rue de Sèvres, 35.
Maison des Lazaristes, rue de Sèvres, 90.
6 avril. — Séminaire de Saint-Sulpice, place Saint-Sulpice.
Petites-Sœurs des Pauvres, Faubourg-Saint-Antoine.
7 avril. — Couvent des Pères-Capucins, rue de la Santé.
Ecole Bossuet, aux Carmes.
Couvent des Dames Augustines, rue de la Santé.
8 avril. — Petit séminaire d'Issy, maison de la Solitude.

10 avril. — Institution de l'abbé Lévêque, rue du Buis, à Auteuil.

11 avril. — Maison-mère des Frères des écoles chrétiennes, rue Oudinot, 27.

12 avril. — Maison des Sœurs de charité des Ternes.

Maison des Sœurs de charité, faubourg Saint-Jacques.

Maison-mère des Pères de Picpus, rue Picpus.

Couvent des Dames-Blanches de l'Adoration, rue Picpus.

13 avril. — Asile de la paroisse Saint-Roch, passage Saint-Roch.

Maison des Sœurs de Charité, rue Boutebrie.

Etablissement de charité, rue de la Ville-l'Evêque.

14 avril. — Couvent des dames du Sacré-Cœur, rue de Varennes.

15 avril. — Couvent des Oiseaux, rue de Sèvres.

L'école des Frères du carré Saint-Martin, rue Montgolfier.

L'école des Frères du 20e arrondissement.

La Nature, la Raison, le But de la Commune

Dans le conflit douloureux et terrible qui impose une fois encore à Paris les horreurs du siége et du bombardement, qui fait couler le sang français, qui fait périr nos frères, nos femmes et nos enfants, écrasés sous les obus et la mitraille, il est nécessaire que l'opinion publique ne soit pas divisée, que la conscience nationale ne soit point troublée.

Il faut que Paris et le pays tout entier sachent quelle est la *nature*, la *raison*, le *but de la Révolution qui s'accomplit*. Il faut enfin que la responsabilité des deuils, des souffrances et des malheurs dont nous sommes les victimes, retombe sur ceux qui, après avoir trahi la France et livré Paris à l'étranger, poursuivent avec une aveugle et cruelle obstination la ruine de la capitale, afin d'enterrer dans le désastre de la Liberté et de la République le double témoignage de leur trahison et de leur crime.

La Commune a le devoir d'affirmer et de déterminer les aspirations et les vœux de la population de Paris ; de préciser le caractère du mouvement du 18 mars, incompris, inconnu et calomnié par les hommes politiques qui siègent à Versailles.

Cette fois encore, Paris travaille et souffre pour la France entière, dont il prépare par ses combats et ses sacrifices la régénération intellectuelle, morale, administrative et économique, la gloire et la prospérité.

Que demande-t-il ?

La reconnaissance et la consolidation de la République, seule forme de gouvernement compatible avec les droits du peuple et le développement régulier et libre de la société.

L'autonomie absolue de la Commune, étendue à toutes les localités de la France et assurant à chacune l'intégrité de ses droits, et à tout Français le plein exercice de ses facultés et de ses aptitudes, **comme homme, comme citoyen, comme travailleur**.

L'autonomie de la Commune n'aura pour limites que le droit d'autonomie égal pour toutes les autres Communes adhérentes au contrat, dont l'association doit assurer l'unité française.

Les droits inhérents à la Commune sont :

Le vote du budget communal, recettes et dépenses, la fixation et la répartition de l'impôt, la direction des services locaux, de la police intérieure et de l'enseignement ; l'administration des biens appartenant à la Commune.

Le choix par l'élection ou le concours, avec la responsabilité et le droit permanent de contrôle et de révocation des *magistrats ou fonctionnaires communaux de tous ordres*.

La garantie absolue de la liberté individuelle, de la liberté de conscience et de la liberté du travail.

L'intervention permanente des citoyens dans les affaires communales par la libre manifestation de leurs idées, la libre défense de leurs intérêts, garanties données à ces manifestations par la Commune, seule chargée de surveiller et d'assurer le libre et juste exercice du droit de réunion et de publicité.

L'organisation de la défense urbaine et de la garde nationale, qui élit ses chefs et veille seule au maintien de l'ordre dans la cité.

Paris ne demande rien de plus à titre de garanties locales, à condition, bien entendu, de retrouver dans la grande administration centrale, délégation des communes fédérées, la réalisation et la pratique des mêmes principes.

Mais à la faveur de son autonomie, et profitant de sa liberté d'action, il se réserve d'opérer comme il l'entendra, chez lui, les réformes administratives et économiques que réclame sa population, de créer des institutions propres à développer et propager l'instruction, la production, l'échange et le crédit, à universaliser le pouvoir et la propriété, suivant les nécessités du moment, le vœu des intéressés et les données fournies par l'expérience.

Nos ennemis se trompent ou trompent le pays, quand ils accusent Paris de vouloir imposer sa volonté ou sa suprématie au reste de la nation et de prétendre à une dictature qui serait un véritable attentat contre l'indépendance et la souveraineté des autres communes.

Ils se trompent ou trompent le pays, quand ils accusent Paris de poursuivre la destruction de l'Unité française constituée par la Révolution aux acclamations de nos pères, accourus à la fête de la Fédération de tous les points de la vieille France.

L'Unité, telle qu'elle nous a été imposée jusqu'à ce jour par l'empire, la monarchie et le parlementarisme, n'est que la centralisation despotique inintelligente, arbitraire et onéreuse.

L'Unité politique, telle que la veut Paris, c'est l'association volontaire de toutes les initiatives locales, le concours spontané et libre de toutes les énergies individuelles en vue d'un but commun, le bien-être, la liberté et la sécurité de tous,

La Révolution communale, commencée par l'initiative populaire du 18 mars, *inaugure une ère nouvelle de politique expérimentale, positive, scientifique.*

C'est la fin du vieux monde gouvernemental et clérical, du militarisme, du fonctionnarisme, de l'exploitation, de l'agiotage, des monopoles ; des priviléges auxquels le prolétariat doit son servage ; la patrie, ses malheurs et ses désastres.

Que cette chère et grande patrie, trompée par les mensonges et les calomnies, se rassure donc ! — La lutte engagée entre Paris et Versailles est de celles qui ne peuvent se terminer par des compromis illusoires ; mais l'issue n'en saurait être douteuse. La victoire poursuivie avec une indomptable énergie par la garde nationale restera à l'idée et au droit.

Nous en appelons à la France.

Avertie que Paris en armes possède autant de calme que de bravoure ; qu'il soutient l'ordre avec autant d'énergie que d'enthousiasme ; qu'il se sacrifie avec autant de raison que d'héroïsme ; qu'il ne s'est armé que par dévouement pour la liberté et la gloire communes ; que la France fasse cesser ce sanglant conflit.

C'est à la France à désarmer Versailles, par la manifestation solennelle de son irrésistible volonté.

Appelée à bénéficier de nos conquêtes, qu'elle se déclare solidaire de nos efforts ; qu'elle soit notre alliée dans ce combat qui ne peut finir que par le triomphe de l'idée communale ou par la ruine de Paris.

Quant à nous, citoyens de Paris, nous avons la mission d'accomplir la Révolution moderne, la plus large et la plus féconde de toutes celles qui ont illuminé l'histoire.

Nous avons le *devoir de lutter et de vaincre.*

19 avril 1871.

La Commune de Paris.

L'Armistice

Après en avoir conféré avec la commission exécutive, et dans un but strict d'humanité, j'autorise une suspension d'armes à Neuilly, à l'effet de faire rentrer dans Paris les femmes, enfants, vieillards, en un mot les non combattants, qui, enfermés dans Neuilly, sont victimes innocentes de la lutte.

Le général Dombrowski prendra, d'accord avec les citoyens Bonvallet et Stupuy, de l'Union républicaine des droits de Paris, les dispositions militaires nécessaires pour que la suspension d'armes maintienne strictement le *statu quo*. Cette suspension aura lieu de jour.

Aussitôt la réponse de Versailles, j'en fixerai le jour et la durée.

Le délégué à la guerre,
CLUSERET.

Provision de Pétrole

Les citoyens qui connaîtraient des dépôts de produits chimiques, machines, aérostats, appareils divers appartenant à l'État ou à la ville, sont priés d'en faire la déclaration à la délégation scientifique, hôtel des travaux publics, rue Saint-Dominique.

Les détenteurs de pétrole sont tenus de faire la déclaration par écrit de leur stock, à la même adresse et dans les trois jours.

Les inventeurs d'engins de guerre offensive ou défensive peuvent adresser leurs plans, modèles ou descriptions à la même adresse. Dans les trois jours, ces objets leur seront rendus si leur projet n'est pas accepté. On ne reçoit pas les personnes.

Les chimistes, constructeurs-mécaniciens, ouvriers en instruments de précision, fabricants de revolvers ou de fusils, qui veulent du travail, peuvent se présenter tous les jours, à dix heures, à l'hôtel des travaux publics, à la délégation scientifique.

Paris, le 22 avril 1871.

Le délégué,

PARISEL.

Le Pouvoir exécutif de la Commune

Paris, le 20 avril 1871.

Dans sa séance d'hier, la Commune a décidé :

1° Le pouvoir exécutif est et demeure confié, à titre provisoire, aux délégués réunis des neuf commissions entre lesquelles la Commune a réparti les travaux et les attributions administratives.

2° Les délégués seront nommés par la Commune à la majorité des voix.

3° Les délégués se réuniront chaque jour et prendront à la majorité des voix, les décisions relatives à chacun de leurs départements.

4° Chaque jour, ils rendront compte à la Commune, en comité secret, des mesures arrêtées ou exécutées par eux, et la Commune statuera.

Ont été nommés, pour composer la Commission exécutive, les citoyens :

Cluseret, guerre ;
Jourde, finances ;
Viard, subsistances ;
Paschal Grousset, relations extérieures ;

Franckel, travail et échange ;
Protot, justice ;
Andrieu, services publics ;
Vaillant, enseignement ;
Raoul Rigault, sûreté générale.

Ménagez les Factionnaires

Je m'aperçois que, par un esprit de routine, on met un factionnaire à chaque guérite, sans savoir s'il y a ou non nécessité. C'est ainsi qu'aux Tuileries et au Louvre, il y a un grand nombre de gardes nationaux fatigués inutilement.

A l'avenir, il n'y aura de factionnaires qu'à la porte des postes, ministères et autres établissements occupés par les fonctionnaires publics.

On supprimera tous ceux des jardins publics et monuments où il n'y a rien à garder.

Paris, le 23 avril 1871.

Le délégué à la guerre,

Général CLUSERET.

L'Honorabilité de Pilotell

Le public s'est ému de certaines irrégularités qui auraient accompagné l'arrestation du sieur Polo.

Ce citoyen, arrêté en vertu d'un mandat régulier, sur présomptions graves de relations avec Versailles, a été mis en liberté, après instruction, pour insuffisance de preuves.

La mise en disponibilité du citoyen Pilotell a été motivée par des négligences de formes qui n'entachent en rien l'honorabilité de ce citoyen.

Le délégué à la commission de sûreté générale,

RAOUL RIGAULT.

Les Huissiers de la Commune

La Commune de Paris

Décrète :

Art. 1er. Les huissiers, notaires, commissaires-priseurs et greffiers de tribunaux quelconques qui seront nommés à Paris, à partir de ce jour, *recevront un traitement fixe*. Ils pourront être dispensés de fournir un cautionnement.

Art. 2. Ils verseront tous les mois, entre les mains du délégué aux finances, les sommes par eux perçues pour les actes de leur compétence.

Art. 3. Le délégué à la justice est chargé de l'exécution du présent décret.

Paris, le 23 avril 1871.

La Commune.

Neuilly

Une suspension d'armes de quelques heures a été convenue pour permettre à la malheureuse population de Neuilly de venir chercher dans Paris un abri contre le bombardement sauvage qu'elle subit depuis vingt-deux jours.

Le feu cessera aujourd'hui mardi, 25 avril, *à neuf heures du matin*.

Il sera repris aujourd'hui, *à cinq heures de l'après-midi*.

Paris, 25 avril 1871.

La commission exécutive,

JULES ANDRIEU, CLUSERET, FRANCKEL, JOURDE, PASCHAL GROUSSET, PROTOT, RAOUL RIGAULT, VAILLANT, VIARD.

Les Victimes de la scélératesse

Citoyens,

Il y a sept mois à peine, nos frères de Neuilly venaient demander aux remparts de Paris un abri contre les obus prussiens.

A peine revenus dans leurs foyers, c'est par les obus français qu'ils en sont chassés pour la seconde fois.

Que nos bras et nos cœurs soient ouverts à tant d'infortunes.

Cinq membres de la Commune ont reçu le mandat spécial d'accueillir à nos portes ces femmes, ces enfants, innocentes victimes de la scélératesse monarchique.

Les municipalités leur assureront un toit.

Le sentiment de la solidarité humaine, si profond chez tout citoyen de Paris, leur réserve une hospitalité fraternelle.

Paris, le 25 avril 1871.

La commission exécutive,

JULES ANDRIEU, CLUSERET, FRANCKEL, JOURDE, PASCHAL GROUSSET, PROTOT, RAOUL RIGAULT, VAILLANT, VIARD.

Réorganisation de la Garde nationale

La réorganisation de la garde nationale, malgré les décrets, ordres et mesures successifs dont elle a été l'objet depuis la proclamation de la Commune, a, jusqu'à ce jour, rencontré des difficultés d'exécution auxquelles il importe d'apporter immédiatement remède.

Dans ce but, il est indispensable de délimiter et de préciser l'action et les fonctions des différentes forces capables de prêter leur concours à cette organisation.

Ces forces sont au nombre de trois :

1º Les municipalités d'arrondissement ;

2º La Fédération de la garde nationale, représentée par les conseils de légion et le Comité central de la garde nationale.

3º Les chefs commandant les légions.

Leurs attributions peuvent être ainsi établies :

1º Les municipalités d'arrondissement, conformément à l'ordre du délégué à la guerre, en date du 16 avril, doivent assurer le recrutement et la rentrée des armes. Délégations du pouvoir de la Commune, elles doivent veiller à la stricte et complète exécution de ses décrets ; elles ont autorité pour requérir les armes cachées ou inutiles, rechercher les réfractaires et les incorporer ; établir l'état nominatif des hommes qui ont fui, afin que les pénalités pécuniaires et autres puissent être appliquées dans toute leur étendue.

2º Les statuts de la Fédération ayant établi la représentation des intérêts de la garde nationale par la constitution des chefs de bataillon, conseils de légion, et par le comité central, ces représentations ont le droit et le devoir de concourir au but commun.

Les conseils de légion, composés de tous les bataillons de l'arrondissement, doivent être en rapports constants avec leurs municipalités respectives, leur prêter un concours actif pour les recherches en hommes et en armes ; être en un mot l'intermédiaire nécessaire pour qu'aucun des gardes nationaux ne puisse se soustraire à ses obligations de citoyen. En même temps, les municipalités ont le devoir de ne pas négliger les importants moyens d'action qu'offre la fédération.

Afin d'assurer l'unité d'action des conseils de légion, et l'entente commune avec les municipalités et les chefs de légion, le Comité central, composé des délégués d'arrondissement, doit être l'intermédiaire naturel entre le département de la guerre et les diverses fractions de la garde nationale. En rapport constant avec les arrondissements dont il émane, son contrôle direct aidera puissamment à l'organisation prompte de la force citoyenne.

Les chefs de légion ont le commandement actif et militaire des bataillons dans leur ressort. En rapports constants avec la place, au moyen de leurs officiers d'état-major, ils établissent le roulement des bataillons et assurent ainsi les services intérieur et extérieur.

En résumé :

Pouvoir communal délégué aux municipalités.

Intermédiaire et concours actif par les conseils de légion et le comité central.

Ordres militaires exécutés par l'autorité des chefs de légion.

Telle doit être l'action réciproque de toutes ces forces dans le but commun : le maintien et la sauvegarde des droits de la ville de Paris, et le salut de la République.

Paris, le 26 avril 1871.

La commission de la guerre,

DELESCLUZE, TRIDON, AVRIAL, RANVIER, ARNOLD.

On calomnie la Commune

23 AVRIL.

Plusieurs journaux rapportent inexactement, et quelques-uns commentent avec une *malveillance* évidente, les faits qui se sont passés à la *Compagnie parisienne du gaz*. Il n'y a eu là, pas plus qu'ailleurs, ni atteinte à une propriété privée, ni arbitraire de la part des agents de la Commune, mais seulement *excès de zèle* de la part des gardes nationaux envoyés pour faire rentrer au ministère de la guerre les fusils qui avaient servi à l'armement d'un bataillon spécial aujourd'hui dissous. Dès que le délégué aux finances a été averti qu'une somme de 183,210 fr. 32 c. avait été saisie, il s'est empressé, de concert avec son collègue de la sûreté générale, de la faire remettre au directeur de la Compagnie.

S'il y avait eu acte d'arbitraire de la part d'un agent de la Commune, cet acte eût été frappé, comme le seront tous ceux du même genre, s'il s'en produit, d'une destitution et d'une poursuite immédiates.

(*Officiel.*)

La Commune et les Francs-Maçons

Les membres de la Commune ont reçu, dans la cour d'honneur, une députation de francs-maçons qui venait déclarer qu'ayant épuisé tous les moyens de conciliation avec le gouvernement de Versailles, la franc-maçonnerie avait résolu de planter *ses bannières sur les remparts de Paris*, et que si une seule balle les touchait, les F∴ M∴ marcheraient d'un même élan contre l'ennemi commun.

Le F∴ Térifoque a déclaré que, depuis le jour où la Commune existe, la franc-maçonnerie a compris qu'elle serait la base de nos réformes sociales.

« C'est, dit-il, la plus grande révolution qu'il ait jamais été donné au monde de contempler.

» Si, au début du mouvement, les francs-maçons n'ont pas voulu agir, c'est qu'ils tenaient à acquérir la preuve que Versailles ne voulait entendre à aucune conciliation. Comment supposer, en effet, que des criminels puissent accepter une conciliation quelconque avec leurs juges ? »

De nombreux cris de : « Vive la Commune ! Vive la franc-maçonnerie ! Vive la République universelle ! » répondent à l'orateur.

Un membre de la Commune, le citoyen Jules Vallès, après avoir remercié la députation en quelques mots partis du cœur, donne son écharpe au F∴ Térifoque, qui déclare que cet emblème restera dans les archives de la franc-maçonnerie, en souvenir de ce jour mémorable.

Le citoyen Lefrançais, membre de la Commune, déclare ensuite que, depuis longtemps déjà, il était de cœur avec la franc-maçonnerie, ayant été reçu dans la loge écossaise, n° 133, passant, à cette époque, pour une des plus républicaines ; qu'il s'était depuis longtemps assuré que le but de l'association était le même que celui de la Commune : la régénération sociale.

Le citoyen Allix, membre de la Commune, ajoute que la Commune de Paris met en pratique, sous une forme nouvelle, ce que la franc-maçonnerie a depuis longtemps affirmé : que la construction du temple fût, certainement pour l'époque, la réorganisation du travail.

Le F∴ V∴ de la Rose écossaise, dans une chaleureuse improvisation, annonce que la Commune, nouveau temple de Salomon, est l'œuvre que les F∴ F∴ M∴ doivent avoir pour but, c'est-à-dire la justice et le travail comme bases de la société.

La députation, composée de plus de deux mille francs-maçons, s'est retirée après avoir enguirlandé sa bannière avec l'écharpe du citoyen J. Vallès, et emporte un drapeau rouge, après deux triples batteries aux rites français et écossais.

Une délégation de la Commune reconduit la députation maçonnique jusqu'à la rue Cadet. Elle est acclamée sur son passage par la population enthousiasmée, et l'on se sépare après une vive et patriotique allocution du citoyen Ranvier, membre de la Commune. Tous les cœurs battent à l'unisson.

Manifeste de la Commune

Depuis un mois, les hommes de Versailles ont coupé les communications par la poste entre Paris et les départements, à seule fin de tromper la France entière, non-seulement sur les faits de guerre, mais encore et surtout sur la véritable portée de la Révolution du 18 mars.

Le Comité central de la garde nationale, constitué par la nomination d'un délégué par compagnie, fit, au moment de l'entrée des Prussiens à Paris, transporter à Montmartre, à Belleville et à la Villette les canons et mitrailleuses, provenant des souscriptions faites par les gardes nationaux, lesquels canons et mitrailleuses avaient été abandonnés par le gouvernement de la défense nationale, même dans les quartiers qui devaient être occupés par les Prussiens.

Le Comité central demandait la réorganisation de l'artillerie de la garde nationale et l'affectation d'un parc pour cette artillerie.

Le gouvernement demandait la remise pure et simple, entre ses mains, de toute l'artillerie.

Le 18 mars, à trois heures du matin, les agents de police et plusieurs bataillons de ligne furent à Montmartre, à Belleville et à la Villette pour surprendre les gardiens de l'artillerie et la leur enlever de force.

La garde nationale résista, les soldats de ligne levèrent la crosse en l'air, malgré les menaces et les ordres du général Lecomte, qui fut dans la journée fusillé par ses soldats, en même temps que le général Clément Thomas.

Le gouvernement fit un appel énergique à la garde nationale; mais la population entière était tellement indignée, que sur 400,000 gardes nationaux que renfermait Paris, trois cents hommes seulement répondirent.

En présence d'un échec moral aussi grand, les membres du gouvernement s'enfuirent à Versailles, en faisant protéger leur retraite par quelques bataillons de ligne et par les agents de police, qu'ils chargèrent de protéger l'Assemblée, que personne ne menaçait.

Le Comité central, prévoyant un retour offensif, fit occuper militairement l'Hôtel-de-Ville, les points stratégiques de Paris, et les forts de la rive gauche, Issy, Vanves, Montrouge et Bicêtre.

Le Comité central avait assuré la défense de Paris, il n'avait plus qu'à faire procéder aux élections et résigner ses pouvoirs entre les mains de la Commune de Paris, élue le 26 mars par 250,000 suffrages : c'est ce qu'il fit.

Paris réclame son autonomie complète ; il veut s'administrer lui-même, régler ses dépenses et ses recettes, faire sa police, assurer la liberté de conscience par la séparation de l'Eglise et de l'État, répandre l'instruction, n'avoir d'autre armée que la milice citoyenne ; en un mot, fonder la vraie République.

Paris ne veut pas se séparer de la France, il reconnaît à toutes les communes le droit de s'administrer elles-mêmes, comme il veut que son droit soit reconnu ; Paris demande en un mot que toutes les communes de France soient réunies entre elles par le plus puissant de tous les liens, par la fédération.

Nous allons examiner maintenant les actes de la Commune de Paris, et ceux des hommes de Versailles.

Versailles a attaqué Paris; il a lancé contre nous ses agents de police qui crient *vive l'empereur*, ses chouans et ses Bretons qui portent le drapeau blanc et crient *vive le roi*.

Les bataillons parisiens, tenant haut et ferme le drapeau rouge, emblème du travailleur, ont repoussé les hordes de Versailles au cri de *vive la République, vive la Commune*.

Le Mont-Valérien, occupé par les troupes de Versailles, imitant l'exemple donné par les Prussiens, lance les obus et les boîtes à mitrailles dans l'intérieur de Paris; l'Arc-de-Triomphe est criblé de leurs projectiles.

Les hommes de Versailles font fusiller une partie des prisonniers tombés en leur pouvoir.

La Commune de Paris se borne à mettre dans l'impossibilité de nuire les prisonniers faits par la garde nationale.

Les hommes de Versailles annoncent à la France et à l'Europe que Paris est livré à l'anarchie, que le vol et le pillage y sont à l'ordre du jour.

La Commune de Paris a rendu tous les décrets nécessaires pour assurer dans ces temps difficiles le respect de la liberté individuelle et de la propriété, qui n'étaient menacés que par les agents et émissaires de Versailles.

La France se rappelle la belle proclamation de Ducrot, disant qu'il ne rentrerait à Paris que *mort ou victorieux*, la fameuse déclaration de Trochu, annonçant que *le gouverneur de Paris ne capitulerait jamais*, la circulaire de Jules Favre, donnant l'assurance que le gouvernement de la défense nationale ne céderait ni *une pierre de nos forteresses, ni un pouce de notre territoire*; la France entière sait également comment ces promesses ont été tenues.

Quelle confiance peut-on avoir dans le dévouement de Thiers pour la République, qu'il jure de maintenir tant qu'il sera au pouvoir; Thiers, l'homme de la rue Transnonain, qui s'est fait le complice de Ducrot, de Trochu et de Jules Favre. Thiers, qui a nommé Vinoy grand chancelier de la Légion d'honneur, pour le récompenser des services qu'il a rendus en 1851, et de ceux qu'il rend aujourd'hui; Thiers, qui a fait appel à tous les traîtres qui ont fait et soutenu l'empire, Thiers enfin qui, le 31 janvier 1848, prononçait à la tribune de la Chambre des députés le discours suivant :

« Vous savez, messieurs, ce qui se passe à Palerme; vous avez tous tressailli d'horreur en apprenant que pendant quarante-huit heures une grande ville a été bombardée! Par qui? Etait-ce par un ennemi étranger exerçant les droits de la guerre? Non, messieurs, par son propre gouvernement. Et pourquoi? parce que cette ville infortunée demandait des droits.

« Eh bien! il y a eu quarante-huit heures de bombardement.

« Permettez-moi d'en appeler à l'opinion européenne; c'est un service à rendre à l'humanité que de venir, du haut de la plus grande tribune peut-être de l'Europe, faire retentir quelques paroles d'indignation contre de tels actes. »

Quelle confiance, disons-nous, peut-on avoir dans cet homme qui bombarde aujourd'hui Paris, réclamant non-seulement ses droits, mais ceux de la France entière, cet homme qui, il y a vingt-trois ans, a publiquement flétri ceux qu'il imite aujourd'hui.

Citoyens,

Les deux tiers de la population de Paris sont les enfants de la province, à qui la grande ville a ouvert ses portes et son cœur; Paris ne sera jamais l'ennemi des départements.

Cette Commune, dont les membres sont accusés de chercher la richesse dans le pillage, a rendu un décret fixant le maximum des traitements à 6,000 francs par an.

Ce peuple de Paris, que l'on accuse de suer le meurtre et l'assassinat, a amené les guillotines sur la place publique et *les a brûlées.*

L'ordre le plus grand règne dans Paris depuis le départ des agents de police; il n'y a eu ni vol, ni assassinat, il n'a pas été signalé une seule attaque nocturne, même dans les quartiers les plus reculés et les moins fréquentés, depuis que les citoyens font la police.

Que l'Assemblée et les hommes de Versailles tombent sous le mépris public, Paris ne demande pas que la province vienne matériellement à son secours, il se sent le courage de résister tout seul, et s'il succombait, il serait assez puissant pour écraser l'armée royaliste de Versailles dans les convulsions de son agonie.

Ce que Paris demande aux départements, c'est leur appui moral; il veut que la lumière se fasse sur ses intentions comme sur ses actes; par l'héroïque conduite de sa garde nationale, il prouve ce qu'il était capable de faire contre les Prussiens, si son élan n'eût été entravé par ceux qui se proclamaient le gouvernement de la défense nationale, et qui en réalité n'ont été que le gouvernement de la défection nationale; ces misérables savent que dans leur fuite à Versailles, ils ont laissé à Paris les preuves de leurs crimes, et pour anéantir ces preuves, ils iraient jusqu'à faire de Paris une montagne de ruine baignée par une mer de sang.

Paris s'imposera tous les sacrifices pour arriver à son but, *l'établissement de la Commune,* dont le programme peut se résumer ainsi :

Assurer à tous les citoyens le travail par la liberté, la justice par l'égalité, l'ordre par la fraternité.

Vive la République ! Vive la Commune !

Une Séance de la Commune

27 AVRIL.

Le citoyen Courbet demande la parole pour informer l'assemblée que les peuples voisins, la Suisse, la Belgique, par exemple, demandent que les droits des belligérants soient accordés aux troupes de la Commune. Il ajoute que la commission des affaires étrangères devrait faire publier ces adhésions et les provoquer chez les peuples amis.

Les droits des belligérants, dit-il, sont dus à tout pouvoir possédant une force suffisante pour faire respecter son autorité, qui observe les lois de la guerre, de l'humanité et des peuples civilisés.

« La Commune de Paris a donc à ce titre plus que qui que ce soit mérité d'avoir tous les droits des belligérants, et l'humanité aussi bien que la justice conseille qu'on le lui accorde.

Le citoyen Léo Meillet, membre de la commission des affaires extérieures, répond qu'il a reçu avec ses collègues le *représentant de la République de l'Equateur et d'autres républiques de l'Amérique du Sud*, lesquels lui ont déclaré au nom des États qu'ils représentaient qu'ils reconnaissaient la Commune de Paris, et qu'ils se considèrent comme accrédités auprès d'elle, quoiqu'en raison des distances, ils n'avaient pas encore pu recevoir les ratifications de leurs gouvernements.

Il est ensuite donné lecture d'une adresse d'une réunion publique, demandant que les *citoyens qui ont lâchement abandonné la capitale au moment du danger, soient punis par la privation de leurs droits civiques pendant dix ans.*

Cette proposition est renvoyée à la commission compétente, afin qu'elle soit étudiée.

Le citoyen Léo Meillet demande à la Commune *l'autorisation de démolir la chapelle élevée, dans le 13ᵉ arrondissement, à la mémoire du traître-assassin de ju*n 1848, *général Bréa.*

On se souvient que cet officier supérieur, en juin 1848, s'était présenté comme parlementaire, accompagné de deux aides-de-camp, à la barricade de la barrière de Fontainebleau, et que lorsqu'il eut franchi cette dernière, arriva un jeune homme de dix-huit ans, nommé Nourry, lequel raconta que le général s'était déjà présenté à d'autres insurgés en cette qualité, et notamment à une barricade où Nourry combattait.

Qu'il avait engagé les combattants à déposer les armes, qu'ils ne seraient pas poursuivis. Mais que ce militaire avait indignement et traîtreusement violé sa parole d'honneur, et qu'aussitôt que les citoyens qui avaient eu foi en lui furent en son pouvoir, il les avait impitoyablement fait fusiller.

Nourry ajouta encore qu'il avait lui-même essuyé le feu de ce général assassin, qu'il s'était laissé tomber parmi les morts et avait passé pour tel, et qu'enfin, à la faveur de la nuit, il avait pu se sauver.

Ce fut à la suite de cette révélation terrible, dont plusieurs témoins déposèrent, que le général assassin et traître reçut le juste châtiment de ses crimes.

A la suite de cette juste exécution, trois malheureux furent condamnés à mort, quoiqu'ils protestèrent et déclarèrent ne pas y avoir pris part.

Deux, Cirasse et Cuisinier, ont été guillotinés, et le troisième, Nourry, envoyé au bagne de Cayenne, où il est encore aujourd'hui, après vingt-deux ans, le gouvernement de la défense nationale ayant refusé de le mettre en liberté.

Le citoyen Vésinier, membre de la Commune, a demandé qu'il soit ajouté à la suite de la proposition Léo Meillet, le paragraphe suivant :

« *La Commune de Paris consacre la mémoire des citoyens Cirasse et Cuisinier, martyrs de la liberté, guillotinés par les assassins de juin* 1848 ; *amnistie le citoyen Nourry, encore détenu, après vingt-deux ans, au bagne de Cayenne, et elle le fera mettre en liberté aussitôt que les circonstances le permettront.*

La proposition du citoyen Léo Meillet, amendée par le citoyen Vésinier, est adoptée.

Le dernier de ces citoyens donne ensuite lecture du rapport dont lui et ses collègues Langevin et Gambon avaient été chargés, avec le concours des citoyens Rigault, procureur de la Commune, Ferré et Léo Meillet, assesseurs, au sujet d'une trahison aussi infâme que celle commise par le général Bréa en 1848.

Il résulte de ce rapport :

Que le 25 avril courant, à la Belle-Epine, près Villejuif, quatre gardes nationaux ont été cernés et faits prisonniers par deux cents chasseurs à cheval.

Les gardes nationaux, jugeant toute résistance inutile, se rendirent et déposèrent leurs armes sans s'en être servis contre les chasseurs. Ces derniers les entourèrent, ne leur firent pas une menace et n'exercèrent envers eux aucune violence.

Mais tout à coup un capitaine accourut au galop, le revolver au poing, fit feu sans mot dire sur un clairon de la garde nationale prisonnier, et l'étendit raide, puis d'un second coup il abattit un autre garde national, Scheffer, qui reçut une balle en pleine poitrine.

Mais ce n'était pas encore assez pour ce forcené, avide de sang. Il courut sur les deux derniers prisonniers et les étendit aux pieds de son cheval avec deux autres coups de revolver.

Cette œuvre de sang achevée, devant ses soldats terrifiés, ce brigand s'en fut avec sa troupe.

L'une de ses victimes, Scheffer, seule n'était pas morte. Ce malheureux put se relever et se transporter avec beaucoup de peine auprès de son bataillon, qui lui fit prodiguer les premiers soins.

Il est maintenant à l'hospice de Bicêtre, étendu dans son lit, avec une balle en pleine poitrine. Il a d'abord beaucoup vomi de sang, mais aujourd'hui l'hémorrhagie est calmée, le malade va mieux, et le médecin espère le sauver.

La Commune a décidé la publication et *l'affichage du rapport des délégués de la Commune, sur les murs de Paris, afin de vouer le capitaine assassin au mépris public.*

Après une explication sur les mesures prises pour assurer l'exécution du décret de la Commune, pour la démolition de la colonne de la place Vendôme, la discussion du décret sur la restitution des effets déposés au Mont-de-Piété est renvoyée au lendemain, et la séance est levée.

Le Tribut des Compagnies de Chemins de Fer

27 avril

Le délégué au ministère des finances,

Vu les lois et règlements réglant les rapports entre l'État et les compagnies de chemins de fer ;

Considérant qu'il importe de déterminer dans quelle proportion les impôts de toute nature dus par lesdites compagnies peuvent être perçus par la Commune de Paris ;

Qu'il est nécessaire de fixer provisoirement le *quantum* de la somme à réclamer sur l'arriéré des impôts dus pour la période antérieure au 18 mars, mais que, par suite de la guerre avec l'Allemagne, certaines compagnies ont subi des pertes considérables dont il est juste de leur tenir compte ;

Considérant qu'il y a lieu d'établir les bases sur lesquelles sera perçu l'impôt du dixième, et qu'il est équitable de fixer au vingtième de la redevance totale des autres impôts spéciaux aux chemins de fer la part applicable à la Commune de Paris depuis le 18 mars 1871,

Arrête :

Art. 1er. Les compagnies du Nord, de l'Est, de l'Ouest, d'Orléans et de Lyon, verseront au Trésor, dans un délai de quarante-huit heures après la publication du présent arrêté, la somme de deux millions, imputables à l'arriéré de leurs impôts.

Cette somme sera répartie de la manière suivante entre les Compagnies sus-nommées :

La Compagnie du Nord..........	303.000 fr.
La Compagnie de l'Ouest........	275.000
La Compagnie de l'Est..........	354.000
La Compagnie de Lyon..........	692.000
La Compagnie d'Orléans........	376.000
Total........	2.000.000 fr.

Art. 2. A partir du 18 mars, l'impôt du dixième sur les voyageurs et les transports à grande vitesse, sera perçu sur la recette brute des gares de Paris (voyageurs et grande vitesse).

Art. 3. L'abonnement pour le timbre des actions et obligations, les droits de transmission, l'impôt sur les titres au porteur, le décime sur l'impôt des droits de transmission et des titres aux porteurs, les patentes, les droits de licence et permis de circulation, les frais de police et de surveillance administrative, et tous les impôts analogues, seront perçus sur la somme totale due pour ces impôts, à raison du vingtième de cette somme, en prenant pour base le produit net de l'exercice antérieur.

Art. 4. Les contributions foncières seront dues en totalité, dans toute l'étendue du ressort de la Commune de Paris.

Art. 5. Les compagnies de chemins de fer verseront dans la huitaine, entre les mains des différents préposés de la Commune, le montant des impôts de toute nature dus depuis le 18 mars jusqu'au 20 avril 1871 inclusivement.

A partir du 20 avril, le compte en sera régulièrement arrêté et payé tous les dix jours.

Le membre de la Commune, délégué aux finances,
JOURDE.

Travaillez si cela vous convient

La Commission exécutive,

Considérant que certaines administrations ont mis en usage le système des amendes ou des retenues sur les appointements et sur les salaires.

Que ces amendes sont infligées souvent *sous les plus futiles prétextes*, et constituent une perte réelle pour l'employé et l'ouvrier ;

Qu'en droit, rien n'autorise ces prélèvements arbitraires et vexatoires ;

Qu'en fait, les amendes déguisent une diminution de salaire et profitent aux intérêts de ceux qui les imposent ;

Qu'aucune justice régulière ne préside à ces sortes de punitions, aussi immorales au fond que dans la forme.

Sur la proposition de la commission du travail, de l'industrie et de l'échange,

Arrête :

Art. 1ᵉʳ *Aucune administration privée ou publique ne pourra imposer des amendes ou des retenues aux employés, aux ouvriers* dont les appointements convenus d'avance doivent être intégralement soldés.

Art. 2. Toute infraction à cette disposition sera déférée aux tribunaux.

Art. 3. Toutes les amendes et retenues infligées depuis le 18 mars, sous prétexte de punition, devront être restituées aux ayant droit, dans un délai de quinze jours, à partir de la promulgation du présent décret.

Paris, le 27 avril 1871.

La commission exécutive,

JULES ANDRIEU, CLUSERET, LÉO FRANCKEL, PASCHAL GROUSSET, JOURDE, PROTOT, VAILLANT, VIARD.

La défense de Paris

Les forces destinées à la défense de la Commune de Paris seront ainsi réparties :

La défense extérieure sera confiée aux bataillons de guerre.

Le service intérieur sera fait par la garde nationale sédentaire.

Les forces chargées de la défense extérieure seront divisées en deux grands commandements.

Le premier, s'étendant de Saint-Ouen au Point-du-Jour, sera confié au général Dombrowski.

Le deuxième, allant du Point-du-Jour à Bercy, sera confié au général Wroblewski.

Chacun de ces commandements sera subdivisé en trois :

La 1re subdivision du 1er commandement comprendra Saint-Ouen et Clichy, jusqu'à la route d'Asnières ;

La 2e subdivision, Levallois-Perret et Neuilly, jusqu'à la porte Dauphine ;

La 3e subdivision comprendra la Muette, et s'étendra jusqu'au Point-du-Jour.

La 1re subdivision du 2e commandement comprendra les forts d'Issy et de Vanves ;

La 2e subdivision comprendra les forts de Montrouge et de Bicêtre ;

La 3e subdivision comprendra le fort d'Ivry et l'espace compris entre Villejuif et la Seine ;

Le quartier général du 1er commandement sera au château de la Muette, et celui du 2e à Gentilly.

Toutes les communications relatives au service seront adressées au délégué à la guerre par l'entremise des généraux commandant en chef. Les communications faites directement ne seront pas prises en considération.

Les commandants en chef établiront immédiatement à leurs quartiers généraux un conseil de guerre en permanence et un service de prévôté.

Le délégué à la guerre,
CLUSERET

Assassinat de quatre Prisonniers.

Le 25 courant, quatre gardes nationaux du 185e bataillon de marche ont été surpris et entourés, à la Belle-Epine, près Villejuif, par deux cents chasseurs à cheval environ. Sommés de se rendre, ils ont déposé leurs armes. Les chasseurs à cheval ont fait les quatre gardes nationaux prisonniers sans exercer contre eux aucune violence. Mais tout à coup est accouru un capitaine de chasseurs à cheval, le revolver au poing; dès qu'il fut près des prisonniers, il fit feu sur l'un d'eux, un clairon, et l'étendit raide mort; d'un second coup, il frappa en pleine poitrine le citoyen Scheffer, garde national, qui tomba près de son camarade. Ce misérable se précipita ensuite sur les deux derniers prisonniers, qu'il tua de deux autres coups de son revolver.

Lorsque les quatre victimes furent étendues à ses pieds, ce féroce capitaine s'en fut avec ses soldats terrifiés, abandonnant les cadavres des prisonniers lâchement assassinés.

Après le départ de la troupe, l'une des victimes, le citoyen Scheffer, se releva avec beaucoup de peine, et parvint à se traîner à quelque distance de son bataillon, qui l'aperçut, le rejoignit et lui donna les premiers soins.

Ce malheureux fut transporté d'abord à l'hospice de Bicêtre, et de là à l'ambulance du XIIIe arrondissement. Une balle reçue en pleine poitrine a pénétré jusque dans les intestins ; néanmoins, le docteur espère le sauver. Il est père de famille, et sa femme vient d'accoucher d'un second enfant.

L'un de ses compagnons d'infortune a pu se traîner à quelque distance du lieu du crime, où il a expiré, et où son cadavre a été relevé ; quant aux deux autres, il n'a pas été possible de les retrouver.

Ce quadruple assassinat a été froidement accompli par le capitaine assassin, dont il a été impossible de découvrir le nom.

Les citoyens qui pourraient fournir des renseignements sur ce criminel sont priés de les transmettre à la Commune, afin qu'elle provoque le juste châtiment de ce misérable par tous les moyens qui seront en son pouvoir. Dès à présent, elle le dénonce à la justice du peuple et de l'armée.

Les membres de la Commission d'enquête,

VÉSINIER, C. LANGEVIN, GAMBON.

Une Démarche pacifique

LA FRANC-MAÇONNERIE A L'HOTEL-DE-VILLE

Hier, 29, la ville de Paris présentait une animation à laquelle on n'était plus accoutumé depuis longtemps : on savait que les francs-maçons devaient essayer leur dernière démarche pacifique en allant planter leurs bannières sur les remparts de Paris, et *que s'ils échouaient, la franc-maçonnerie tout entière devait prendre parti contre Versailles.*

Dès neuf heures du matin, une députation des membres de la Commune sortit de l'Hôtel-de-Ville, musique en tête, se dirigeant vers le Louvre, à la rencontre de la manifestation franc-maçonnique.

A onze heures, la députation était de retour, et les fancs-maçons faisaient leur entrée dans la cour d'honneur de l'Hôtel-de-Ville, disposée à l'avance pour les recevoir. La garde nationale faisait la haie.

La Commune tout entière s'était placée sur le balcon, du haut de l'escalier d'honneur, devant la statue de la République, ceinte d'une écharpe rouge et entourée de trophées des drapeaux de la Commune.

Les bannières maçonniques vinrent se placer successivement sur les marches de l'escalier, étalant aux yeux de tous les maximes humanitaires, qui sont les bases de la franc-maçonnerie, et que la Commune s'est donné à tâche de mettre en pratique.

Une bannière blanche, entre toutes les autres, a frappé notre attention. Elle était portée par un artilleur, et on y lisait en lettres rouges : « Aimons-nous les uns les autres! »

Dès que la cour fut pleine, les cris : Vive la Commune!

Vive la Franc-Maçonnerie! Vive la République universelle! se font entendre de tous les côtés.

Le citoyen FÉLIX PYAT, membre de la Commune, prononce d'une voix forte et émue les paroles suivantes :

Frères, citoyens de la grande patrie, de la patrie universelle, fidèles à nos principes communs : Liberté, Egalité, Fraternité, et plus logiques que la *Ligue des droits de Paris*, vous, francs-maçons, vous faites suivre vos paroles de vos actions.

Aujourd'hui, les mots sont peu, les actes sont tout. Aussi, après avoir affiché votre manifeste, — le manifeste du cœur, — sur les murailles de Paris, vous allez maintenant planter votre drapeau d'humanité sur les remparts de votre ville assiégée et bombardée.

Vous allez protester ainsi contre les balles homicides et les boulets fratricides, au nom du droit et de la paix universelle. (Bravos unanimes et cris de : Vive la République! Vive la Commune!)

Aux hommes de Versailles, vous allez tendre une main désarmée, — désarmée, mais pour un moment, — et nous, les mandataires du peuple et les défenseurs de ses droits, nous, les élus du vote, nous voulons nous joindre tous à vous, les élus de l'épreuve, dans cet acte fraternel. (Nouveaux applaudissements. Vive la Commune! Vive la République!)

La Commune avait décidé qu'elle choisirait cinq de ses membres pour avoir l'honneur de vous accompagner, et il a été proposé, justement, que cet honneur fût tiré au sort ; le sort a désigné cinq noms favorisés pour vous suivre, pour vous accompagner dans cet acte glorieux, victorieux. (Marques d'approbation.)

Votre acte, citoyens, restera dans l'histoire de la France et de l'humanité.

Vive la République universelle!

(Applaudissements. Vive la Commune! Vive la République!)

Le citoyen BESLAY, membre de la Commune :

Citoyens, je me suis associé, comme vous, aux paroles que vous venez d'entendre, à ces paroles fraternelles qui rassemblent ici tous les francs-maçons.

Le sort ne m'a pas favorisé, hier, lorsqu'on a tiré les noms des membres de la Commune qui devaient aller recevoir les francs-maçons. Nous avons voulu qu'il y eût un tirage au sort des noms, parce que toute la Commune de Paris voulait s'associer, dès le commencement, à cette grande manifestation; je n'ai pas eu le bonheur d'être désigné, mais j'ai demandé pourtant à aller au devant de vous, comme doyen de la Commune de Paris, et aussi de la franc-maçonnerie de France, dont j'ai l'honneur de faire partie depuis cinquante-six ans.

Que vous dirais-je, citoyens, après les paroles si éloquentes de Félix Pyat? Vous allez faire un grand acte de fraternité en posant votre drapeau sur les remparts de notre ville et en vous mêlant dans nos rangs contre les ennemis de Versailles. (Oui! oui! Bravos!)

Citoyens, frères, permettez-moi de donner à l'un de vous l'accolade fraternelle.

(Le citoyen BESLAY embrasse l'un des francs-maçons placés près de lui. Applaudissements. Vive la commune! Vive la République!)

Un FRANC-MAÇON, *une bannière en main* :

Je réclame l'honneur de planter la première bannière sur les remparts de Paris, la bannière de la *Persévérance*, qui existe depuis 1790. (Bravos!)

La musique du bataillon joue la *Marseillaise*.

Le citoyen LÉO MEILLET :

Vous venez d'entendre la seule musique que nous puissions écouter jusqu'à la paix définitive.

Voici le drapeau rouge que la Commune de Paris offre aux députations maçonniques.

Ce drapeau doit accompagner vos bannières pacifiques : c'est le drapeau de la paix universelle, le drapeau de nos droits fédératifs, devant lequel nous devons tous nous grouper, afin d'éviter qu'à l'avenir une main, quelque puissante qu'elle soit, ne nous jette les uns sur les autres autrement que pour nous embrasser. (Applaudissements prolongés.)

C'est le drapeau de la Commune de Paris, que la Commune va confier aux francs-maçons. Il sera placé au devant de vos bannières et devant les balles homicides de Versailles.

Quand vous les rapporterez, ces bannières de la franc-maçonnerie, qu'elles reviennent déchirées ou intactes, le drapeau de la Commune n'aura pas faibli. Il les aura accompagnées au milieu du feu, — ce sera la preuve de leur union inséparable. (Nouveaux applaudissements.)

Le citoyen TÉRIFOCQ prend le drapeau rouge des mains du citoyen Léo Meillet, et adresse ces paroles à l'assemblée :

Citoyens, frères,

Je suis du nombre de ceux qui ont pris l'initiative d'aller planter l'étendard de la paix sur nos remparts, et j'ai le bonheur de voir à leur tête la bannière blanche de la loge de Vincennes, sur laquelle sont inscrits ces mots : « Aimons-nous les « uns les autres! » (Bravos!)

Nous irons présenter cette bannière la première devant les rangs ennemis ; nous leur tendrons la main, puisque Versailles n'a pas voulu nous entendre !

Oui, citoyens, frères, nous allons nous adresser à ces soldats et nous leur dirons : Soldats de la même patrie, venez fraterniser avec nous; nous n'aurons pas de balles pour vous avant que vous nous ayez envoyé les vôtres. Venez nous embrasser, et que la paix soit faite! (Bravos prolongés. — Sensation.)

Et si cette paix s'accomplit, nous rentrerons dans Paris, bien convaincus que nous aurons remporté la plus belle victoire, celle de l'humanité!

Si, au contraire, nous ne sommes pas entendus et si l'on tire sur nous, nous appellerons à notre aide toutes les vengeances; nous sommes certains que nous serons écoutés, et que la maçonnerie de toutes les provinces de France suivra notre exemple; nous sommes sûrs que sur chaque point du pays où nos frères verront des troupes se diriger sur Paris, ils iront au devant d'elles, pour les engager à fraterniser.

Si nous échouons dans notre tentative de paix et si Versailles donne l'ordre de ne pas tirer sur nous pour ne tuer que nos frères sur les remparts, alors nous nous mêlerons à eux, nous qui n'avions pris jusqu'ici le service de la garde nationale que comme un service d'ordre, ceux aussi qui n'en faisaient pas partie, comme ceux qui étaient déjà dans les rangs de la garde nationale, et, tous ensemble, nous nous joindrons aux compagnies de guerre pour prendre part à la bataille et encourager de notre exemple les courageux et glorieux soldats défenseurs de notre ville. (Adhésion générale. Applaudissements prolongés. Vive la Commune! Vive la franc-maçonnerie!)

Le citoyen Térifocq agite le drapeau de la Commune qu'il tient entre les mains, et il s'écrie :

Maintenant, citoyens, plus de paroles, à l'action !

Les députations de la franc-maçonnerie, accompagnées des membres de la Commune, sortent de l'Hôtel-de-Ville.
Pendant le défilé, l'orchestre joue la *Marseillaise.*

La journée a été indescriptible. C'est le plus grand acte que la franc-maçonnerie ait jamais accompli.

La maçonnerie parisienne, c'est-à-dire tout ce qui pense à Paris, l'élite de ce peuple qui est l'élite de la France, l'élite essayée et éprouvée, voilà les vingt-quatre mille repris de justice qui vont combattre les honnêtes gens de Versailles. Adieu les mensonges et les calomnies de M. Thiers. Quand la France, quand l'Europe, quand le monde apprendront le concours prêté à la Commune par la maçonnerie, la cause de Paris sera gagnée.

Nous ne savons si l'influence sera immédiate en faveur du présent ; mais à coup sûr elle aura une action décisive sur l'avenir. Que diront les loges de Londres et de New-York, en apprenant l'adhésion à la Commune des Loges de Paris ? C'est la paix, la paix universelle.

La Maçonnerie est enfin sortie de l'enfance, du lange mystérieux où elle avait dû envelopper et protéger sa naissance. Elle succédait aux religions païennes, repoussant comme elle le profane. Aujourd'hui, en affirmant la démocratie, elle a élargi son sein. Elle n'a plus de profanes. Tous sont libres, égaux et frères : la femme, l'enfant, le vieillard, tous sont admis dans le giron. C'est la Révolution même ; c'est la religion de l'avenir. Elle a battu les murs du Temple. C'est le monde.

C'est le monde organisé, c'est l'unité par la variété, c'est l'union par la fédération. En voyant toutes ces bannières de toute nuance, de toute forme et de toute loge se ranger sur une seule et même ligne, allant du même pas au même but, le salut de la France, comment s'étonner que toutes les communes de France arrivent aussi par la variété à l'unité, par la spontanéité à l'harmonie, par la fédération à la nation, par la Commune de Paris à la République française ?

Procès-verbal des Démarches faites en vue d'une Conciliation.

La Commission déléguée par l'assemblée des maires, adjoints et conseillers municipaux, convoqués à Vincennes le 22 avril, s'est rendue le 23 à Versailles. Le 25, à sept heures du matin, elle a été reçue par M. Thiers, chef du pouvoir exécutif de la République française ; elle lui a remis l'Adresse suivante, votée par l'assemblée qu'elle représentait :

L'assemblée des maires, adjoints et conseillers municipaux des communes suburbaines de la Seine, navrée de la guerre civile actuelle, réclame une suspension d'armes.

Elle affirme pour toutes les communes la revendication complète des franchises municipales avec l'élection, par les conseils, de tous les maires et adjoints, et demande l'installation définitive de la République en France.

Elle proteste contre l'envahissement et le bombardement dont plusieurs communes de la Seine sont victimes, et fait appel à l'humanité pour la cessation des hostilités.

L'assemblée surtout demande qu'il n'y ait pas de représailles.

Dans l'entretien de la Commission avec le chef du pouvoir exécutif, M. Thiers a fait les déclarations suivantes :

« *Rien ne menace la République, et son sort dépend uniquement de la conduite des républicains.*

« La République existe. Le chef du pouvoir exécutif n'est qu'un simple citoyen. Ce citoyen a reçu de la confiance de l'Assemblée nationale un gouvernement républicain ; il maintiendra la République tant qu'il possédera le pouvoir. On peut compter sur sa parole, à laquelle il n'a jamais manqué.

« L'Assemblée maintient de fait la République, *quoique dans sa majorité elle paraisse avoir reçu des électeurs un mandat monarchique;* elle a la sagesse de comprendre que la République est devenue aujourd'hui la *meilleure forme de gouvernement*. Elle s'y ralliera tout entière, pourvu que l'ordre et le travail ne soient pas perpétuellement compromis par ceux qui se prétendent les gardiens particuliers du salut de la République.

« Mais on ne peut exiger que l'Assemblée nationale *consacre définitivement la République*, parce que ce serait par trop de précipitation, l'écarter d'un but vers lequel elle tend naturellement; d'ailleurs, c'est un droit qui n'appartiendrait qu'à une Assemblée constituante.

« L'Assemblée nationale est *une des plus libérales* qu'ait nommées la France. On ne la connaît pas assez. Elle est grandement favorable aux libertés communales; lors du vote de la loi électorale dernière, elle a admis le principe de l'extension des attributions municipales.

« Mais aujourd'hui elle ne peut rien faire de plus dans cette voie. C'est par l'usage du suffrage universel que vous possédez, que vous arriverez à établir et consolider les franchises que vous demandez.

« On n'aperçoit pas de moyen de conciliation possible entre un gouvernement légal, issu d'élections libres, comme la France n'en avait pas eues depuis quarante ans, et des coupables qui ne représentent que le désordre et la rébellion, et sont pour les trois quarts des étrangers.

« Quant à mes sentiments d'humanité, a dit M. Thiers, et à la générosité du gouvernement, on ne peut en douter. Les prisonniers que nous avons faits sont sur le littoral de la France, nourris comme nos soldats; les blessés de l'insurrection sont soignés dans nos hôpitaux à Versailles, avec la même sollicitude que les nôtres.

« L'Etat nourrit le tiers au moins de la population de Neuilly, et parmi ceux que nous assistons se trouvent des hommes ayant combattu contre nous.

« Tous les combattants de la Commune qui déposeront les armes auront la *vie sauve* et la *liberté assurée;* je continuerai le paiement de l'*indemnité* qu'ils ont touchée jusqu'ici dans la garde nationale, en attendant la reprise du travail.

« Je n'excepte de l'oubli que je promets que les assassins des généraux Clément Thomas et Lecomte, et ceux qui pourront être, à juste titre, considérés comme complices de ces crimes par inspiration ou assistance, c'est-à-dire un très-petit nombre d'individus. En tout cas, aucune poursuite ne sera exercée en dehors des voies légales.

« Je consentirais, pour répondre à l'appel que vous faites à mes sentiments d'humanité, à laisser aux révoltés une porte libre pendant deux, trois ou quatre jours, afin de leur donner la faculté de sortir de Paris et de chercher un refuge en dehors du territoire.

« J'autorise la Commission à donner connaissance aux hommes de la Commune de Paris des dispositions que je viens d'annoncer, et que je serais prêt à faire exécuter dans un intérêt de pacification.

« Il ne m'est pas permis de laisser entrevoir d'autres concessions, et surtout d'accepter, pour arriver à la paix, une reconnaissance du caractère de belligérants aux chefs de l'insurrection parisienne. »

Les membres de la Commission ont remis le 26, à la Commune de Paris, les déclarations de M. Thiers. Le 27, la Commission, introduite près du citoyen Paschal Grousset, chargé de la recevoir au nom de la Commission exécutive, a recueilli les paroles suivantes :

« La Commission exécutive donne acte par écrit de sa communication à la délégation des municipalités de la Seine ; mais c'est la seule réponse qu'elle puisse y faire. »

« En dehors des termes de cette réponse officielle, a repris le citoyen Paschal Grousset, je vous ferai remarquer que votre désir fort honorable de conciliation se trouve entravé, dès le début, par cette déclaration de M. Thiers, *qu'on n'aperçoit pas de moyens de conciliation possibles entre lui et des coupables...*

« Versailles se refuse donc à toute conciliation. La Commune de Paris est prête, au contraire, à la conciliation ; mais elle ne peut avoir lieu que par la reconnaissance des droits que nous défendons et que nous avons reçu mission de défendre par les armes, si nous ne pouvons en obtenir la consécration par un arrangement.

« La Commune de Paris n'a pas la prétention d'imposer sa loi à la France. Elle entend se borner à lui servir d'exemple. Nous n'aspirons qu'à faire cesser l'effusion du sang. Mais Paris veut que sa révolution communale s'achève, et la Commune la fera triompher au nom du droit, car la Commune de Paris se regarde comme un pouvoir plus régulier que celui de Versailles, qui ne représente qu'un pays foulé par l'étranger, ayant voté sous l'empire de sentiments difficiles à apprécier. »

Après les réponses qui précèdent, recueillies à Versailles et à Paris, il est constant que le terrain de conciliation, que la Commission des municipalités de la Seine avait pour mission de rechercher, échappe quant à présent à ses efforts.

Les Membres de la Commission :

COURTIN, DEHAIS, GENEVOIS, JACQUET, LECROSNIER, président; LEPLANQUAIS, LETELLIER, MINOT, secrétaire ; PRUDON, ROUGET DE LISLE.

La Liberté du Travail

La commission exécutive,

En exécution du décret relatif au travail de nuit dans les boulangeries,

Après avoir consulté les boulangers, patrons et ouvriers,

Arrête :

Art. 1er. *Le travail de nuit est interdit dans les boulangeries*, à partir du mercredi 3 mai.

Art. 2. Le travail ne pourra commencer avant cinq heures du matin.

Art. 3. Le délégué aux services publics est chargé de l'exécution du présent arrêté.

Paris, 28 avril 1871.

Rossel délégué à la Guerre

La Commission exécutive

Arrête :

Le citoyen Rossel est chargé, à titre provisoire, des fonctions de délégué à la guerre.

Paris, le 30 avril 1871.

La commission exécutive,
JULES ANDRIEU, PASCHAL GROUSSET, VAILLANT, COURNET, JOURDE.

AUX CITOYENS MEMBRES DE LA COMMISSION EXÉCUTIVE

Citoyens,

J'ai l'honneur de vous accuser réception de l'ordre par lequel vous me chargez, à titre provisoire, des fonctions de délégué à la guerre.

J'accepte ces difficiles fonctions, mais j'ai besoin de votre concours le plus entier, le plus absolu, pour ne pas succomber *sous le poids des circonstances.*

Salut et fraternité !

Paris, 10 avril 1871.

Le colonel du génie,
ROSSEL.

Destitution de Cluseret

1ᵉʳ MAI

L'incurie et la négligence du délégué à la guerre ayant failli compromettre notre possession du fort d'Issy, la commission exécutive a cru de son devoir de proposer l'arrestation du citoyen Cluseret à la Commune, qui l'a décrétée.

La Commune a pris d'ailleurs toutes les mesures nécessaires pour retenir en son pouvoir le fort d'Issy.

Le citoyen Cluseret est révoqué de ses fonctions de délégué à la guerre. Son *arrestation*, ordonnée par la commission exécutive, est approuvée par la Commune.

Il a été pourvu au remplacement provisoire du citoyen Cluseret; la Commune prend toutes les mesures de sûreté nécessaires.

Le Comité de Salut public

1ᵉʳ MAI

La Commune

Décrète :

Art. 1ᵉʳ. Un comité de salut-public sera immédiatement organisé.

Art. 2. Il sera composé de cinq membres, nommés par la Commune, au scrutin individuel.

Art. 3. Les pouvoirs les plus étendus sur toutes les délégations et commissions sont donnés à ce comité, qui ne sera responsable qu'à la Commune.

Les Barricades

Le citoyen Gaillard père est chargé de la construction des barricades formant une seconde enceinte en arrière des fortifications. Il désignera ou fera désigner par les municipalités, dans chacun des arrondissements de l'intérieur, les ingénieurs ou délégués chargés de travailler sous ses ordres à ces constructions.

Il prendra les ordres du délégué à la guerre pour arrêter les emplacements de ces barricades et leur armement.

Outre la seconde enceinte indiquée ci-dessus, les barricades comprendront trois enceintes fermées ou citadelles, situées au Trocadéro, aux buttes Montmartre et au Panthéon.

Le tracé de ces citadelles sera arrêté sur le terrain par le délégué à la guerre, aussitôt que les ingénieurs chargés de ces constructions auront été désignés.

Paris, le 30 avril 1871.

Le délégué à la guerre,
ROSSEL.

Impôt sur le Chemin de fer de Ceinture

Le membre de la Commune délégué au ministère des finances,

Vu les lois et règlements réglant les rapports des compagnies de chemin de fer avec l'Etat ;

Vu également notre arrêté en date du 27 avril 1871 ;

Considérant que tous les établissements de la Compagnie du chemin de fer de Ceinture sont situés dans le ressort de la commune de Paris,

Arrête :

Art. 1er. La Compagnie du chemin de fer de Ceinture versera dans la huitaine, entre les mains des différents préposés de la Commune, l'arriéré de ses impôts de toute nature.

Art. 2. Ce versement comprendra le montant de tous les impôts dus depuis le dernier payement effectué jusqu'au 30 avril 1871 inclusivement.

A partir du 1er mai, le compte des impôts du chemin de fer de Ceinture sera régulièrement arrêté et payé tous les dix jours.

Paris, 1er mai 1871.

Le membre de la Commune délégué aux finances.

Rapport du Délégué aux finances sur le mouvement de fonds du 20 mars au 30 avril,

Le citoyen JOURDE. — C'est la situation exacte de nos finances, et c'est dans nos finances, selon moi, qu'est le salut de la Commune et de la République.

RECETTES

Le 4 avril, il a été reconnu dans les armoires nos 1 et 2, comptoir principal et diverses caisses................	721.342	»
Le 7 avril, dans la resserre, reconnu en billets, or et argent.....................	3.879.585	»
Idem une caisse renfermant des thalers pour une somme de.....................	37.833	75
Le 19, dans la resserre, une cassette or................	12.000	»
A reporter :	4.650.760	75

Report :	4.650.760 75	
Plus un rouleau d'or trouvé dans la resserre............	1.000 »	
Billons épars dans la cave, non compris dans le chiffre de 285,000 fr. trouvés le 4 avril..................	00 »	
Diverses sommes trouvées au fur à mesure des recherches.	1.836 46	
Reliquat de caisses de souscriptions en faveur des victimes du bombardement...	4.515 »	
Total.......	4.658.112 21	
Porté au débit de la caisse centrale par le crédit de l'ex-caisse centrale des finances. (Voir l'état annexé pour la différence des sommes trouvées avec celles devant exister d'après la situation au 18 mars 1871.)		4.658.112 21

RECETTES DE DIVERSES ADMINISTRATIONS ET ÉTABLISSEMENTS COMMUNAUX.

Banque de France. — Ses diverses remises de fonds...		7.750.000 »
Direction des télégraphes. — Y compris 500 fr., produit de la vente de vieux papiers.		50.500 »
Octroi communal. — Versements...................		8.466.988 10
Contributions directes. — Versement du caissier principal.		110.192 20
Douanes. — Versement par Révillon.................		33.010 »
Halles et marchés. — Versements des délégués aux halles...................	519.599 19	
A reporter :	519.599 19	21.068.802 51

Report :	519.599 19	21.068.802 51
Halles et marchés. — Versements du délégué pour le dépotoir.................	2.077 »	521.676 19
Manufactures de tabacs.—Versements des entrepositaires.		1.759.710 55
Service des travaux publics. — Versements par Duvivier..		5.980 »
Enregistrement et timbre. — Versement du directeur....		560.000 »
Association des cordonniers. — Versement par Durand, délégué		775 50
Caisse municipale de l'Hôtel-de-Ville. — Versements par divers..................		1.284.477 85
Remboursements effectués par la garde nationale. — Suivant détail aux diverses caisses.......................		80.840 30
Mairie du 6ᵉ arrondissement. — Versement du secrétaire.		17.305 95
Caisse de retraite des employés de l'Hôtel-de-Ville. — Retenues sur un état d'appointements.................		28 35
Comptes de cautionnements. — MM^{me} Andrieu..	1.000 »	
— — Manteuil..	1.000 »	
— — Finbruke..	50 »	2.050 »
Produit de diverses saisies ou réquisitions. — Archevêché (numéraire)................	1.308 20	
Communauté de Villers.....	250 »	
Numéraire trouvé chez les frères Dosmont et Demore (suivant procès-verbal).....	7.370 »	8.928 20
Chemins de fer. — Versement en exécution du décret du 27 avril.................		303.003 »
A reporter :		25.613.578 40

	Report :	25.613.578 40
Produit de passe de sacs.....		341 30
Total général.......		25.613.919 70

PAYEMENTS

Il a été payé du 10 mars au 30 avril 1871 inclusivement,

SAVOIR :

Aux diverses municipalités :

1er arrondissemt.	15.000	»	
2e —	5.000	»	
3e —	42.000	»	
4e —	122.939	49	
5e —	25.000	»	
6e —	45.531	»	
7e —	25.000	»	
8e —	4.000	»	
9e —	16.000	»	
10e —	27.000	»	
11e —	162.500	»	
12e —	44.000	»	
13e —	20.000	»	
14e —	137.500	»	
15e —	160.250	»	
16e —	32.261	»	
17e —	85.095	»	
18e —	48.396	10	
19e —	200.173	05	
20e —	228.000	»	1.445.645 64
A la délégation de la guerre..			20.056.573 15
A l'intendance..............			1.813.318 25
A la délégation de l'intérieur..			103.730 »
— de la marine..			29.259 34
— de la justice...			5.500 »
— du commerce.			50.000 »
— de l'enseigne-ment.......			1.000 »
— des relations extérieures..			112.129 96
Comité central..............			15.651 20
A reporter:			23.632.807 54

Report :	23.532.807 54	
Commission de travail et d'échange.................	»	»
Hôtel-de-Ville et mairie de Paris..................	91.753 48	
Commission exécutive.......	90.675 16	
— de sûreté.......	235.039 40	
— des monnaies et médailles................	8.000 »	
Domaines de la Seine........	20.934 91	
Service télégraphique........	50.100 »	
— des ambulances.....	10.000 »	
Enregistrement et timbre....	7.777 46	
Ponts et chaussées..........	27.516 71	
Hôpitaux militaires..........	182.510 91	
Gouverneur des Tuileries....	6.000 »	
— de l'Hôtel-de-Ville...................	5.000 »	
Assistance extérieure........	105.175 »	
Association métallurgique....	5.000 »	
Légion des sapeurs-pompiers.	99.943 45	
Bibliothèque nationale.......	30.000 »	
Journal officiel	3.122 »	
Manufacture des tabacs......	91.922 78	
Contrôle des chemins de fer..	2.000 »	
Commission des barricades...	44.500 »	
Imprimerie nationale........	100.000 »	
Direction des postes.........	5.000 »	
Contributions directes.......	2.300 »	
Association des tailleurs.....	20.000 »	
— des cordonniers..	4.662 »	
Frais généraux..............	197.436 99	
Divers....................	51.910 83	
	25.131.088 62	
Balance.......	875.827 58	
	26.006.916 20	25.613.919 70

Le total des recettes du 20 mars au 30 avril 1871 inclus s'élève à la somme de........ 25.613.919 70
Le total des dépenses du 20

A reporter : 25.613.919 70

Report :	25.613.919 70	
mars au 30 avril 1871 inclus s'élève à la somme de......	25.131.088 62	
Il reste donc un excédant de recette de............................		482.831 08
Représenté par les soldes des caisses, détaillés comme suit :		
Caisse centrale..............	673.600 98	
— n° 1.....................	72.968 70	
— n° 2.....................	56.627 85	
— n° 2 *bis*.................	45.223 15	
— n° 3.....................	19.650 90	
Fonds spéciaux.............	7.756 »	
Somme égale à l'excédant de recettes................................		875.827 58

Paris, 1er mai 1871.
Certifié conforme :
Le Caissier principal,
G. DURAND.

Maintenant, je remercie la Commune de la confiance qu'elle m'a montrée, et je demande qu'elle veuille bien nommer une commission de trois membres pour vérifier le bilan dont je viens de donner lecture, et de pourvoir à mon remplacement.

Le citoyen VAILLANT. — J'ai demandé la parole pour prier la Commune de ne pas accepter la démission du citoyen Jourde.

Dans les circonstances difficiles où nous nous trouvons, je trouve que c'est un véritable tour de force que d'avoir pu faire face aux dépenses considérables que nous avons eu à supporter avec le peu de ressources dont nous disposions.

Il a fallu certainement une très-grande habileté pour arriver à ce résultat.

Il y aurait à craindre qu'en acceptant la démission du citoyen Jourde, nous ne puissions trouver une capacité suffisante pour le remplacer.

Je considère donc comme un devoir civique de sa part de revenir sur sa détermination; s'il trouve que le Comité de salut public ne lui laisse pas assez d'initiative, qu'il fasse un sacrifice d'amour-propre : je le répète, il a fait preuve d'une véritable capacité, et je lui demande de vouloir bien retirer sa démission. (Oui! oui! Bravos!)

Le citoyen BESLAY. — J'avais l'intention de rendre au citoyen Jourde toute la justice que vient de lui rendre le citoyen Vaillant. J'ajouterai que comme membre de la Commission, j'ai vu le citoyen Jourde à l'œuvre, et je soutiens que ç'a été un prodige de venir vous apporter un budget pareil; je crois aussi que personne d'entre nous ne pourrait le remplacer. Je l'engage donc à retirer sa démission. (La démission du citoyen Jourde n'est pas acceptée.)

Destitution d'un Membre de la Commune

SÉANCE DU 5 MAI 1871.

Présidence du citoyen Johannard. Assesseur, le citoyen Durand.

Le citoyen Raoul Rigault rappelle qu'il a été convenu que quand il aurait été procédé à l'arrestation d'un collègue, un rapport devrait être fait à la Commune dans les vingt-quatre heures. Il vient donc lire à l'Assemblée le procès-verbal de l'entrevue que les membres du Comité de sûreté générale ont eue avec le citoyen Blanchet, avant l'arrestation de celui-ci :

« L'an mil huit cent soixante et onze, le cinq mai,

« Devant nous, délégué à la Sûreté générale et membre dudit Comité, est comparu le membre de la Commune connu sous le nom de Blanchet,

« Lequel, interpellé par le citoyen Ferré, a déclaré qu'il ne s'appelait pas Blanchet, mais bien Pourille (Stanislas).

« Sur seconde interpellation, Pourille déclare qu'il a bien été secrétaire de commissaire de police à Lyon, qu'il est entré à Brest, dans un couvent de capucins, en qualité de novice, vers 1860, qu'il y est resté huit ou neuf mois.

« Je partis, ajoute-t-il, en Savoie, où je rentrai dans un second couvent de capucins, à Laroche. Ceci se passait en 1862.

« Revenu à Lyon, je donnai des leçons en ville. On me proposa d'être traducteur-interprète au palais de justice, j'acceptai. On me dit après qu'une place de secrétaire dans un commissariat était vacante, j'acceptai également; je suis entré dans ce commissariat vers 1865, et j'y suis resté environ deux ans.

« Au bout de ce temps, quand je demandai de l'avancement, quand je demandai à être commissaire spécial aux chemins de fer, ma demande étant restée sans réponse, j'offris ma démission, qui fut acceptée. C'est après ces événements que je vins à Paris.

« J'ai été condamné à six jours de prison pour banqueroute à Lyon. J'ai changé de nom parce qu'il y avait une loi disant qu'on ne pouvait signer son nom dans un journal lorsqu'on a été mis en faillite.

« Nous, délégués à la sûreté générale, et membres dudit Comité, envoyons à Mazas le sieur Pourille.

« LAURENT, TH. FERRÉ, A. VERMOREL, RAOUL RIGAULT, A. DUPONT, TRINQUET. »

En conséquence de la reconnaissance de ces faits par le sieur Pourille, il lui a été demandé sa démission. Puis, dans la persuasion que sous le nom de Blanchet il pouvait avoir commis des faux, le citoyen Rigault l'a fait arrêter sous cette inculpation.

Le président lit la démission du citoyen Blanchet.

« Je, soussigné, député à la Commune sous le nom de Blanchet, déclare donner ma démission de membre de la Commune.

« POURILLE, dit BLANCHET. »

Le citoyen LONGUET. — L'élection était nulle.

Les Serments

Sur la proposition du citoyen Protot, délégué à la justice,

La Commune de Paris,

Décrète :

Article unique. Le serment politique et le serment professionnel sont abolis.

Paris, 4 mai 1871.

La Commune de Paris.

Séquestre des Biens du Clergé

Le membre de la Commune délégué à la justice,

Arrête :

Le citoyen Fontaine (Joseph) est nommé séquestre de tous les biens, meubles et immeubles appartenant aux corporations ou communautés religieuses situées sur le territoire de la Commune de Paris.

Fait à Paris, le 7 mai 1871.

Le membre de la Commune délégué à la justice,

EUGÈNE PROTOT.

L'Immeuble réactionnaire.

Le Comité de salut public,

Considérant que l'immeuble connu sous le nom de chapelle expiatoire de Louis XVI est une insulte permanente à la première révolution et une protestation perpétuelle de la réaction contre la justice du peuple,

Arrête :

Art. 1er. La chapelle dite expiatoire de Louis XVI sera détruite.

Art. 2. Les matériaux en seront vendus aux enchères publiques, au profit de l'administration des domaines.

Art. 3. Le directeur des domaines fera procéder, dans les huit jours, à l'exécution du présent arrêté.

Paris, le 16 floréal an 79.

Le Comité de salut public,

ANT. ARNAUD, CH. GÉRARDIN, LÉO MEILLET, FÉLIX PYAT, RANVIER,

Suppression de Journaux

Le membre de la Commune délégué à la sûreté générale,

Considérant que, pendant la durée de la guerre, et aussi longtemps que la Commune de Paris aura à combattre les bandes de Versailles qui l'assiégent et répandent le sang des citoyens, il n'est pas possible de tolérer les manœuvres coupables des auxiliaires de l'ennemi ;

Considérant qu'au nombre de ces manœuvres on doit placer en première ligne les attaques calomnieuses dirigées par certains journaux contre la population de Paris et la Commune, et, bien que l'une et l'autre soient au-dessus de pareilles attaques, celles-ci n'en sont pas moins une insulte permanente au courage, au dévouement et au patriotisme de nos concitoyens ;

Qu'il serait contraire à la moralité publique de laisser continuellement déverser par ces journaux la diffamation et l'outrage sur les défenseurs de nos droits qui versent leur sang pour sauvegarder les libertés de la Commune et de la France ;

Considérant que le gouvernement de fait qui siége à Versailles interdit dans toutes les parties de la France, qu'il trompe, la publication et la distribution des journaux qui défendent les principes de la révolution représentés par la Commune ;

Considérant que les journaux : le *Petit Moniteur*, le *Petit National*, le *Bon Sens*, la *Petite Presse*, le *Petit Journal*, la *France*, le *Temps*, excitent dans chacun de leurs numéros à la guerre civile, et qu'ils sont les auxiliaires les plus actifs des ennemis de Paris et de la République,

Arrête :

Art. 1ᵉʳ. Les journaux le *Petit Moniteur*, le *Petit Natio-*

nal, le *Bon Sens,* la *Petite Presse,* le *Petit Journal,* la *France,* le *Temps,* sont supprimés.

Art. 2. Notification du présent arrêté sera faite à chacun des susdits journaux et à leurs imprimeurs, responsables de toutes publications ultérieures, par les soins du citoyen Le Moussu, commissaire aux délégations, chargé de l'exécution du présent arrêté.

Paris, le 5 mai 1871

Le membre de la Commune délégué à la sûreté générale,

F. COURNET.

Le Mont-de-Piété

7 MAI.

La Commune

Décrète :

Art. 1er. Toute reconnaissance du Mont-de-Piété antérieure au 25 avril 1871, portant engagement d'effets d'habillement, de meubles, de linge, de livres, d'objets de literie et d'instruments de travail, ne mentionnant pas un prêt supérieur à la somme de vingt francs, pourra être dégagée gratuitement à partir du 12 courant.

Art. 2. Les objets ci-dessus désignés ne pourront être délivrés qu'au porteur, qui justifiera, en établissant son identité, qu'il est l'emprunteur primitif.

Art. 3. Le délégué aux finances sera chargé de s'entendre avec l'administration du Mont-de-Piété, tant pour ce qui concerne le règlement de l'indemnité à allouer, que pour l'exécution du présent décret.

A l'Armée

Considérant que beaucoup d'officiers et de soldats de l'armée de Versailles ne sont arrêtés dans leur désir formel de fraterniser avec la Commune, que par le fait seul de leur avenir brisé, un décret de la Commune ayant aboli l'armée permanente; reconnaissant de plus qu'il est urgent d'aider nos frères à entrer dans nos rangs,

La Commune,

Décrète :

1° Les officiers, sous-officiers et soldats de l'armée de Versailles, désireux de défendre le principe social de la Commune, seront admis de droit dans les rangs de la garde nationale.

2° Les officiers, sous-officiers et soldats auront droit par décret de la Commune, en date du 28 avril, à tous les avantages, tels que : grades, retraites, etc., qui leur sont acquis par décrets antérieurs.

Le Prix du Pain

La Commune de Paris,

Vu la loi des 16-24 août 1790 ;

Vu l'arrêté en date du 21 septembre 1870, qui a rétabli la taxe du pain à Paris,

Arrête :

Art. 1ᵉʳ. Le prix du kilogramme de pain, à Paris, est maintenu à 50 centimes le kilogramme.

Art. 2. Les quantités de pain à livrer au détail, pour

des prix déterminés de 10, 15 et 20 centimes, sont réglées ainsi qu'il suit, savoir :

Pour 10 centimes, 190 grammes.
Pour 15 centimes, 290 grammes.
Pour 20 centimes, 390 grammes.

Art. 3. Le présent arrêté sera imprimé, publié et affiché partout où besoin sera.

Paris, le 8 mai 1871.

La Commune de Paris.

Défense de cesser le Feu

Il est défendu d'interrompre le feu pendant un combat, quand même l'ennemi lèverait la crosse en l'air ou arborerait le drapeau parlementaire.

Il est défendu, sous peine de mort, de continuer le feu après que l'ordre de le cesser a été donné, ou de continuer à se porter en avant lorsqu'il a été prescrit de s'arrêter. Les fuyards et ceux qui resteront en arrière isolément seront sabrés par la cavalerie ; s'ils sont nombreux, ils seront canonnés. Les chefs militaires ont, pendant le combat, tout pouvoir pour faire marcher et faire obéir les officiers et soldats placés sous leurs ordres.

Paris, le 9 mai 1871.

Le délégué à la guerre,
ROSSEL.

Démission de Rossel

Citoyens membres de la Commune,

Chargé par vous à titre provisoire de la délégation de la guerre, je me sens incapable de porter plus longtemps la responsabilité d'un commandement où tout le monde délibère et où personne n'obéit.

Lorsqu'il a fallu organiser l'artillerie, le Comité central d'artillerie a délibéré et n'a rien prescrit. Après deux mois de révolution, tout le service de vos canons repose sur l'énergie de quelques volontaires dont le nombre est insuffisant.

A mon arrivée au ministère, lorsque j'ai voulu favoriser la concentration des armes, la réquisition des chevaux, la poursuite des réfractaires, j'ai demandé à la Commune de développer les municipalités d'arrondissement.

La Commune a délibéré et n'a rien résolu.

Plus tard, le Comité central de la fédération est venu offrir presque impérieusement son concours à l'administration de la guerre. Consulté par le comité de salut public, j'ai accepté ce concours de la manière la plus nette, et je me suis dessaisi, en faveur des membres de ce comité, de tous les renseignements que j'avais sur l'organisation.

Depuis ce temps-là, le Comité central délibère, et n'a pas encore su agir. Pendant ce délai, l'ennemi enveloppait le fort d'Issy d'attaques aventureuses et imprudentes dont je le punirais si j'avais la moindre force militaire disponible.

La garnison, mal commandée, prenait peur, et les officiers délibéraient, chassaient du fort le capitaine Dumont, homme énergique qui arrivait pour les commander, et tout en délibérant évacuaient leur fort, après avoir sottement parlé de le faire sauter, chose plus impossible pour eux que de le défendre.

Ce n'est pas assez. Hier, pendant que chacun devait être au travail ou au feu, les chefs de légions délibéraient pour substituer un nouveau système d'organisation à celui que j'avais adopté, afin de suppléer à l'imprévoyance de leur autorité toujours mobile et mal obéie. Il résulta de leur conciliabule un projet au moment où il fallait des hommes, et une déclaration de principes au moment où il fallait des actes.

Mon indignation les ramena à d'autres pensées et ils ne me promirent pour aujourd'hui comme le dernier terme de leurs efforts qu'une force organisée de 12,000 hommes, avec lesquels je m'engage à marcher à l'ennemi. Ces hommes devaient être réunis à onze heures et demie : il est une heure, et ils ne sont pas prêts ; au lieu d'être 12,000, ils sont environ 7,000. Ce n'est pas du tout la même chose.

Ainsi la nullité du Comité d'artillerie empêchait l'organisation de l'artillerie ; les incertitudes du Comité central de la fédération arrêtent l'administration ; les préoccupations mesquines des chefs de légions paralysent la mobilisation des troupes.

Je ne suis pas homme à reculer devant la répression, et hier, pendant que les chefs de légion discutaient, le peloton d'exécution les attendait dans la cour. Mais je ne veux pas prendre seul l'initiative d'une mesure énergique, endosser seul l'odieux des exécutions qu'il faudrait faire pour tirer de ce chaos l'organisation, l'obéissance et la victoire. Encore, si j'étais protégé par la publicité de mes actes et de mon impuissance, je pourrais conserver mon mandat. Mais la Commune n'a pas eu le courage d'affronter la publicité. Deux fois déjà je vous ai donné des éclaircissements nécessaires, et deux fois, malgré moi, vous avez voulu avoir le Comité secret.

Mon prédécesseur a eu le tort de se débattre au milieu de cette situation absurde.

Eclairé par son exemple, sachant que la force d'un révolutionnaire ne consiste que dans la netteté de la situation, j'ai deux lignes à choisir : briser l'obstacle qui entrave mon action ou me retirer.

Je ne briserai pas l'obstacle, car l'obstacle c'est vous et votre faiblesse : je ne veux pas attenter à la souveraineté publique.

Je me retire, et j'ai l'honneur de vous demander une cellule à Mazas.

Paris, le 9 mai 1871.

Signé : ROSSEL.

Le Comité de Salut Public en permanence

Dans la séance du 9 mai 1871, la Commune de Paris a décidé :

1° De réclamer la démission des membres actuels du Comité de salut public et de pourvoir immédiatement à leur remplacement.

2° De nommer un délégué civil à la guerre, qui sera assisté de la commission militaire actuelle, laquelle se mettra immédiatement en permanence.

3° De nommer une commission de trois membres, chargée de rédiger immédiatement une proclamation.

4° De ne plus se réunir que trois fois par semaine en assemblée délibérante, sauf les réunions qui auront lieu dans le cas d'urgence, sur la proposition de cinq membres ou sur celle du Comité de salut public.

5° De se mettre en permanence dans les mairies de ses arrondissements respectifs, pour pourvoir souverainement aux besoins de la situation.

6° De créer une cour martiale dont les membres seront nommés immédiatement par la commission militaire.

7° De mettre le Comité de salut public *en permanence* à l'Hôtel-de-Ville.

Paris, 9 mai 1871.

Les secrétaires membres de la Commune,

AMOUROUX, VÉSINIER.

La Commune triomphera !

Citoyens,

Le Comité central, en recevant du Comité de salut public l'administration de la guerre, sort de son rôle; mais il a le devoir de ne pas laisser succomber cette révolution du 18 mars qu'il a faite si belle. Il faut qu'elle triomphe. *Elle triomphera.*

Résolu a introduire l'ordre, la justice, la régularité dans les distributions et les tours de service, il brisera impitoyablement toutes les résistances pour imprimer partout l'activité la plus grande.

Il comprend que la société étant attaquée, tous les membres sont solidaires, et que nul ne peut impunément se soustraire à la défense. Il devient de son devoir d'appliquer sans faiblesse les mesures exigées par les circonstances.

Il entend mettre fin aux tiraillements, vaincre le mauvais vouloir, faire cesser les compétitions et renverser les obstacles résultant de l'ignorance et de l'incapacité, ou habilement suscités par la réaction.

Il ne demande aux citoyens de Paris qu'un peu de patience et la défense va recevoir une irrésistible impulsion.

Citoyens, rappelons-nous les immortels défenseurs de la grande révolution, sans pain, pieds nus dans la neige, ils combattaient et remportaient des victoires. Dans des conditions meilleures, serions-nous donc moins valeureux?... Méprisons les récriminations des lâches et des traîtres ; soyons stoïques. Que diraient nos enfants si nous les rendions esclaves?... Nos enfants seront libres, car nous maintiendrons la République et la Commune, et l'humanité nous devra son amélioration et son indépendance.

VIVE LA RÉPUBLIQUE! VIVE LA COMMUNE!

Paris, 9 mai 1871.

Par délégation du Comité central, la commission d'organisation,

BOUIT, BARROUD, L. BOURSIER, L. LACORD, TOURNOIS.

Après Rossel, Delescluze

Dans la séance de ce jour, la Commune a décidé :

1° Le renvoi devant la cour martiale, du citoyen Rossel, ex-délégué à la guerre ;

2° La nomination du citoyen Delescluze aux fonctions de délégué à la guerre.

La Commune de Paris.

La Maison du Sieur Thiers

Le Comité de salut public,

Vu l'affiche du sieur Thiers, se disant chef du pouvoir exécutif de la République française ;

Considérant que cette affiche, imprimée à Versailles, a été apposée sur les murs de Paris par les ordres dudit sieur Thiers ;

Que, dans ce document, il déclare que son armée ne bombarde pas Paris, tandis que chaque jour des femmes et des enfants sont victimes des projectiles fratricides de Versailles ;

Qu'il est fait un appel à la trahison pour pénétrer dans la place, sentant l'impossibilité absolue de vaincre par les armes l'héroïque population de Paris, arrête :

Art. 1er, Les biens meubles des propriétés de Thiers seront saisis par les soins de l'administration des domaines.

Art. 2. La maison de Thiers, située place Georges, sera rasée.

Art. 3. Les citoyens Fontaine, délégué aux domaines, et J. Andrieu, délégué aux services publics, sont chargés, chacun en ce qui le concerne, de l'exécution *immédiate* du présent arrêté.

Paris, 21 floréal an 79.

Les membres du Comité de salut public :

ANT. ARNAUD, EUDES, F. GAMBON, G. RANVIER.

Proclamation du Citoyen Delescluze

A LA GARDE NATIONALE

Citoyens,

La Commune m'a délégué au ministère de la guerre ; elle a pensé que son représentant dans l'administration militaire devait appartenir à l'élément civil. Si je ne consultais que mes forces, j'aurais décliné cette fonction périlleuse ; mais j'ai compté sur votre patriotisme pour m'en rendre l'accomplissement plus facile.

La situation est grave, vous le savez ; l'horrible guerre que vous font les féodaux conjurés avec les débris des régimes monarchiques vous a déjà coûté bien du sang généreux, et cependant, tout en déplorant ces pertes douloureuses, quand j'envisage le sublime avenir qui s'ouvrira pour nos enfants, et lors même qu'il ne nous serait pas donné de récolter ce que nous avons semé, je saluerais encore avec enthousiasme la Révolution du 18 mars, qui a ouvert à la France et à l'Europe des perspectives que nul de nous n'osait espérer il y a trois mois. Donc, à vos rangs, citoyens, et tenez ferme devant l'ennemi.

Nos remparts sont solides comme vos bras, comme vos cœurs; vous n'ignorez pas d'ailleurs que vous combattez pour votre liberté et pour l'égalité sociale, cette promesse qui vous a si longtemps échappé, que si vos poitrines sont exposées aux balles et aux obus des Versaillais, le prix qui vous est assuré, c'est l'affranchissement de la France et du monde, la sécurité de votre foyer et la vie de vos femmes et de vos enfants.

Vous vaincrez donc; le monde qui vous contemple et applaudit à vos magnanimes efforts s'apprête à célébrer votre triomphe, qui sera le salut pour tous les peuples.

Vive la République universelle!
Vive la Commune!

Paris, le 10 mai 1871.

Le délégué civil à la guerre,

DELESCLUZE.

Encore quelques Journaux de moins

Le membre de la Commune délégué à la sûreté générale,

Arrête,

Art. 1er. Le *Moniteur universel*, l'*Observateur*, l'*Univers*, le *Spectateur*, l'*Etoile* et l'*Anonyme* sont supprimés.

Art. 2. Notification du présent arrêté sera faite à chacun des susdits journaux et à leurs imprimeurs, responsables de toute publication ultérieure, par les soins du citoyen Le Moussu, commissaire aux délégations, chargé de l'exécution du présent arrêté.

Paris, le 11 mai 1871.

Le membre de la Commune délégué à la sûreté générale,

F. COURNET.

Trahison

Citoyens,

La Commune et la République viennent d'échapper à un péril mortel.

La trahison s'était glissée dans nos rangs. Désespérant de vaincre Paris par les armes, la réaction avait tenté de désorganiser ses forces par la corruption. Son or, jeté à pleines mains, avait trouvé jusque parmi nous des consciences à acheter.

L'abandon du fort d'Issy, annoncé dans une affiche impie par le misérable qui l'a livré, n'était que le premier acte du drame : une insurrection monarchique à l'intérieur, coïncidant avec la livraison d'une de nos portes, devait le suivre et nous plonger au fond de l'abîme.

Mais, cette fois encore, la victoire reste au droit.

Tous les fils de la trame ténébreuse dans laquelle la Révolution devait se trouver prise sont, à l'heure présente, entre nos mains.

La plupart des coupables sont arrêtés.

Si leur crime est effroyable, leur châtiment sera exemplaire. La cour martiale siége en permanence. Justice sera faite.

Citoyens,

La Révolution ne peut pas être vaincue : elle ne le sera pas.

Mais s'il faut montrer au monarchisme que la Commune est prête à tout plutôt que de voir le drapeau rouge brisé entre ses mains, il faut que le peuple sache bien aussi que de lui, de lui seul, de sa vigilance, de son énergie, de son union, dépend le succès définitif.

Ce que la réaction n'a pu faire hier, demain elle va le tenter encore.

Que tous les yeux soient ouverts sur ses agissements.

Que tous les bras soient prêts à frapper impitoyablement les traîtres. Que toutes les forces vives de la Révolution se groupent pour l'effort suprême, et alors, alors seulement, le triomphe est assuré.

A l'Hôtel-de-Ville, le 12 mai 1871.

Le comité de Salut public,

ANT. ARNAUD, E. EUDES, F. GAMBON, G. RANVIER.

Aux Travailleurs des Campagnes

COMMUNE DE PARIS.

Frère, on te trompe. Nos intérêts sont les mêmes. Ce que je demande, tu le veux aussi : l'affranchissement que je réclame, c'est le tien. Qu'importe si c'est à la ville ou à la campagne que le pain, le vêtement, l'abri, le secours, manquent à celui qui produit toute la richesse de ce monde ? Qu'importe que l'oppresseur ait nom : gros propriétaire ou industriel ? Chez toi, comme chez nous, la journée est longue et rude et ne rapporte pas même ce qu'il faut aux besoins du corps. A toi comme à moi, la liberté, le loisir, la vie de l'esprit et du cœur manquent. Nous sommes encore et toujours, toi et moi, les vassaux de la misère.

Voilà près d'un siècle, paysan, pauvre journalier, qu'on te répète que la propriété est le fruit sacré du travail, et tu le crois. Mais ouvre donc les yeux et regarde autour de toi ; regarde toi-même et tu verras que c'est un mensonge. Te voilà vieux ; tu as toujours travaillé ; tous tes jours se sont passés la bêche ou la faucille à la main, de l'aube à la nuit, et tu n'es pas riche cependant, et tu n'as pas même un morceau de pain pour ta vieillesse. Tous tes gains ont passé à élever péniblement des enfants, que la conscription va te prendre, ou qui, se mariant à leur tour, mèneront la même vie de bête de somme que tu as menée, et finiront comme tu vas finir, misérablement ; car, la vigueur de tes membres s'étant épuisée, tu ne trouveras guère plus de travail ; tu chagrineras tes enfants du poids de ta vieillesse, et te verras bientôt obligé, le bissac sur le dos, et courbant la tête, d'aller mendier, de porte en porte, l'aumône méprisante et sèche.

Cela n'est pas juste, frère paysan, ne le sens-tu pas ? Tu vois donc bien que l'on te trompe ; car s'il était vrai que la propriété est le fruit du travail, tu serais propriétaire, toi qui as tant travaillé. Tu posséderais cette petite maison, avec un jardin et un enclos, qui a été le rêve, le but, la passion de toute ta vie, mais qu'il t'a été impossible d'acquérir, — ou que tu n'as acquise peut-être, malheureux, qu'en contractant une dette qui t'épuise, te ronge, et va forcer tes enfants à vendre, aussitôt que tu seras mort, peut-être avant, ce toit qui t'a déjà tant coûté. Non, frère, le travail ne donne pas la propriété. Elle se transmet par hasard ou se gagne par ruse. Les riches sont des oisifs, les travailleurs sont des pauvres, — et restent pauvres. C'est la règle ; le reste n'est que l'exception.

Cela n'est pas juste. Et voilà pourquoi : Paris, que tu accuses sur la foi des gens intéressés à te tromper, voilà pourquoi Paris s'agite, réclame, se soulève et veut changer les lois qui donnent tout pouvoir aux riches sur les travailleurs. Paris veut que le fils du paysan soit aussi instruit que le fils du riche, et *pour rien*, attendu que la science humaine est le bien commun de tous les hommes, et n'est pas moins utile pour se conduire dans la vie, que les yeux pour voir.

Paris veut qu'il n'y ait plus de roi qui reçoive 30 millions de l'argent du peuple, et qui engraisse de plus sa famille et ses favoris. Paris veut que cette grosse dépense n'étant plus à faire, l'impôt diminue grandement. Paris demande qu'il n'y ait plus de fonctions payées 20,000, 30,000, 100,000 fr., donnant à manger à un homme, en une seule année, la fortune de plusieurs familles ; et qu'avec cette économie, on établisse des asiles pour la vieillesse des travailleurs.

Paris demande que tout homme qui n'est pas propriétaire ne paye pas un sou d'impôt; que celui qui ne possède qu'une maison et son jardin ne paye rien encore; que les petites fortunes soient imposées légèrement, et que tout le poids de l'impôt tombe sur les richards.

Paris demande que ce soient les députés, les sénateurs et les bonapartistes, auteurs de la guerre, qui payent les cinq milliards de la Prusse, et qu'on vende pour cela leurs propriétés, avec ce qu'on appelle les biens de la couronne, dont il n'est plus besoin en France.

Paris demande que la justice ne coûte plus rien à ceux qui en ont besoin, et que ce soit le peuple lui-même qui choisisse les juges parmi les honnêtes gens du canton.

Paris veut enfin, écoute bien ceci, travailleur des campagnes, pauvre journalier, petit propriétaire que ronge l'usure, bordier, métayer, fermier, vous tous qui semez, récoltez, suez, pour que le plus clair de vos produits aille à quelqu'un qui ne fait rien; — ce que Paris veut, en fin de compte, c'est la terre au paysan, l'outil à l'ouvrier, le travail pour tous.

La guerre que fait Paris en ce moment, c'est la guerre à l'usure, au mensonge et à la paresse. On vous dit : « Les Parisiens, les socialistes, sont des partageux. » Eh ! bonnes gens, ne voyez-vous pas qui vous dit cela ? Ne sont-ils pas des partageux, ceux qui, ne faisant rien, vivent grassement du travail des autres ? N'avez-vous jamais entendu les voleurs, pour donner le change, crier : « Au voleur ! » et détaler tandis qu'on arrête le volé ?

Oui, les fruits de la terre à ceux qui la cultivent. A chacun le sien ; le travail pour tous.

Plus de très-riche ni de très pauvres.

Plus de travail sans repos, ni de repos sans travail.

Cela se peut ; car il vaudrait mieux ne croire à rien que de croire que la justice ne soit pas possible.

Il ne faut pour cela que de bonnes lois, qui se feront quand les travailleurs cesseront de vouloir être dupés par les oisifs.

Et dans ce temps-là, croyez-le bien, frères cultivateurs, les foires et les marchés seront meilleurs pour qui produit le blé et la viande, et plus abondants pour tous, qu'ils ne furent jamais sous aucun empereur ou roi. Car alors, le travailleur sera fort et bien nourri, et le travail sera libre des gros impôts des patentes et des redevances, que la Révolution n'a pas toutes emportées, comme il paraît bien.

Donc, habitants des campagnes, vous le voyez, la cause de Paris est la vôtre et c'est pour vous qu'il travaille, en même temps que pour l'ouvrier. Ces généraux qui l'attaquent en ce moment, ce sont les généraux qui ont trahi la France. Ces députés que vous avez nommés sans les connaître veulent nous ramener Henri V. Si Paris tombe, le joug de misère restera sur votre cou, et passera sur celui de vos enfants. Aidez-le donc à triompher, et, quoi qu'il arrive, rappelez-vous bien ces paroles — car il y aura des Révolutions dans le monde jusqu'à ce qu'elles soient accomplies : — LA TERRE AU PAYSAN, L'OUTIL A L'OUVRIER, LE TRAVAIL POUR TOUS.

LES TRAVAILLEURS DE PARIS.

Gaillard père et fils

On se hâte trop *d'attaquer* les barricades construites à l'intérieur.

Elles ont leur *formidable* opportunité comme principe moral.

Il faut que Versailles et la réaction sachent bien qu'il

ne s'agit pas de broyer un fort ou faire brèche aux remparts pour réduire Paris, mais qu'il faudrait lutter rue par rue, pour le vaincre, et qu'une armée, si nombreuse qu'elle fût, ne saurait y pénétrer sans y périr.

J'ai accepté avec reconnaissance la mission grandiose de directeur général de la défense intérieure, et c'est avec joie que j'accepte d'aller construire des barricades à l'extérieur, sous le feu de l'ennemi, au péril de ma vie.

Mon fils partagera mes dangers, et, tous deux, dévoués à la République, nous sommes prêts à mourir pour elle.

Salut et fraternité.

GAILLARD PÈRE,
Directeur général des barricades, commandant le bataillon spécial des barricadiers.

Révolvers d'honneur

Le citoyen DELESCLUZE, délégué civil à la guerre, aux citoyens membres de la Commune :

Citoyens,

Je viens vous demander la mise à l'ordre du jour, par affiches, du 128ᵉ bataillon de la garde nationale, qui, cette nuit, sous la conduite du général Dombrowski, a *nettoyé* le parc de Sablonville des Versaillais qui l'occupaient, et l'a fait avec un merveilleux entrain.

Je me propose d'offrir des *révolvers d'honneur* à quelques-uns des officiers et soldats qui se sont principale ment distingués ; mais *une déclaration de la Commune aura un bien autre effet* sur les esprits.

Le délégué civil à la guerre,
DELESCLUZE.

La Commune, à l'unanimité,

DÉCRÈTE :

Le 128ᵉ bataillon a bien mérité de la République et de la Commune.

Paris, le 12 mai 1871.

Les petits Bronzes

SÉANCE DE LA COMMUNE DU 11 MAI

Le citoyen président. — Je donne lecture d'une lettre du citoyen Fontaine, délégué aux domaines, relative à la démolition de l'hôtel Thiers.

» AUX CITOYENS MEMBRES DE LA COMMUNE,

» Le citoyen FONTAINE, directeur des domaines, prévient la Commune que, conformément au décret du Comité de salut public, il fait procéder aujourd'hui à la démolition de la maison du sieur Thiers, située place Georges.

» Il demande à la Commune d'envoyer une délégation pour assister à cette opération, qui aura lieu à quatre heures de l'après-midi.

« Salut et solidarité.

» *Le questeur de la Commune,*
» LÉO MEILLET. »

Le citoyen COURBET. — Le sieur Thiers a une collection de bronzes antiques ; je demande ce que je dois en faire.

Le citoyen président. — Que le citoyen Courbet nous fasse l'exposé de son sentiment sur cette question.

Le citoyen COURBET. — Les objets de la collection de Thiers sont dignes d'un musée. Voulez-vous qu'on les transporte au Louvre ou à l'Hôtel-de-Ville, ou voulez-vous les vendre publiquement ?

Le citoyen PROTOT. délégué à la justice. — J'ai chargé le commissaire de police du quartier de faire conduire les objets d'art au garde-meuble et d'envoyer les papiers à la sûreté générale.

J'ai fait commencer de suite la démolition.

Les papiers sont entre nos mains. Quant aux bronzes, je pense qu'ils arriveront en bon état.

Le citoyen COURBET. — Je vous ferai remarquer que ces petits bronzes représentent une valeur de peut-être 1,500,000 fr.

Le citoyen DEMAY. — Relativement à la collection des objets d'art de Thiers, la commission exécutive dont faisait partie le citoyen Félix Pyat avait désigné deux hommes spéciaux ; c'étaient les citoyens Courbet et moi. Je demande que vous complétiez cette délégation.

N'oubliez pas que ces petits bronzes d'art sont l'histoire de l'humanité, et nous, nous voulons conserver le passé de l'intelligence pour l'édification de l'avenir. Nous ne sommes pas des barbares.

Le citoyen PROTOT. — Je suis ami de l'art aussi ; mais je suis d'avis d'envoyer à la Monnaie toutes les pièces qui représentent l'image des d'Orléans ; quant aux autres objets d'art, il est évident qu'on ne les détruira pas.

Le citoyen président. — Le citoyen Demay demande que des spécialistes soient chargés de surveiller la destination de ces objets et de sauvegarder les objets d'art.

Le citoyen CLÉMENCE. — La collection Thiers se compose aussi de richesses bibliographiques pour la conservation desquelles je demande qu'on nomme une commission ; je désirerais en faire partie.

Le citoyen PASCHAL GROUSSET. — Il y a aussi chez Thiers des pièces appartenant aux archives, des pièces on ne peut plus curieuses ; il serait bon que dans la commission que l'on va nommer, il y eût des historiens, des hommes de lettres... (La clôture !)

Le citoyen président. — Nous allons procéder à la nomination de cinq membres qui composeront la commission mixte proposée par Protot.

L'assemblée nomme successivement les citoyens dont les noms suivent : Courbet, Demay, Paschal Grousset, Clémence, Félix Pyat.

La Séparation de Corps

La Commune de Paris

Décrète :

Article unique. — En matière de séparation de corps, le président pourra allouer à la femme demandant la séparation une pension alimentaire, qui lui sera servie jusqu'à ce qu'il en ait été autrement décidé par le tribunal.

Une Mise en liberté

COMMUNE DE PARIS

CABINET DU PROCUREUR DE LA COMMUNE

Paris, 13 mai 1871.

Citoyen Schœlcher,

J'apprends seulement hier votre arrestation. Ce fait, quelque étrange qu'il m'ait paru au premier abord, semblerait presque justifié par l'arrestation du citoyen Lockroy.

Comme cependant nous ne sommes pas tenus de rendre l'absurde pour l'absurde, je m'empresse de donner l'ordre de vous mettre en liberté.

Salut et fraternité.

RAOUL RIGAULT.

P. S. Tâchez donc d'obtenir l'élargissement du citoyen Lockroy.

La Carte d'Identité

Le comité de salut public,

Considérant que, ne pouvant vaincre par la force la population de Paris, assiégée depuis plus de quarante jours pour avoir revendiqué ses franchises communales, le gouvernement de Versailles cherche à introduire parmi elle des agents secrets dont la mission est de faire appel à la trahison,

Arrête :

Art. 1er. Tout citoyen devra être muni d'une carte d'identité contenant ses nom, prénoms, profession, âge et domicile, ses numéros de légion, de bataillon et de compagnie; ainsi que son signalement.

Art. 2. Tout citoyen trouvé non porteur de sa carte sera arrêté, et son arrestation maintenue jusqu'à ce qu'il ait établi régulièrement son identité.

Art. 3. Cette carte sera délivrée par les soins des commissaires de police sur pièces justificatives, en présence de deux témoins qui attesteront par leur signature bien connaître le demandeur. Elle sera ensuite visée par la municipalité compétente.

Art. 4. Toute fraude reconnue sera rigoureusement réprimée.

Art. 5. L'exhibition de la carte d'identité pourra être requise par tout garde national.

Art. 6. Le délégué à la sûreté générale ainsi que les municipalités sont chargés de l'exécution du présent arrêté dans le plus bref délai.

Hôtel-de-Ville, 24 floréal an 79.

Le Comité de salut public,

Aux Grandes Villes

Après deux mois d'une bataille de toutes les heures, Paris n'est ni las, ni entamé, Paris lutte toujours sans trêve, sans repos, infatigable, héroïque, invaincu, Paris a fait un pacte avec la mort. Derrière ses forts, il a ses murs ; derrière ses murs, ses barricades ; derrière ses barricades, ses maisons, qu'il faudra lui arracher une à une et qu'il ferait sauter plutôt que de se rendre à merci.

Grandes villes de France, assisterez-vous immobiles et impassibles à ce duel à mort de l'avenir contre le passé, de la République contre la monarchie ?

Ou verrez-vous, enfin, que Paris est le champion de la République et du monde, et que ne pas l'aider c'est le trahir ?

Vous voulez la République, ou vos votes n'ont aucun sens ; vous voulez la Commune, car la repousser serait abdiquer votre part de souveraineté nationale ; vous voulez la liberté politique et l'égalité sociale, puisque vous l'écrivez sur vos programmes ; vous voyez clairement que l'armée de Versailles est l'armée du bonapartisme, du centralisme monarchique, du despotisme et du privilége, car vous connaissez ses chefs, et vous vous rappelez leur passé.

Qu'attendez-vous donc pour vous lever ? Qu'attendez-vous pour chasser de votre sein les infâmes agents de ce gouvernement de capitulation et de honte qui mendie et achète à cette heure même de l'armée prussienne les moyens de bombarder Paris par tous les côtés à la fois ?

Attendez-vous que les soldats du droit soient tombés jusqu'au dernier sous les balles *empoisonnées* de Versailles ?

Attendez-vous que Paris soit transformé en cimetière, et chacune de ses maisons en tombeau ?

Grandes villes, vous lui avez envoyé votre adhésion fraternelle ! Vous lui avez dit : De cœur je suis avec toi.

Grandes villes, le temps n'est plus aux manifestes, le temps est aux actes, quand la parole est au canon.

Assez de sympathies platoniques ; vous avez des fusils et des munitions. Aux armes ! villes de France !

Paris vous regarde, Paris attend que votre cercle se serre autour de ses lâches bombardeurs et les empêche d'échapper au châtiment qu'il leur réserve.

Paris fera son devoir et le fera jusqu'au bout.

Mais ne l'oubliez pas : Lyon, Marseille, Lille, Toulouse, Nantes, Bordeaux et les autres !... si Paris succombait pour la liberté du monde, l'histoire vengeresse aurait le droit de dire que Paris a été égorgé parce que vous avez laissé s'accomplir l'assassinat !

Paris, 15 mai 1871.

Le délégué de la Commune aux relations extérieures,
PASCHAL GROUSSET.

La Minorité de la Commune

Par un vote spécial et précis, la Commune de Paris a abdiqué son pouvoir entre les mains d'une dictature à laquelle elle a donné le nom de *Salut public*.

La majorité de la Commune s'est déclarée irresponsable par son vote et a abandonné à ce comité toutes les responsabilités de notre situation.

La minorité à laquelle nous appartenons affirme au

contraire cette idée, que la Commune doit au mouvement révolutionnaire, politique et social, d'accepter toutes les responsabilités et de n'en décliner aucune, quelque dignes que soient les mains à qui on voudrait les abandonner.

Quant à nous, nous voulons, comme la majorité, l'accomplissement des rénovations politiques et sociales ; mais, contrairement à sa pensée, nous revendiquons au nom des suffrages que nous représentons, le droit de répondre seuls de nos actes devant nos électeurs sans nous abriter derrière une suprême dictature que notre mandat ne nous permet d'accepter ni de reconnaître.

Nous ne nous présenterons donc plus à l'Assemblée que le jour où elle se constituerait en cour de justice pour juger un de ses membres.

Dévoués à notre grande cause communale pour laquelle tant de citoyens meurent tous les jours, nous nous retirons dans nos arrondissements, trop négligés peut-être. Convaincus d'ailleurs que la question de la guerre prime en ce moment toutes les autres, le temps que nos fonctions municipales nous laisseront, nous irons le passer au milieu de nos frères de la garde nationale, et nous prendrons notre part de cette lutte décisive soutenue au nom des droits du peuple.

Là encore nous servirons utilement nos convictions et nous éviterons de créer dans la Commune des déchirements que nous réprouvons tous, persuadés que, majorité ou minorité, malgré nos divergences politiques, nous poursuivons tous un même but :

La liberté politique,

L'émancipation des travailleurs.

Vive la République sociale !

Vive la Commune !

<small>CH. BESLAY, JOURDE, THEISZ, LEFRANÇAIS, EUGÈNE GÉRARDIN, VERMOREL, CLÉMENCE, ANDRIEUX, SERRAILLER, LONGUET, ARTHUR ARNOULD, CLÉMENT VICTOR, AVRIAL, OSTYN, FRANCKEL, PINDY, ARNOLD, J. VALLÈS, TRIDON, VARLIN, COURBET.</small>

En motivant mon vote pour le Comité de salut public,

je me réservais le droit de juger ce Comité. Je veux, avant tout, le salut de la Commune.

J'adhère aux conclusions de ce programme.

LÉO FRANCKEL.

Nouvelle Hécatombe de Journaux

15 mai

Le *Siècle*,
La *Discussion*,
Le *National*,
L'*Avenir national*,
Le *Corsaire*,
Le *Journal de Paris*.

Les Barricadiers

Le Comité de salut public fait appel à tous les travailleurs, terrassiers, charpentiers, maçons, mécaniciens, âgés de plus de quarante ans. Un bureau sera immédiatement ouvert dans les municipalités pour l'enrôlement et l'embrigadement de ces travailleurs, qui seront mis à la dispositon de la guerre et du Comité de salut public.

Une paye de 3 fr. 75 leur sera accordée.

Paris, le 16 mai 1871.

Le Comité de salut public,

ANT. ARNAUD, EUDES, BILLIORAY, F. GAMBON, G. RANVIER.

Vente Thiers

Sur la délibération approuvée du Comité de salut public, le citoyen Jules Fontaine, directeur général des domaines:

En réponse aux larmes et aux menaces de Thiers, le bombardeur, et aux lois édictées par l'Assemblée rurale, sa complice, arrête :

Art. 1er. Tout le linge provenant de la maison Thiers sera mis à la disposition des ambulances.

Art. 2. Les objets d'art et livres précieux seront envoyés aux bibliothèques et musées nationaux.

Art. 3. Le mobilier sera vendu aux enchères, après exposition publique au garde-meubles.

Art. 4. Le produit de cette vente restera uniquement affecté aux pensions et indemnités qui devront être fournies aux veuves et orphelins des victimes de la guerre infâme que nous fait l'ex-propriétaire de l'hôtel Georges.

Art. 5. Même destination sera donnée à l'argent que rapporteront les matériaux de démolition.

Art. 6. Sur le terrain de l'hôtel du parricide sera établi un square public.

Paris, le 25 floréal an 79.

Le Directeur général des Comaines,

J. FONTAINE.

Contribution des Compagnies d'Assurances

Le délégué aux finances,

Vu les lois des 5 juin 1850 et 2 juillet 1862, fixant les droits de timbre à payer par les compagnies d'assurances contre l'incendie et la grêle, pour les polices d'assurance ;

Vu le rapport du directeur de l'enregistrement ;

Considérant que le payement par semestre de droits aussi considérables que ceux dus par les compagnies d'assurances cause un véritable préjudice au Trésor, arrêt :

Art. 1er. Le payement des droits de timbre, par abonenement, des polices d'assurances contre l'incendie et la grêle, s'effectueront à l'avenir tous les trois mois.

Art. 2. En conséquence, le trimestre échu sera versé, dans les quarante-huit heures de l'insertion, au *Journal officiel*, à la caisse de l'administration de l'enregistrement et du timbre, en prenant pour base de l'assiette de l'impôt l'exercice précédent.

Art. 3. Cette perception sera régularisée par des états, fournis par les compagnies d'assurances, des valeurs par elles assurées pendant l'année 1870, et après un contrôle sérieux.

Les compensations en plus ou en moins seront admises sur les mois suivants.

Art. 4. Le directeur de l'enregistrement et du timbre est chargé de l'exécution du présent décret.

Le membre de la Commune délégué aux finances,

JOURDE.

Adresse de la Commune à la Suisse

A la Confédération suisse,

La République française doit à la République suisse plus qu'un salut, un remerciement.

La trahison avait jeté sur le sol suisse soixante mille sujets de l'empire. La nation, la démocratie suisse les a reçus à son foyer et nous a rendu *soixante mille républicains*. Le peuple helvétique, par son exemple, les a refaits à son image, libres et dignes de l'être.

Comme la République est une leçon pour les monarchies, ses citoyens sont un exemple pour les esclaves. La République suisse est l'aînée et le type des Républiques dans les deux hémisphères, des deux côtés de l'Océan. C'est la Vestale, ayant l'éternité comme la pureté de ces neiges vierges, trônant sur ses monts sublimes, qui la gardent et la montrent à l'univers, conservant le dépôt de la liberté humaine, le feu sacré dans la nuit du moyen-âge et des réactions modernes, le phare universel et perpétuel du droit pour le salut des mondes, de la vieille Europe et de la jeune Amérique.

La République de Venise est tombée ; la République de Hollande tombée ; la République d'Angleterre tombée ; la République française tombée deux fois.

La République suisse, seule, est immuable, comme un enseignement et un espoir pour tous. Pourquoi ? Elle a prouvé par sa durée que la grandeur d'un peuple ne se mesure pas à sa taille, mais à son droit ; que le plus petit peuple peut être le plus grand et le plus fort s'il est le plus libre, s'il est roi par la grâce de la liberté.

Elle a prouvé aussi par ses trois races, ses trois langues et ses trois cultes, que tous les peuples de l'Europe, quels que soient leur sang, leur verbe et leur dogme, sont *mûrs* pour la liberté.

Elle a prouvé, enfin, que pour fonder et garder la République, il faut l'intelligence et le dévouement, l'idée et l'action, le livre et l'arme, la flèche de Tell et le contrat de Rousseau.

La Commune de Paris et toutes les communes de Suisse ont donc le même but et le même moyen : le droit et la force. Cette communauté de principes et d'efforts, de droits et de devoirs, ne peut que resserrer entre les deux Républiques le lien d'amitié qui a toujours uni les deux peuples.

Le citoyen C.-F. Marchand est chargé de porter à la Suisse les sentiments fraternels de la Commune de Paris.

Les délégués à la commission exécutive :

VIARD, PASCHAL GROUSSET, JULES ANDRIEU.

Les Versaillais incendient

17 MAI

Le gouvernement de Versailles vient de se souiller d'un nouveau *crime, le plus épouvantable et le plus lâche de tous.*

Ses agents ont mis le feu à la cartoucherie de l'avenue Rapp et provoqué une explosion effroyable.

On évalue à plus de cent le nombre des victimes. Des femmes, un enfant à la mamelle ont été mis en lambeaux.

Quatre des coupables sont entre les mains de la sûreté générale.

Paris, le 27 floréal an 79.

Le Comité de Salut public,

ANT. ARNAUD, EUDES, BILLIORAY, F. GAMBON, G. RANVIER.

Luttez contre les Pillards de Versailles

Vos ennemis, ne pouvant vous vaincre, voudraient vous déshonorer. Ils vous jettent les épithètes de brigands et de pillards, en ajoutant ainsi la calomnie à la série de leurs crimes. Répondre par la force à leurs attentats contre la République, voilà le brigandage ; lutter pour le triomphe des franchises communales, voilà le pillage.

Bonapartistes, orléanistes et chouans sont ligués contre vous et n'ont de lien commun que leur haine pour la Révolution. Ils rêvent de rétablir un trône qui servirait de rempart à leurs priviléges, et ils voudraient écraser la République, garantie de tous les progrès, sous l'ignorance des campagnes, qu'ils égarent ou corrompent.

Vous déjouerez leurs projets liberticides par votre discipline et votre héroïsme. Leurs trahisons nous ont empêchés de sauver l'intégrité de notre patrie, mais elles n'auront pas la puissance de nous rejeter sous le joug, même passager, d'une restauration monarchique.

Il faut que ces insurgés contre les droits du peuple en

prennent leur parti : nous réaliserons le sublime programme tracé par nos pères en 92. L'ordre dans la République, la liberté, l'égalité, la fraternité, ne demeureront pas lettre morte. La lutte soutenue en France depuis quatre-vingts ans contre le vieux monde va toucher à son dénoûment.

Si vous remplissez vos devoirs, il n'est pas douteux : c'est Paris triomphant, ce sont les villes qui brûlent de suivre votre exemple, ce sont les campagnes élevées à la notion de leurs droits, c'est la République devenue inébranlable et affranchissant le peuple de l'ignorance et de la misère, c'est une ère nouvelle ouverte à tous les progrès.

Si, au contraire, vous hésitiez ou vous reculiez, ce serait Paris livré aux vengeances féroces des sicaires de Versailles et noyé dans des flots de sang, ce serait la dévastation et le carnage dans toutes les rues, l'égorgement et la déportation des républicains dans toute la France, le deuil de la République ajouté au deuil national, l'esclavage du citoyen greffé sur la patrie démembrée, une rétrogradation effroyable dans toutes les orgies du royalisme.

Gardes nationaux! votre choix est fait : vous combattez pour la République, pour votre salut, pour la plus noble des causes, et vous vaincrez!

Vive la République! Vive la Commune!

Paris, le 27 floréal, an 79.

Le Comité de Salut public.

Aménités envers la Presse

18 MAI

Le Comité de salut public,

Arrête :

Art. 1er. — Les journaux la *Commune*, l'*Écho de Paris*, l'*Indépendance Française*, l'*Avenir National*, la *Patrie*, le *Pirate*, le *Républicain*, la *Revue des Deux Mondes*, l'*Echo de Ultramar* et la *Justice* sont et demeurent supprimés.

Art. 2. — *Aucun nouveau journal ou écrit périodique politique ne pourra paraître avant la fin de la guerre.*

Art. 3. — Tous les articles devront être signés par leurs auteurs.

Art. 4. — Les attaques contre la République et la Commune seront déférées à la cour martiale.

Art. 5. — Les imprimeurs contrevenants seront poursuivis comme complices, et leurs presses mises sous scellés.

Art. 6. — Le présent arrêté sera immédiatement signifié aux journaux supprimés par les soins du citoyen Le Moussu, commissaire civil délégué à cet effet.

Art. 7. — La sûreté générale est chargée de veiller à l'exécution du présent décret.

Hôtel-de-Ville, le 28 floréal an 79.

Le Comité de Salut public,

ANT. ARNAUD, BILLIORAY, E. EUDES, F. GAMBON, G. RANVIER.

Mort aux Voleurs

Considérant que dans les jours de Révolution le peuple, inspiré par son instinct de justice et de moralité, a toujours proclamé cette maxime : « Mort aux voleurs ! »

La Commune décrète :

Art. 1er. Jusqu'à la fin de la guerre tous les fonctionnaires ou fournisseurs accusés de concussion, déprédation, vol, seront traduits devant la cour martiale ; la seule peine appliquée à ceux qui seront reconnus coupables sera la peine de mort.

Art. 2. Aussitôt que les bandes versaillaises auront été vaincues, une enquête sera faite sur tous ceux qui, de près ou de loin, auront eu le maniement des fonds publics.

Touchante Union

AU PEUPLE DE PARIS, A LA GARDE NATIONALE

Des bruits de dissidence entre la majorité de la Commune et le Comité central ont été répandus par nos ennemis communs avec une persistance qu'il faut, une fois pour toutes, réduire à néant par une sorte de pacte public.

Le Comité central, proposé par le Comité de salut public à l'administration de la guerre, entre en fonctions à partir de ce jour.

Lui, qui a porté le drapeau de la Révolution communale, n'a ni changé, ni dégénéré. Il est à cette heure ce qu'il était hier : le défenseur né de la Commune, la force qui se met en ses mains, l'ennemi armé de la guerre civile, la sentinelle mise par le peuple auprès des droits qu'il s'est conquis.

Au nom donc de la Commune et du Comité central, qui signent ce pacte de la bonne foi, que *les soupçons et les calomnies inconscientes* disparaissent, que les cœurs battent, que les bras s'arment, et que la grande cause sociale pour laquelle nous combattons tous triomphe dans l'union et la fraternité.

Vive la République! Vive la Commune! Vive la Fédération communale!

Paris, 19 mai 1871.

La Commission de la Commune :

BERGERET, CHAMPY, GÉRESME, LEDROIT, LONCLAS, URBAIN.

Le Comité central :

MOREAU, PYAT, B. LACORDE, GEOFFROY, GOUHIER, PRUDHOMME, GAUDIER, FABRE, TIERSONNIER, BONNEFOY, LACORD, TOURNOIS, BAROU, ROUSSEAU, LAROQUE, MARÉCHAL, BISSON, OUZELOT, BRIN, MARCEAU, LÉVÈQUE, CHOUTEAU, AVOINE fils, NAVARRE, HUSSON, LAGARDE, AUDOYNALD, HANSER, SOUDRY, LAVALLETTE, CHATEAU, VALATS, PATRIS, FOURGERET, MILLET, BOUL-LENGER, BOUIT, DUCAMP, GRELIE R, DREVET.

Bulletins de la Grande Armée communale

19 mai 1871, 1 heure 10 minutes.

Nous recevons dépêche d'Arc de Triomphe :

« Plus de feu, plus d'attaque ; croyons les *Versaillais repoussés.* »

DELESCLUZE.

Recevons de Mathieu la dépêche suivante :

Le combat de ce matin a été livré par nous pour enlever les positions de Versailles. Nous avons *trois* hommes tués et Versailles au moins *cent soixante.* Trouée au bois de Boulogne ; grand succès. Le combat d'artillerie continue.

Le colonel, MATHIEU.

Délai de 48 heures

Les habitants de Paris sont invités de se rendre à leur domicile *sous quarante-huit heures* ; passé ce délai, leurs titres de rente et grand-livre seront brûlés ;

Pour le Comité central,

GRELIER.

Après la nuit du 21 mai

Cette nuit, des bataillons versaillais ont pu entrer dans Paris par les portes d'Auteuil et de Saint-Cloud.

Ces portes, ils n'ont pas pu les prendre ; elles ont été livrées par des bataillons réactionnaires de la garde nationale, le 13e et un bataillon du premier arrondissement.

Les troupes de l'Assemblée, moins nombreuses qu'on ne pourrait le supposer, se sont répandues dans le Champ-de-Mars et les Champs-Elysées.

Il y a eu un moment de panique causé par cette surprise et une débandade presque générale.

Vers 3 heures du matin, on a entendu sonner le tocsin ; les clairons et les tambours appelaient les citoyens à la défense de leur ville. Au loin, le crépitement de la fusillade et les détonations précipitées du canon.

Au matin, les obus tombent dans l'intérieur de Paris, place des Victoires ; à la Légion d'honneur, où trois chevaux sont tués, attelés à leurs caissons ; sur les ponts, où plusieurs personnes sont atteintes : des femmes, des enfants sont mortellement frappés.

C'est alors qu'un admirable mouvement d'héroïsme s'empare des citoyens, un instant atterrés par cette nouvelle. Les bataillons se forment avec une merveilleuse rapidité ; on les voit descendre les boulevards, clairons en tête, souriants, sublimes de confiance.

On voit bien que ces dignes enfants de la patrie ne partent point pour un jour ; ils portent avec eux leurs gamelles et leurs vivres ; la garde nationale sédentaire a tenu à honneur de marcher.

Versailles n'est point au bout de la lutte. La lutte commence, terrible, épouvantable, et le succès ne peut pas être pour les mercenaires de Mac-Mahon.

C'est le peuple qui vaincra.

Place au Peuple

Citoyens,

Assez de militarisme, plus d'états-majors galonnés et dorés sur toutes les coutures ! Place au peuple, aux combattants, aux bras nus ! L'heure de la guerre révolutionnaire a sonné.

Le peuple ne connaît rien aux manœuvres savantes ; mais quand il a un fusil à la main, un pavé sous les pieds, il ne craint pas tous les stratégistes de l'école monarchiste.

Aux armes, citoyens, aux armes ! Il s'agit, vous le savez, de vaincre ou de tomber dans les mains impitoyables des réactionnaires et des cléricaux de Versailles, de ces misérables qui ont, de parti pris, livré la France aux Prussiens et qui nous font payer la rançon de leurs trahisons !

Si vous voulez que le sang généreux qui a coulé comme de l'eau depuis six semaines ne soit pas infécond ; si vous voulez vivre libres, dans la France libre et égalitaire, épargner à vos enfants et vos douleurs et vos misères, vous vous lèverez comme un seul homme et, devant votre formidable résistance, l'ennemi qui se flatte de vous remettre au joug en sera pour sa honte des crimes inutiles dont il s'est souillé depuis deux mois.

Citoyens, vos mandataires combattront et mourront avec vous s'il le faut ; mais au nom de cette glorieuse France, mère de toutes les révolutions populaires, foyer permanent des idées de justice et de solidarité qui doivent être et seront les lois du monde, marchez à l'ennemi et que votre énergie révolutionnaire lui montre qu'on peut vendre Paris, mais qu'on ne peut ni le livrer ni le vaincre.

La Commune compte sur vous. Comptez sur la Commune.

Le délégué civil à la guerre,

Signé : CH. DELESCLUZE.

Le Comité de salut public.

Pas de pitié

Citoyens,

La trahison a ouvert les portes à l'ennemi ; il est dans Paris ; il nous bombarde ; il tue nos femmes et nos enfants.

Citoyens, l'heure suprême de la grande lutte a sonné. Demain, ce soir, le prolétariat sera tombé sous le joug ou affranchi pour l'éternité. Si Thiers est vainqueur, si l'Assemblée triomphe, vous savez la vie qui vous attend : le travail sans résultat, la misère sans trêve. Plus d'avenir ! plus d'espoir !

Vos enfants, que vous aviez rêvés libres, resteront esclaves : les prêtres vont reprendre leur jeunesse ; vos filles, que vous aviez vues belles et chastes, vont rouler flétries dans les bras de ces bandits.

Aux armes ! aux armes !

Pas de pitié ! — Fusillez ceux qui pourraient leur tendre la main ! Si vous étiez défaits, ils ne vous épargneraient point. Malheur à ceux qu'on dénoncera comme les soldats du droit; malheur à ceux qui auront de la poudre aux doigts ou de la fumée sur le visage.

Feu ! feu !

Pressez-vous autour du drapeau rouge sur les barricades, autour du Comité de salut public. Il ne vous abandonnera pas.

Nous ne vous abandonnerons pas non plus. Nous nous battrons avec vous jusqu'à la dernière cartouche, derrière le dernier pavé.

Vive la République ! vive la Commune ! vive le Comité de salut public !

Le Salut public.

La Guerre des Rues

COMMUNE DE PARIS

2ᵉ ARRONDISSEMENT. — MAIRIE DE LA BOURSE

Les monarchistes qui veulent anéantir Paris se croient sûrs de la victoire ; ils ne font que creuser leur tombe.

Aux barricades, frères ! aux barricades ! Que chaque coin de rue devienne une forteresse, que les enfants roulent des pavés, que les femmes cousent des sacs à terre !

Aux armes, bataillons fédérés ! La province, éclairée, enthousiasmée, marche à notre aide. Aujourd'hui la lutte acharnée, demain la victoire définitive. Debout ! Vous tenez en vos mains le sort de la Révolution.

Vive la Commune ! Vive la République !

Paris, 22 mai 1871.

La délégation communale,
EUGÈNE POTIER, AUGUSTE SERRAILLER, JACQUES DURAND, JULES JOHANNARD.

Appel aux Soldats

Soldats de l'armée de Versailles,

Le peuple de Paris ne croira jamais que vous puissiez diriger contre lui vos armes, quand sa poitrine touchera les vôtres ; vos mains reculeraient devant un acte qui serait un véritable fraticide.

Comme nous, vous êtes prolétaires ; comme nous, vous avez intérêt à ne plus laisser aux monarchistes conjurés le droit de boire votre sang comme ils boivent nos sueurs.

Ce que vous avez fait au 18 mars, vous le ferez encore, et le peuple n'aura pas la douleur de combattre des hommes qu'il regarde comme des frères et qu'il voudrait voir s'asseoir avec lui au banquet civique de la Liberté et de l'Egalité.

Venez à nous, Frères, venez à nous ; nos bras vous sont ouverts !

Le Comité de salut public,
ANT. ARNAUD, BILLIORAY, E. EUDES, F. GAMBON, G. RANVIER.

Soldats, venez à nous

LE PEUPLE DE PARIS AUX SOLDATS DE VERSAILLES

Frères !

L'heure du grand combat des peuples contre leurs oppresseurs est arrivée !

N'abandonnez pas la cause des travailleurs !

Faites comme vos frères du 18 mars !

Unissez-vous au peuple dont vous faites partie !

Laissez les aristocrates, les privilégiés, les bourreaux de l'humanité se défendre eux-mêmes, et le règne de la justice sera facile à établir.

Quittez vos rangs !

Entrez dans nos demeures.

Venez à nous, au milieu de nos familles. Vous serez accueillis fraternellement et avec joie.

Le peuple de Paris a confiance en votre patriotisme.

Vive la République ! Vive la Commune !

Le 3 Prairial an 79.

La Commune de Paris.

Les propositions du Comité central

Au moment où les deux camps se recueillent, s'observent et prennent leurs positions stratégiques ;

A cet instant suprême, où toute une population, arrivée au paroxysme de l'exaspération, est décidée à vaincre ou à mourir pour le maintien de ses droits,

Le Comité central veut faire entendre sa voix.

Nous n'avons lutté que contre un ennemi : la guerre civile. Conséquents avec nous-mêmes, soit lorsque nous étions une administration provisoire, soit depuis que nous sommes entièrement éloignés des affaires, nous avons pensé, parlé, agi en ce sens ;

Aujourd'hui et pour une dernière fois, en présence des malheurs qui pourraient fondre sur tous,

Nous proposons à l'héroïque Peuple armé qui nous a nommés, nous proposons aux hommes égarés qui nous attaquent la seule solution capable d'arrêter l'effusion du sang, tout en sauvegardant les droits légitimes que Paris a conquis :

1° L'Assemblée nationale, dont le rôle est terminé, doit se dissoudre ;

2° La Commune se dissoudra également ;

3ᵈ L'armée, dite *régulière*, quittera Paris, et devra s'en éloigner d'au moins 25 kilomètres ;

4° Il sera nommé un pouvoir intérimaire composé des délégués des villes de 50,000 habitants. Ce pouvoir choisira parmi ses membres un gouvernement provisoire, qui aura la mission de faire procéder aux élections d'une Constituante et de la Commune de Paris ;

5° Il ne sera exercé de représailles ni contre les membres de l'Assemblée, ni contre les membres de la Commune, pour tous les faits postérieurs au 26 mars.

Voilà les seules conditions acceptables.

Que tout le sang versé, dans une lutte fratricide retombe sur la tête de ceux qui les repousseraient.

Quant à nous, comme par le passé, nous remplirons notre devoir jusqu'au bout.

4 Prairial an 79.

MOREAU, PYAT, B. LACORRE, GEOFFROY, GOUHIER, PRUDHOMME, GAUBIER, FABRE, THIERSONNIER, BONNEFOY, LACORD, TOURNOIS, BAROUD, ROUSSEAU, LAROQUE, MARÉCHAL, BISSON, OUZELOT, BRIN, MARCEAU, L'ÉVÊQUE, CHOUTEAU, AVOINE fils, NAVARRE, HUSSON, LAGARDE, AUDOYNAUX, HANSER, SOUDRY, LAVALETTE, CHATEAU, VALATS, PATRIS, FOUGERET, MILLET, BOULLANGER, BOUIT, GRÉLIER, DREVET.

Ordres relatifs aux Barricades

Le citoyen Jacquet est autorisé à requérir tous les citoyens et tous les objets qui lui seront utiles pour la construction des barricades de la rue du Château-d'Eau et de la rue Albouy.

Le vin seul et l'eau-de-vie sont et demeurent exceptés.

Les citoyens et citoyennes qui refuseront leur concours seront immédiatement passés par les armes.

Les citoyens chefs de barricades sont chargés de veiller à la sécurité des quartiers.

Ils doivent faire visiter les maisons suspectes, faire partout ouvrir les portes et les fenêtres durant la durée des perquisitions.

Toutes les persiennes doivent être ouvertes, toutes les fenêtres fermées.

Les soupiraux des caves doivent être surveillés avec un soin particulier.

Les lumières doivent être éteintes dans les quartiers attaqués.

Les maisons suspectes seront incendiées au premier signal.

DELESCLUZE.

Cachet bleu avec ces mots : *Commune de Paris.*

Le chef de légion du 10ᵉ arrondissement,
BRUNEL.

Cachet rouge avec ces mots : *Commune de Paris, mairie du 10ᵉ arrondissement.*

Incendies

ORDRE TROUVÉ SUR DELESCLUZE

Le citoyen Millière, à la tête de 150 fuséens, incendiera les maisons suspectes et les monuments publics de la rive gauche.

Le citoyen Dereure, avec 100 fuséens, est chargé des 1ᵉʳ et 2ᵉ arrondissements.

Le citoyen Billioray, avec 100 hommes, est chargé des 9ᵉ, 10ᵉ et 20ᵉ arrondissements.

Le citoyen Vésinier, avec 50 hommes, est chargé spécialement des boulevards de la Madeleine à la Bastille.

Ces citoyens devront s'entendre avec les chefs de barricades pour assurer l'éxécution de ces ordres.

Paris, 3 Prairial an 79.

DELESCLUZE, RÉGÈRE, RANVIER, JOHANNARD, VÉSINIER, BRUNEL, DOMBROWSKI.

Otages

COMMUNE DE PARIS

DIRECTION DE LA SURETÉ GÉNÉRALE

Le citoyen Raoul Rigault est chargé, avec le citoyen

Régère, de l'exécution du décret de la Commune de Paris relatif aux otages.

Paris, 2 Prairial an 79.

DELESCLUZE, BILLIORAY.

Incendiez et pillez

AU CITOYEN GÉNÉRAL DOMBROWSKI

Citoyen,

J'apprends que les ordres donnés pour la construction des barricades sont contradictoires.

Veillez à ce que ce fait ne se reproduise plus.

Faites *sauter ou incendier* les maisons qui gênent votre système de défense. Les barricades ne doivent pas être attaquables par les maisons.

Les défenseurs de la Commune ne doivent manquer de rien ; *donnez aux nécessiteux les effets que contiendront les maisons à démolir.*

Faites d'ailleurs *toutes les réquisitions nécessaires.*

Paris, 2 Prairial an 79.

DELESCLUZE, A. BILLIORAY.

P. O. *Le colonel d'état-major,*
LAMBRON.

Habitants de Paris,

L'armée de la France est venue vous sauver ; Paris est délivré. — Nos soldats ont enlevé, à quatre heures, les dernières positions occupées par les insurgés. — Aujourd'hui la lutte est terminée ; l'ordre, le travail et la sécurité vont renaître.

Au quartier général, le 28 mai 1871. *Dimanche*

Le maréchal de France, commandant en chef,

DE MAC-MAHON, DUC DE MAGENTA.

TABLE DES MATIÈRES

	Pages
Avant-Propos.	IA
Proclamation du Gouvernement de la Défense nationale (4 septembre 1870).	1
Déclaration de Gambetta.	1
Composition du Ministère.	2
Nomination du Général Trochu.	2
Dissolution du Corps législatif. — Abolition du Sénat.	3
Amnistie pour les délits politiques.	4
A la Garde nationale.	4
Elections de la Garde nationale.	5
La Patrie est en danger.	6
6 septembre.	6
A l'Armée.	7
Nomination des Maires provisoires	8
Pas un pouce, pas une pierre!.	10
La première de Trochu aux Parisiens.	14
Proclamation de M. Crémieux.	14
Préparez-vous à souffrir (14 septembre).	16
La Lutte à outrance.	17
Nous nous livrerons au jugement sommaire du pays.	18
La Commune de Paris proclamée par le Gouvernement de la Défense.	21
La Loi martiale.	22
Promesses solennelles.	23
Le 21 septembre.	24
Les Fuyards de Châtillon.	24
L'entrevue de Ferrières (21 septembre).	26
La Populace.	27
Ajournement des Elections.	40
Violation de domicile.	42
Réponse de M. Jules Favre au délégué de la démocratie anglaise	43
Ordre du Général Trochu après Chevilly.	43
Reddition de Toul et Strasbourg (2 octobre).	44

	Pages
Paroles prononcées par le Général Trochu aux obsèques du général Guilhem	45
La Province se lève	45
Les Manifestations	46
La première Dépêche de Tours	47
Départ en Ballon du Ministre Gambetta	48
Elections municipales (7 octobre)	50
Manifestation anti-communale (8 octobre)	50
Rochefort à Flourens	54
La Reconnaissance de Bagneux (14 octobre)	55
Le Plan Trochu (16 octobre)	56
Les Citations à l'ordre du jour (17 octobre)	60
La bonne tournure de nos affaires (18 octobre)	62
La Responsabilité du Gouvernement	64
L'Occupation d'Orléans	69
Le Maire de Paris	69
La Légion d'honneur	71
Le Bourget	71
M. Thiers	72
Capitulation de Metz	72
Réception des Maires (20 octobre). — Discours d'Etienne Arago	73
Discours de Jules Favre	74
Adoption des enfants des citoyens morts pour la patrie	82
Le lendemain du 31 octobre	83
Signification du vote de Paris	84
Les conditions de l'Armistice	84
La nuit du 31 octobre racontée par M. Ferry	86
Le vote du 3 novembre	88
Rejet de l'armistice (8 novembre)	90
Prise d'Orléans	94
Gambetta à Trochu	95
Mélancolie	95
Cinq cent mille soldats (24 novembre)	98
A la veille des grands combats	99
Mort ou victorieux	101
Compliments (2 décembre)	102
L'armée repasse la Marne	103
Lettre du comte de Moltke	104
Réponse du général Trochu	105
L'état moral de Paris	106
Le pain	106

	Pages
Le pain et la viande.	107
Le froid (25 décembre).	108
Bombardement des forts.	109
Le but des efforts (27 décembre).	111
Une nouvelle Phase.	113
Après l'évacuation du Plateau d'Avron (30 décembre).	114
Le 1er de l'An 1871.	115
La Situation le 2 janvier 1871.	115
Le Bombardement de Paris.	118
Appel des Partisans de la Commune.	118
Le Gouvernement ne capitulera pas.	121
Velléités de fermeté (8 janvier)	121
Les Victimes du Bombardement.	122
Une Trame abominable (12 janvier)	122
Encore une Sortie manquée (14 janvier).	123
Souffrir et mourir, mais vaincre (19 janvier).	124
La Journée du 19	125
Les Régiments de Marche.	127
En effet, le Gouverneur ne capitulera pas (22 janvier)	128
Une nouvelle tentative d'insurrection (22 janvier).	129
Attaque de l'Hôtel-de-Ville.	129
Menace et Faiblesse.	131
Le Parti du Désordre.	132
Suppression des Clubs.	132
Conseils de Guerre.	133
Suppression de Journaux.	134
Préparez-vous à capituler (25 janvier).	135
Le fameux Plan (27 janvier).	138
L'Armistice.	139
L'éternel Honneur de Paris.	140
Après le cœur léger, le cœur brisé.	141
Convention	142
Il n'a pas capitulé (31 janvier).	147
Manie épistolaire.	148
Lui aussi, il rédige un speach.	149
Dissolution des Régiments de Paris.	150
Le Gouvernement de la Capitulation.	150
Essai de Justification.	154
Démission de Gambetta.	157
Les Élections parisiennes que nous a donné le Gouvernement du 4 septembre (8 février).	158
Un Devoir particulièrement doux.	159

21.

Pages

Le Chef du Pouvoir exécutif de la République (17 février) 162
Les Ministres de M. Thiers (19 février). 163
Les Préliminaires de la Paix. 163
Occupation de Paris par les Prussiens. 164
Ce que veut l'immense Majorité de Paris (27 février) . . 166
Proclamation de Blanqui (15 mars). 167
Proclamation de Flourens (25 mars). 169
Translation de l'Assemblée à Versailles. 169
Le Gouvernement a repris ses canons. 170
Appel à la Population de Paris (18 mars) 170
Prenez les armes ! 173
Le Comité central se démet de son mandat et conserve
    l'Hôtel-de-Ville 174
Le Comité central convoque le Peuple. 174
Récit officiel de la mort de Clément Thomas et de Lecomte 175
Le Gouvernement veut la République. 178
Qu'est-ce que le Comité central ? 178
Réponse du Comité central. 179
Remerciements aux Frères de l'Armée. 182
Les Élections communales. 183
La Commune respectera les préliminaires de Paix. . . 183
Deux Mesures urgentes. 184
Appel à la Province. 185
Le Gouvernement quitte Paris. 187
Le Comité déclare être étranger aux Meurtres de Clément
    Thomas et de Lecomte. 188
Explications du 18 mars par le *Journal Officiel*. . . 189
Ce que Réclame Paris 192
Programme de Jules Vallès. 193
Les Repris de Justice. 195
Manifeste des Députés de Paris. 196
Ce que la Commune appelait des Actes regrettables. . 197
Avertissement à la Presse. 198
Aux Électeurs de Paris. 198
Protestation des Maires. 200
Le seul Vote moral. 201
L'Amiral Saisset, Commandant provisoire de la Garde
    nationale. 202
Paris ne veut pas régner, il veut être libre. 202
Les Bases de la Conciliation (24 mars). 204
En attendant Garibaldi. 205
Il faut agir et punir. 206

	Pages
Les Griefs de la Commune.	207
L'Or ruisselle.	209
Amouroux à Lyon.	210
Commune de Lyon.	210
Pas de Conciliation.	212
Honneur et Patrie.	212
Le Comité central a cédé la place à la Commune (25 mars).	213
Fausses Nouvelles (27 mars).	215
Le langage de l'Internationale.	215
Démission de l'Amiral Saisset.	218
Le Devoir de la Société envers les Princes.	216
Résulat des Élections de la Commune.	221
L'esprit d'Ordre, de Progrès, de Justice.	226
M. Thiers ne trahira pas la République.	228
Les premiers Actes de la Commune.	229
Abolition de la Conscription.	230
La Question des Loyers.	231
Les Étrangers à la Commune.	231
Le Comité central vit encore.	233
Le Comité Central approuve.	234
Plus de Général en chef.	234
Plus de gros Traitements, on se rattrappera sur le reste.	234
La Commune modèle.	235
Les attributions de la Commune (1er avril).	237
Ils ont attaqué !	239
Mise en Accusation du Gouvernement de Versailles.	240
L'Eglise et l'Etat.	240
Comme on va bien travailler ! (2 avril).	241
Payez les Contributions.	242
Prise d'une Mitrailleuse.	243
Les Compagnies de Marche.	244
Garibaldi ne veut qu'un seul Chef militaire.	245
Un seul Chef militaire.	246
OEil pour œil, dent pour dent.	246
Les Otages (5 avril).	247
Rapport du Délégué à la Guerre aux Membres de la Commission exécutive.	248
Le citoyen Barrère a vu Henry.	250
La Note aux Puissances étrangères.	251
La Commune aux Départements.	251
La grande Lutte, Travailleurs debout !	253
Suppression du Grade de Général.	254

Trop de Galons.	255
Tous soldats de 19 à 40 ans.	256
Lettre morte.	256
La France se lève.	257
Pension aux blessés	257
Dombrowski remplace Bergeret	258
La police patriotique.	258
La solde des officiers.	260
Un Monument de barbarie.	261
Les conseils de Guerre.	261
Les Juges du Tribunal de Commerce.	263
Tentatives de Conciliation	264
La Mendicité est interdite	266
Enquête sur le Gouvernement du 4 Septembre	266
Les Réfractaires.	267
Aux Urnes, Canonniers!	269
Loi sur les Échéances.	270
Création d'Études d'Huissiers.	270
La Vérité.	271
Comment la Commune respecte la Propriété.	272
Recette pour opérer une Arrestation	274
Suppression de quatre Journaux.	274
Le Travail de Nuit.	275
Orphelinat de la Garde Nationale.	275
Liste des Eglises de Paris fermées au public, du 1er au 18 avril 1871.	276
Liste des Maisons religieuses et Couvents dans lesquels ont été faites des perquisitions	277
La Nature, la Raison, le But de la Commune.	278
L'Armistice.	282
Provision de Pétrole.	282
Le Pouvoir exécutif de la Commune.	283
Ménagez les Factionnaires.	284
L'Honorabilité de Pilotell.	284
Les Huissiers de la Commune.	285
Neuilly.	285
Les Victimes de la scélératesse.	286
Réorganisation de la Garde nationale.	286
On calomnie la Commune (23 avril).	288
La Commune et les Francs-Maçons.	289
Manifeste de la Commune.	290
Une Séance de la Commune (27 avril).	294

	Pages
Le Tribut des Compagnies de Chemins de fer (27 avril).	297
Travaillez si cela vous convient.	298
La Défense de Paris.	299
Assassinat de quatre Prisonniers.	300
Une Démarche pacifique. La Franc-Maçonnerie à l'Hôtel-de-Ville.	302
Procès-verbal des Démarches faites en vue d'une Conciliation.	307
La Liberté du Travail.	310
Rossel délégué à la Guerre.	311
Destitution de Cluseret (1er mai).	312
Le Comité de Salut public (1er mai).	312
Les Barricades.	313
Impôt sur le Chemin de fer de Ceinture.	313
Rapport du Délégué aux finances sur le mouvement de fonds du 20 mars au 30 avril.	314
Destitution d'un Membre de la Commune.	320
Les Serments.	321
Séquestre des Biens du Clergé.	322
L'Immeuble réactionnaire.	322
Suppression de Journaux.	323
Le Mont-de-Piété (7 mai).	324
A l'Armée.	325
Le Prix du Pain.	325
Défense de cesser le Feu.	326
Démission de Rossel.	326
Le Comité de Salut public en permanence.	328
La Commune triomphera!.	329
Après Rossel, Delescluze.	330
La Maison du Sieur Thiers.	330
Proclamation du Citoyen Delescluze.	331
Encore quelques Journaux de moins.	332
Trahison.	333
Aux Travailleurs des Campagnes.	334
Gaillard père et fils.	337
Révolvers d'honneur.	338
Les petits Bronzes.	339
La Séparation de Corps.	341
Une Mise en liberté.	341
La Carte d'Identité.	342
Aux Grandes Villes.	343
La Minorité de la Commune.	344

	Pages
Nouvelle Hécatombe de Journaux (15 mai).	346
Les Barricadiers.	346
Vente Thiers.	346
Contribution des Compagnies d'Assurances.	347
Adresse de la Commune à la Suisse.	348
Les Versaillais incendient (17 mai).	350
Luttez contre les Pillards de Versailles.	350
Aménités envers la Presse (18 mai).	351
Mort aux Voleurs.	352
Touchante Union.	353
Bulletins de la Grande Armée communale.	354
Délai de 48 heures.	354
Après la nuit du 21 mai.	354
Place au Peuple.	355
Pas de Pitié.	356
La Guerre des Rues.	357
Appel aux Soldats.	358
Soldats, venez à nous.	358
Les Propositions du Comité central.	359
Ordres relatifs aux Barricades.	360
Incendies.	361
Otages.	361
Incendiez et pillez.	362
Aux Habitants de Paris. — Proclamation du Maréchal de Mac-Mahon.	362

FIN DE LA TABLE

www.ingramcontent.com/pod-product-compliance
Lightning Source LLC
Chambersburg PA
CBHW060608170426
43201CB00009B/943